紹興縣志資料 4

紹興大典

史部

中華書局

紹興縣志資料

第一輯 氏族

李生翁題

中華民國二十七年七月
紹興縣修志委員會刊

紹興縣志資料氏族編例言

吾邑舊志無氏族一門是編所載係以各家譜牒爲依據加以採訪所得者彙錄而成以爲他日修志時撰氏族志之底本其譜牒已佚或徵訪未及者暫付闕如以俟續緝

是編所錄共一百二十四氏四百八十三族以字畫多寡爲次序

各族始遷之地其族譜所載多有音同字異不易稽考者則注明現屬鎮鄉名以别之因其後遷徙不常未必皆聚族而居故所稱某地某氏間有戶口極寡或竟無其族者僅能就始居之處或其宗祠所在地稱之而已

一氏之中其所分之族不一族之異者其先世淵源固不相同其同族而異譜者亦往往名號互異時代懸殊異中有同同中有異此因修譜之時或得之傳聞或有意攀附以致參互糾紛莫可整理蓋譜學之疏久矣是編先依原譜所載錄而存之間附考證以資比對文獻脫落亦不過存十一於千百耳

各族得姓之始如萬姓統編及其他姓氏書皆有記載是編略之

是編所列舊志人物一欄所謂舊志者卽指府志及與此次志料同時印行之康熙會稽志道光會稽志稿嘉慶山陰志而言因志書人物列傳每僅能知其爲某縣人而不詳其里居

所在有平時所景慕之先賢過其故宅而不知者矣茲就可考者特爲列舉藉知某人之出於某族其次序略依時代爲先後在本志稿列傳者未錄因本志稿不過充修志之資料他時修志或有所增删未敢援爲定論也

各家譜牒未得盡見是編所錄采訪之稿略詳某族之先世并舉選舉志中數人以明其爲此族所出非謂此族之膺選舉者止此數人蓋不過約舉其例而已

紹興縣志資料第一輯氏族編目錄

丁 大善橋盛港 梅山丁港 孔 天樂 王 五雲感鳳鄉 林頭蓮花橋 黃灣一 山前蓮花橋 山里二府 王家堰直街 梅里鵲竿潞

莊禮江 攢宮樗里 翠山灣仁里 光相橋五馬坊 坡里昌安 堰頭王家葑 潞莊前王都昌坊 石家池蘭家山 瓦窯頭小保佑橋 蟶浦三江

村二 獅子街壋頭 新河一平章街 新河大皐部 毛 達郭 方 稽山 尹 鍾堰 史 清道橋橋則水牌 酒務 田 中正

坊 平 清涼橋 甘 屯頭 石 橫街 朱 嵩臨雙橋 白洋中正街 三才殿前江墅 夏履橋柯山 酒務橋香芬街 東常禧坊

漁後賞家村 城南湯浦 西墅溫瀆 任 麗江菩提 東關街 成 大營 戎 安昌 池 塿嶺下 全 東浦 杜 山樓

東浦前村 呂 呂府 祁 梅市 阮 嘯唫 余 家斜厚社 新河衖東浦 何 峽山橋 東關山頭村 清涼東浦 李 雲門

感鳳鄉李宅 橫路西墅山 天樂高 胥里橫山 西郭東郭 趙墅陡亹 沈 霞川安昌西市 蓬山及壽勝埠外沙大林 朝京坊盛陵 張墅山樓

西辰村台閣隝 東浦木蓮巷 圓通寺安昌 前山 皐部裏沈 湖頭中望坊 青隝王顧嶺下 柯橋 宋 日鑄江頭 湯浦柯橋 塔山下宋家溇

汪 寶珠里谿村 車 車家衖 吳 州山湯浦 下方橋平水西溇莊 龍尾山桑瀆 姒 大禹廟下 言 廣寧橋 周 前梅橋村 雙笄

頭山魚化橋 後馬西小路 小坊口興文橋 寶祐橋中正橋 碩道地東浦 駱家葑西周溇 林 賞舫灣 箭橫溪 孟 獨樹村 邵 龍尾山

邵家溇瀝海所 金 厚庫賢莊 皐埠平水 金谿坂袍瀆 昌安安城 湖南岸湖塘 漁臨麻溪 下陳嶺頭 金塿拜王橋 宗 九曲里 易

昌安 施 江墅仁瀆 范 東仰坊府莊 錦鱗橋道墟 陶堰 王 洪 江塘湯浦 胡 厚寶賞舫 小皐部及拜王橋 張溇蔣村 裏溪美

政坊下竈 俞 東堡箭場營 香芬衖東岸 陶里陳型塘 陡亹道 瓦窯頭味山 容山俞村 相 蔣村 秋 福船山 柳 張家瀝

姜南街 姚姚家埭岸姚 東姚厚社 西姚三江 成家漊凰儀橋 姚家橋横街 北柯西 祝稽山 孫孫端橋 跨湖東關

孫府皋部 陽嘉龍高平 湖塘銅坑 昌安東浦 小亭後 桑桑港 柴山陰寺東 秦獨樹小皋部 倪富盛埭 陸家亭後

徐項里頭石 棲鳧汪家埭 下方橋夏履橋 南瀚徐家埠 東浦 安昌一五雲鄉 安昌二下徐 保駕山東郭 饅横溪 馬吳融堂 文英吳融

誠忍堂新街口 陸梅湖濱 吼山小山南村 涵 郁移風 凌鹿池山忠村 夏山樓圈 梁白牧山梁 豐巷村 唐越城稽

山田塊 高前梅頭 後梅墅後 鯉魚橋獅山 錢清厚高 九眼橋前梅後坂 夏履橋陳家漊 高牆里上方橋 江南村古塘坂 閘橋任家街

陡亹 茹桃源寨下 章稱山莊 王顧傅家塊 東關阮社 新建湖塘 戚白鶴西塘下 堵冒山 郭下郭 許黨山甘溪

湯浦獅子街 莫嵩臨塢 潘舫寨下 婁湊塘安昌 莊太平橋 商樊江 袁鍊塘村 陶陶堰二派︶ 六翰︵振六翰︵

振一振三派︶ 陳下方橋鵞漊 宣化坊江橋 平水道墟 車家浦南匯村 樊江東浦 南大路 小皋部箬簣山 登坊漊東浦 西寶疆廟橋下 送堰

下江 霞嶂安昌一 鄭岸安昌二 七星街安昌三 西郭門內陳村 下岸天樂安山村 倉橋 觀巷清涼橋 祥符街湖裏陳 三 張白魚潭狀元

坊樂 恂興洋江 琶山松林 開元坊肇湖 安昌漓渚小步 高村下和坊 永 程二江橋 接龍橋梅市 馬梧樓下陳 屠皋部

傅富陵村 傅漓渚 湯天樂東浦 單單港後墅 馮東浦村 鍾澤王顧 童富盛童 竹院昌安坊 盛桑瀆 黃軒亭陳

村亹 東浦中村楊望村 孟舒上坂 西莊駐蹕嶺 新司嶺下村 陡 賀外山 華華家墊 葛茅山鄉 天樂山頭步 鄒寧

桑 楊安城里 蓬山咸歡河沿 胥 賈山樓迎恩坊 褚柳橋 董漁渡東中坊 石厂蕖墅 清潭東大池 五峯 裘雲門

嵩灣婁村 鄭八鄭山棲 橐潭蔣村 南岸安寧坊 葉葉家山湖塘 趙富陵平水 華舍天樂胥里 馬鞍 大坊口天樂鹽地 天樂值

俐坊漓渚

劉 水澄

壽 華舍朱咸 福彰橋

鮑 七星街 高車頭

潘 曲屯 溝營

閘下水 古貢院

蔣 蔣隖盛陵 安昌南櫺

蔣村細盤 蔣家坟

樊 單港

諸 江頭 南池村

滕 獨樹 村

魯 皋部

蔡 井巷

錢 項里漓渚 昌安王府莊

駱 尚巷村駱 村駱家葑

謝 孟葑 彊

漫池 菖蒲漊

東寶 安昌

薛 松鱗

鍾 舜帝 廟下

戴 則水 牌

韓 羊山八 字橋村

魏 板橋 村

羅 倉塘 徐山

嚴 費墅 珠巖

潭 張漊

顧 寺東安昌 蔡家墺

酈 酈家 埭

鐵 鄒家 葑

司馬 大路

聞人 羅漢 橋

氏族上

大善橋丁氏

始遷　丁蒙字彥和宋季人始居大善橋今屬城中鎮

先世　譜載其先世爲恩州清河人丁度字公雅宋仁宗時仕至觀文殿學士卒謚文簡宋史有傳此族之第一世也居河南祥符二世獻可字世良遷越州居南明善政鄉三世炎字光中徙明州居鄞縣守介鄉四世翺翊五世持元祐三年由明經登進士第仕至溫州刺史六世機仕至知蘇州府事七世蒙

家譜　清嘉慶間抄本一册

附記　此族遷徙不一處玆稱大善橋者係就其始居而言

梅山盛港丁氏

亦爲度之後第四世翊五世攄爲上虞令〔按上虞縣志惟宋建炎中有縣令丁隱無丁攄名〕遂居上虞其地名丁石街六世模七世華明初人由上虞遷於山陰之盛港〔亦稱澄港今屬繩港鄉〕有祠建於清康熙間〔采訪〕

丁港丁氏

始遷　丁開泰字宗原始居三江丁家埭爲丁港〔今屬三江鄉〕始遷祖

先世　此族爲唐穆宗時禮部尚書丁公著〔唐書有傳〕之後公著先居山陰後居於吳又徙山東青州故其譜稱濟陽丁氏

家譜　創於宋淳熙間現譜爲清咸豐四年所脩係抄本

附記　譜載丁氏在元至元間分仁義禮智信五派居新昌南州者爲仁派居山陰三江者爲義派居上虞竹塘者爲禮派居會稽白塔塘頭者爲智派居餘姚天台等處者爲信派現住丁家堰陡亹西市及馬鞍等處者皆屬此族

天樂孔氏　先聖孔子之四十八世孫端思宋建炎間扈蹕南渡爲杭州府教授遂居錢塘嫡兄端友襲封於衢胞弟端操襲封於魯五十二世萬山宋官太常寺少卿遷居錢塘定南山五十三世沁字心一洪武初遷居蕭山縣礫山之南五十五世克啓字開宗遷居山陰天樂鄭家塘至清光緒間爲六十二世選舉表中之孔照冕其裔也〔采訪〕　按孔愉孔奐孔述睿孔充符孔琳之皆先聖之後蓋因第二十二世有名潛者漢末避地會稽遂家焉其世系並列闕里譜系見會稽三賦增注知吾邑之孔不自宋南渡後始惟其家譜未得見

五雲王氏

始遷　王然宋紹興初官浙東提舉致仕居會稽之五雲鄉

先世　譜載爲晉右軍將軍會稽內史王羲之之後宋南渡時有名奇者太師尙書令文正公旦之曾孫也始居杭州而其後不詳文正有兄名溥然爲溥六世孫

家譜　譜十二卷又卷首別爲一卷原譜稱中南王氏宗譜因然孫百一遷居山陰中澤故稱中南王氏宋紹興十四年高宗敍大臣家譜牒時奇官光祿大夫以譜進覽高宗御書臨沂肇宗三槐繼統於譜淸光緒二十年三十三世孫允聖承鑑最後重脩

附記　據譜載奇始家越奇之五世祖名祚祚三子長子溥次子懿三子旦旦子素素子鞏鞏子奇溥子三次子貽正貽正子克明克明子道卿道卿二子長宋〔攷別譜宋作寀〕次宗宋二子長輪次軫輪三子長熙次然三點然距祚凡七世而奇距祚僅四世均仕宋高宗朝似世次過遠也　又林頭王氏譜然是王言後而言爲王導裔姚江王氏譜導是王覽孫羲之父名曠亦覽孫與導爲同祖兄弟此云羲之後亦似誤　又姚江王氏譜載王摶第四子言言長子徹徹二子長祐次祉祐三子長懿次旦三旭旦三子長雍次仲三素素九子長厚次固三堅四鞏五本六碩七凝八常九奧厚無子繼弟鞏長子奇爲嗣奇二子長倓次作鞏長子奇繼兄厚後次時三由四臯又據林頭譜鞏子時生三子長顏次然三華然字季輝紹

興初提舉浙東常平茶鹽事家會稽之五雲與此譜所載均有參差紹興王氏以此宗爲最多特詳記於首可以備攷

林頭王氏

始遷 王惟杓行惠一在宋元之際始居會稽翠山灣亦稱翠環因贅於山陰蕭家漊遂家焉漊在林頭之東北今屬東合北鄉

先世 出唐黎陽令王言後世居渭南言子徹徹子祜居汴城植槐於庭遂爲三槐王氏祜次子旦旦第三子素素第四子鞏鞏長子時時生三子顔華然華生三子性度志然字季輝紹興初提舉浙東常平茶鹽事家會稽之五雲無子繼兄華之幼子志爲嗣志又無子繼性第三子道卿爲後性字以仁宋建炎戊申别院省元南渡居蕭山苧蘿村道卿生二子長寀居攢宮車轄院次子塏高字東岳居五雲塏高生四子淴漻溆淪淴子栻栻子熊熊子彦禧彦禧子惟杓

家譜 譜初成於明天啓間清乾隆丙申蕭山裔孫王序陞王廉山王階重脩庚子王渭占又重脩凡四十六卷名三槐王氏宗譜祖唐黎陽令王言乾隆辛卯恩科榜眼會稽王增奉命纂脩四庫全書於永樂大典中得大名世系圖宣揚因親録等書以資參攷又有王國楝

作脩譜辯異於同宗各支記載極博且所記具有原本今藏後裔王兆燦家

附記　惟杓嘗捐資建梅山寺惟杓幼子廷峻於明初胡大海征越發家廪千石助軍其後裔王元敬嘉靖己未進士官至南京兵部右侍郎王元春嘉靖庚戌進士官至陝西按察使王增以一甲二名官編脩後官懷慶府清北通判主講湖州府書院有遲雲書屋詩集若干卷

王國棟脩譜辯異摘錄數則於下

三槐王氏系出琅邪唐季黎陽令諱言者避難居大名隱其宗望其後文正公封望太原故晋公文集仍稱琅邪人然太原琅邪其先本屬一族秦將武成侯離生二子元威元避秦亂居琅邪威居太原琅邪據其地而言太原實爲封望也　吾祖黎陽令係丞相摶之子特晋公傳中未曾首敘丞相摶是以後人不能無疑焉今查桑維翰題黎陽公像贊云公之先系出太原嬴秦亂離避居琅邪後遭藍田之禍遂占籍東京等語核之史鑑唐光化三年六月丞相摶賜死藍田驛是藍田之禍別無他人　考文獻通考建炎二年以軍興分路類省試始有別院省元之名宋朝選舉向例省元只有一人是年分路類試故不止一人是年之省元通考亦未載入則以仁公之中省元必在此年且與行狀世系錄相符　譜中有山陰姚

大源西墳圖說略謂由郡城而北至海幹流直下中涵巨浸二南曰白魚潭北曰狭猺湖其間有里曰林頭按之地理闔郡西南之水皆匯於狭猺湖而東北入海林頭在湖南并錄於此可以參證紹水利與地勢焉

是譜又有原姓氏支派一則節其首段如下　王氏出自姬姓周靈王太子晉子宗敬爲司徒時人號曰王家因以爲氏十七世武城侯離二子元威元避秦亂居琅邪爲琅邪王氏威漢揚州刺史居太原爲太原王氏威九世孫霸隱居鴈門晉陽龍門烏丸祁縣四望皆其後也元四世孫吉漢諫議大夫家臨沂都鄉南仁里爲臨沂王氏江左蘭亭青箱東海諸望同出臨沂吉十世孫導晉始興文獻公渡江爲元臣卜宅於東冶其後稱烏衣王氏導九世孫褒江陵陷奔後周封石泉公家渭南爲石泉王氏褒十二世孫摶相昭宗封魯國遭藍田之禍其子言遂占籍魏郡之莘亭别稱太原人

黄灣王氏

始遷　宋紹興壬子進士兵部員外郎王適字道一（一作道立）居山陰天樂鄉之黄灣（今屬所前東鄉）

先世　王祜生四子懿旦旭勉旦第三子素素第七子凝凝生鼎鼎長子觀觀生三子長適

次迴三淦

附記　以下各氏悉據林頭王氏譜以其世代具有系統故也其別自有譜者亦探及之以資參證　按王灣王氏別有宗譜民國十六年王愼齋脩其所載先世名號皆本於三泉王氏譜與此譜小異參看下山前王氏　又黃灣作王灣當是沿訛

山前王氏

始遷　南宋時王穀由清溪遷山前〔今屬所前東鄉〕

先世　適長子滋滋生籍籍居清溪二子儉懌儉二子長華次穀

附記　穀曾孫純元末盜賊蠭起純助餉保鄉鄉人德之塑像於黃灣廟　攷山陰天樂三泉王氏家譜始遷祖爲王中立又名道立宋紹興二年進士官兵部郎中自餘姚遷山陰天樂鄉永義里名其地曰三泉亦名王家灣其所敍先世爲王祜孫素素長子鞏鞏次子寬寬次子俣字碩夫隨宋南渡官工部尙書居餘姚城東俣長子遠遠生二子長中正次即中立此族在天樂四十都中錯處甚盛曰三泉曰珊里曰胥江曰燕窠曰祥里皆有分支譜始修於晉咸和九年王導現譜光緒三十年裔孫寶墀修凡八卷有裏分外分兩派　中立八世孫有證公者幼出家慧悟寺爲僧年七十一歲悟道明正統時圓寂化於烈焰中有五色煙

焰有祝香文及悟道詩

山里王氏

始遷　南宋王懌由清溪遷山里〔今屬所前東鄉〕

先世　懌籍次子

附記　此派之裔後多居嵊

王家堰王氏

始遷　南宋王埻由山陰遷會稽王家堰〔今屬瀝山鄉〕

先世　王祜第三子旭生三子質徽誨徽次子黯因元祐黨籍徙陳之宛邱黯孫伶南渡官秘書丞居山陰伶長子邁邁次子中元以明經貢爲蘭亭書院山長中元生六子長子圭舉鄉薦爲稽山書院山長次壁三埻四奭居山陰福嚴五孚六玾

梅里王氏

始遷　元初王繼鉉由諸暨隱居梅里卽梅墅〔今屬梅袁鄉〕

先世　言子徹徹生二子長祜次祉祉生獻獻玄孫錫宋崇寧進士南渡居諸暨縣〔宋時爲義安縣〕之楓橋繼鉉是錫之玄孫太學生宋亡隱居梅里

附記　繼鉉生二子長祖仁次祖植祖仁長子圭生冕即元章先生屢舉進士不就隱居九里山

感鳳鄉王氏

始遷　王彥弼元延祐間由浦陽遷山陰感鳳鄉

先世　錫玄孫汜生子杞宋官浦陽尉遂居浦陽杞生煒煒生彥弼

蓮花橋王氏一

始遷　王鈍元時初居錢塘范村以依舅氏黃姓遷山陰之蓮花橋〔今屬城西鎮〕

先世　自王性居蕭山苧蘿村其玄孫梓流寓上虞龍溪梓孫彥禎復歸居蕭山湘湖之王家湫傳四世仲賢居錢塘范村鈍爲仲賢曾孫鈍之曾孫讚繼於黃姓遂從其姓後復

蓮花橋王氏二

始遷　王曰璉字仲華清雍乾間由鐵甲營遷府直街蓮花橋

先世　王彥楨子杲杲四子廷玉廷璽廷璧廷寶廷璧三子允化允文允秀允文孫江明官仙居訓導遷建德守父墓有九子第九名意入籍順天官山陰主簿寓府城鐵甲營曰璉其十世孫也

附記　意曾孫承榮生二子長先忠曰璉是其五世孫次先明明錦衣衛百戶李自成陷京師時周鍾寓其家勸鍾同死不聽先明遂自縊後祀昭忠祠見一統志其後居直隸

府直街王氏

始遷　王謨字文憲始居府直街司獄司前〔今屬城西鎮〕

先世　謨是鈍曾孫

鵲竿王氏

始遷　王均壽字槐安明代由苧蘿贅居山陰天樂鄉鵲竿〔今屬臨江鄉〕

先世　性生二子長槐卿槐卿子墉墉子漢居鳳陽漢二子長棠次棣均壽是棣玄孫

附記　均壽五世孫國楨明嘉靖戊戌進士官至福建布政使六世孫循學應天籍明萬歷乙未進士南海縣知縣祀名宦七世孫忠陛明崇禎壬戌進士官國子監司業嘉礽應天籍明萬歷癸卯舉人八世孫三俊明崇禎丁丑進士官福建海道

潞莊王氏

始遷　宋元之際王廷琪由會稽五雲鄉遷山陰五都五啚潞莊〔今屬潞富鄉〕

先世　譜稱王然字季輝提舉浙東常平茶鹽事家越之五雲鄉爲會稽之祖然無後繼邦

輝子性幼子道卿爲嗣其後居攢宮分三凰徙潞莊遷翠山以及牌下林頭等處若松陽梅市中澤壺觴等支實五雲所分爲然庶出之後查是譜世系表所載素第四子鞏鞏生三子時由阜時生三子顏華然華生二子性度然生一子學之至續表則度以後有一名志者志之後始接學之〔或學之是志之字〕似華有三子性二子曰長卿槐卿志之子道卿學之三子濠淪學之分會稽五雲鄉則道卿爲志之子而非性之子華爲然兄性爲華子然繼性子相差一代似宜依世系表所載又云松陽梅市等爲然庶出後又譜序以道卿爲性子而表則以道卿爲志子今相互參證然所繼者當是志或志無子而繼道卿

附記　林頭譜以言爲一世性與志爲九世志子道卿道卿子寀寀三子淪漪傑漪子枋是十三世枋下注云宋將仕郎監南康北院幹辦糧科事子咸燈見山陰潞莊派枋後世系缺失因原譜適缺此卷致難攷核以後潞莊世系起十七世廷琪注曰惟恩子由會稽五雲鄉遷居山陰五都五啚爲潞莊之始生宋度宗時卒元順帝時十四十五兩世不詳殊可惜也廷琪生四子晨昱昆景　又據光緒庚辛王榮曾王允猷鄉試硃卷載先世居宛丘有名隨〔原名逈〕字彥覺者宋南渡時由宛丘徙居山陰清溪泊里至元初有名良能者始居潞莊此族之第一世也攷姚江王氏宗譜王奇生二子倓作倓生二子道隨隨字彥覺宋淮南參

議南渡家餘姚後卜居山陰清溪泊里　又據光緒戊子王會澧鄉試硃卷載始遷祖彥生行滿三宋南渡時由河南徙潞莊後王村又采訪老譜王然紹興間家五雲鄉以下分三凰牌下翠山灣袁家坟中澤梁湖林頭潞莊處州之松陽等處

攢宮王氏

始遷　王廷瑾居攢宮之牌下〔今屬寶龕鄉〕

先世　譜稱性幼子道卿其後居攢宮道卿孫傑字漢臣宋紹定辛卯慶萬壽恩賜進士出身授翰林院承旨歷樞密直學士元兵入臨安起義護陵隱家攢宮傑生二子樫楝是廷瑾當爲傑之後惜中間卷數與潞莊同缺不能考矣

附記　廷瑾父名惟共廷瑾二子長允鑛世居牌下爲前王之祖次允鑑分居後王

翠山灣王氏

始遷　宋元間王㯳居翠山灣〔今屬桐眉鄉〕

先世　道卿次子塏高生四子湼瀯溆淪溆子㯳字坦之以塏高葬翠山守祖墓遷居此

附記　㯳子㤘㤘生三子彥昇彥祚彥訓彥昇名輿仕元爲亞中大夫無子繼弟彥祚長子昺爲嗣昺二子長誠行眞一次敬行眞二今翠山灣以誠爲始祖也

光相橋王氏

始遷　明贈新建伯王華字海日由餘姚秘圖山遷居府城光相橋〔今屬城西鎮〕

先世　王奇二子傒作傒二子道隨道四子資之補之輔之翊之補之三子元龍元明元褒元龍子松松二子應良應茂應良四子子遜子華子俊子秀子俊二子士元士貞士元三子綱紀維綱四子彥達彥中彥廣彥文彥達四子與準與本與實與朋與準三子英傑昌傑二子倫燦倫三子榮華袞華三子守仁守儉守文

附記　考姚江王氏宗譜傒子道一名彥洪南渡居餘杭仙宅界子補之家上虞達溪補之曾孫應良由達溪遷餘姚秘圖山爲餘姚之祖傳至華由餘姚遷居府城山陰縣光相坊

垓里王氏

始遷　宋宣教郎王鍊文先世居汴城南渡居山陰至鍊文始居垓里〔今屬潞富鄉〕

先世　傒二子長道次隨隨官淮南參議南渡居山陰生二子起文鍊文

附記　鍊文子元蒙元蒙子核元兵入臨安殉節　鍊文兄起文子元稼始以教授居上虞達溪元稼子蔭蔭子思華亦居垓里思華子賀甫生三子良用良知良能　攷姚江王氏宗譜載鍊文字沅之復字世卿宋宣教郎由項里徙居潞莊之垓里子一元蒙

堰頭王氏

始遷　王銓由上虞達溪遷山陰三都二啚堰頭（今屬璜梧鄉）

先世　王元稼子蔭生四子思文思章思華思封思文生四子裕禮礽礿禮生三子長鈺元提舉居杭城次銓三欽考堰頭王氏譜載始遷者名毅元時官提舉其述先世曰起文生千二朝奉不著其名千二朝奉生元二提舉說遷山陰三都（即堰頭）說生道隆道隆生毅以毅爲始祖譜中王舜鼎王亹王自超並見舊志又與沈元泰同脩道光會稽縣志之王藩及廣寧橋之柿樹下火珠巷大和鄉之小西莊均其裔毅曾孫端分居謝港光緒辛卯科解元王萬懷是其後

潞莊前王王氏

始遷　王道得由上虞遷潞莊（今屬潞富鄉）爲前王之祖

先世　道得欽之子也子名廷玉

附記　又據采訪王松三元時自傅浦遷潞莊稱潞莊前王

石家池王氏

始遷　王鑒字圓益贅於山陰居石家池（今屬城北鎮）

先世　王素第三子堅堅之曾孫畿宋承事郎南渡居蕭山縣西陵四傳名槐宋明經居嘉興鑒爲槐玄孫

附記　自黄灣王氏至此均采自林頭王氏譜

瓦窰頭王氏

始遷　明季福建汀漳龍道王道南由石家池遷瓦窰頭〔今屬朱尉鄉〕

附記　譜未見據采訪按林頭王氏譜石家池始遷祖名鑒選舉表中王夢魁王榮祖皆出此族

蝗浦王氏

始遷　元王璉自郡城遷蝗浦〔今屬合浦鄉〕

先世　晉王羲之家越城之蕺山羲之第五子操之世居會稽曰蘭亭王氏至五代時居餘杭其後有名晟者遷嚴州淳安縣之清溪晟長子仁厚仁厚子貴由清溪徙錢清東塘貴生三子惠仁信惠之後居衢郡仁生二子忠志忠遷紹興志之後仍居錢清忠生五子長綱居紹興次經三紳四俊彦兄弟相繼徙界塘俊彦字省齋後又遷山栖新涇村生六子長子佐字敬齋紹興十八年狀元官至戶工二部尚書次子公衮字補齋紹興二十四年進士官尚

書左司員郎自山栖徙居越城江橋瑮爲公袞曾孫避元亂由江橋徙蠷浦

舊志人物　王泰

家譜　清咸豐八年裔孫王文貴脩凡六卷稱瑯邪王氏宗譜

附記　王佐世居山栖至五世孫居正居石碁良臣良耜後歸山栖良弼良知良能良翰良朋良輔同避元初之亂居竺里峯良弼又徙丁墅又佐四世孫有字愛簡者居石里

禮江王氏

始遷　明正德間王悌由蠷浦遷禮江〔今屬桑盆海塘鄉〕

先世　悌爲蠷浦始祖王瑮之第十世孫悌子王善入贅禮江蔣氏遂家於禮江

家譜　此錄自蠷浦王氏譜中

附記　蠷浦王氏譜載此支唯譜中又有名盟者後徙禮江云云盟瑮子錠之第三子也

槜里王氏

始遷　宋王信自山陰之錢清遷槜里〔今屬九曲鄉〕

先世　其先世與蠷浦王氏同出王晟居嚴州淳安之清溪晟長子仁厚生子貴貴生三子信貴之第三子也

家譜 此亦録自蠷浦王氏譜中

仁里王氏

始遷 宋季王愛簡自清江遷延壽鄉仁里〔今屬延壽鄉〕

先世 愛簡亦王佐後與蠷浦爲同派 譜未見據采訪

附記 考蠷浦王氏譜王佐四世孫長曰易簡次曰夷簡三曰迪簡四曰愛簡愛簡居石里殆即仁里音訛

五馬坊王氏 王佐之後世居仁里村後徙五馬坊〔今屬城西鎮〕選舉表中之王德容其裔也

昌安王氏

始遷 王仁初自蠷浦遷昌安洞橋頭〔今屬昌安鎮〕

附記 此據采訪云是右軍後

王家葑村王氏 蠷浦王璩傳六世至明中葉有名繼者自蠷浦遷紹城酒務橋六傳七世至清初名昇者自酒務橋遷昌安門外官塘橋選舉表中之王承佐其裔也〔采訪〕

都昌坊王氏 先世住蠷浦府志義行傳中之王志恆〔脩餘姚海塘〕及選舉表中之王熙年

王崧年皆其裔〔采訪〕

藺家山王氏　梁天監中湘東王諮議參軍王籍字文海之後有名清字澹齋者由壺觴遷居阮溪清之裔進賢字誠齋遷藺家山〔今屬集慶鄉〕選舉表中之王念祖其裔也〔采訪〕

小保佑橋王氏　明嘉靖進士官左諭德名肇昌者爲此族始祖選舉表中之王埏王元灝王抱一皆其裔也其後有住西咸歡河沿者〔采訪〕

昌安門外三江村王氏

先世　始祖王旦見光緒乙亥王餘慶鄉試硃卷

獅子街王氏

始遷　王獻元元元統間官浙東宣慰副使提舉學校始居紹興獅子街〔今屬城南鎮〕

先世　譜載獻元爲晋王羲之四十六世孫宋王祜二十三世孫中間世系不可攷獻元生三子長惟正居紹次子用貞隨明太祖征山西遂家山西三子用賓洪武初以富戶實鳳陽居鳳陽之定遠縣

前志人物　王淵　王宗積　王鑾　王望臣　王永祈　王鏞

家譜　譜凡四卷始脩於明萬曆九年最後清乾隆五年脩

附記　其譜原稱琅邪王氏獻元之後有遷稽山坊者宗祠初在戴於山清康熙壬戌十三世孫業弘復建於木蓮巷口　攷他譜王祜非羲之後詳見五雲王氏

新河王氏一

始遷　明初王興誼贅於紹興倉橋陳氏遂由嵊縣遷新河衖〔今屬城北鎭〕

先世　晉王羲之始居剡之金庭稱金庭王氏至宋二十五世孫弘基徙巖頭三十三世孫邁創華堂麗甲一鄉其里遂名華堂故又稱華堂王氏興誼邁孫也

家譜　本爲金庭王氏譜至清康熙時十二世兆芳繼金庭譜而輯新河譜入民國重修一次

附記　王氏居新河者不一其族故分爲一二前參議院議長王家襄係此族之裔

新河王氏二

始遷　明末溧陽令王鵬之孫朝恩由嵊遷紹城新河

先世　王鵬亦嵊縣華堂派〔譜稱華堂曰晝堂〕鵬父字果齋譜以爲始祖鵬官溧陽令卒於燕至孫朝恩扶柩旋里遂家山陰蓋以其祖父先已葬山陰也

家譜　此族尙無譜據其後人所藏曰王氏世系圖表錄之

附記 清咸豐間浙江團練大臣王履謙其族也

墱頭王氏

先世 始祖號東湖明代人先由餘姚遷越城中望坊再遷墱頭其後裔有名國泰者復居城中正橋選舉表中之王英淇王繼香皆其裔也 又孝子王繼穀是繼香弟皆居廣寧橋〔采訪〕

平章衕王氏

始遷 王之維子字子省清康熙間由南池遷居城中平章衕〔今屬城西鎮〕

先世 之維之先曰照遠是爲一世祖至子省爲六世

家譜 譜未見此據所藏祭簿錄之

大皐步王氏

始遷 元承仕郎王員三由嵊遷大皐步〔今屬皐平鄉〕

附記 此據采訪並云杭州富盛斗門城中均有分支

達郭毛氏

始遷 毛載九南宋時人由石門贅於會稽太平鄉達郭〔今屬湯郭鄉〕萬戶丁氏遂家焉

爲此族之第一世

先世　譜載其先爲汴人宋開寶間毛士祥爲河東宣撫使傳四世名滂元豐間知武康縣致仕後家於餘杭之南城子叔慶高宗時徙崇德之石門此譜所稱餘杭派是也載九爲叔慶之子

家譜　輯於明萬歷間現譜爲民國十九年所脩凡十二卷

附記　此族分徙有城區倉塘小江沈家埠頭及杭州嵊縣上虞等地

稽山方氏

其先有名元若者隨宋室南渡居蘭谿子廷寶字國信徙會稽此族來越之始也廷寶三子秉文秉哲秉武其裔至元至正間分爲仁義禮智信五派居山陰蕭山者爲仁派居會稽新昌者爲義派居餘姚者爲禮派居嵊縣者爲智派居諸暨者爲信派其仍居蘭谿者則爲廷寶兄廷言之裔其後有名德義者由蘭谿徙甯海數傳至克勤爲明洪武中循吏克勤子孝孺殉建文之難其族遂衰相傳有改姓余者又有潛入越隱於稽山者則此族也唯因家譜未見故所屬何派不可考〔采訪〕

鍾堰尹氏

始遷　尹還初明季人由嵊縣遷於山陰之鍾堰〔今屬跨湖鎮〕爲此族之始

先世　宋和靖處士尹焞建炎南渡時由汴至浙晚年寓會稽卒葬謝墅天柱峰下其後人聚族於嵊還初其裔也

家譜　輯於清嘉慶二十五年民國十七年重脩抄本六册

附記　譜載還初無子以甥王兆元〔諸暨馬車閣人〕爲嗣故此族之裔實皆出自兆元此譜載最近所調查其族人分住於本邑各地者如鍾堰鍾家灣跨湖橋龍舌嘴王家莊弄頭山昌安官塘橋下楊瀆香粉衖八字橋火珠巷草貌橋宣化坊東雙橋鐵甲營五多功寶幢巷車水坊旱偏門內直街大酒務橋府直街文昌閣下等處之尹氏皆其支派也

清道橋史氏

始遷　史明孫號越村元初人始居清道橋〔今屬城區城東鎮〕

先世　譜載其先自魯徙杜陵至漢光武時史崇以功封溧陽侯遂居溧陽爲溧陽史氏之第一世至三十世名維則者宋初徙居四明爲四明史氏明孫者宋忠定王史浩之玄孫溧陽之三十九世也

前志人物　史明孫　史櫝　史奕楠號新儒譜僅載其號孫積琦　史在慧　史顏節　史在鑛

家譜　輯於明萬歷間現譜爲清康熙二十九年所脩凡八卷

附記　按明孫後五傳有名恂號誠菴者在明永樂間遷於市門閣後街其後有移住馬梧橋者有徙昌安門下馬橋者皆屬此派唯其譜概稱清道橋小宗支茲仍之

酒務橋史氏

始遷　史在鎏號遠公清初人始由市門閣徙居於酒務橋〔今屬城南鎮〕

先世　譜載其先由淸道橋遷居於市門閣又七傳而至在鎏始居酒務橋溧陽侯崇後之第五十一世也

前志人物　史文炳　史宗垣　史在鑒　史在鎏　史　彩原名在鍙　史義澄　史致光　史承沛

家譜　民國五年脩凡一册

則水牌史氏

始遷　史必茂字均盛譜未載時代以世次攷之當在元世由四明徙山陰之則水牌〔今屬會龍鄉〕

先世　譜載必茂爲溧陽之四十二世忠定王浩之七世孫因忠定有彰德廟在越故由四明徙越以奉廟祀

附記 據調查表云係忠定子彌遠之後

中正坊田氏

始遷 田茂義字崇善元至正間人贅於紹城左氏居山陰縣西北隅之晝錦里其子忠復遷於中正坊〔今屬城北鎮〕

先世 據譜載其先世居蜀之峨嵋縣有名奕字耀卿者仕宋爲右正言建炎南渡居於臨安奕子侃侃子遂遂子昭字德明爲起居郎德祐末年宋祚既移避地東渡隱於會稽之下凰村爲此族至紹之始茂泰昭之孫也其譜以奕爲第一世

前志人物 田賦 田自遠 田大益

家譜 草譜一册抄本

附記 今住東觀坊及南街者皆屬此族

清涼橋平氏 其先有名長發者明正德中由河内徙山陰選舉表中之平成其裔也清涼橋今屬城西鎮〔采訪〕

屯頭甘氏

始遷 甘士雄於清康熙間始居屯頭〔今屬嘯唫鎮〕其譜以士雄之祖慕紹爲始遷祖以

其父丙爲第一世

先世　慕紹本江西豐城人明末時來紹庽於大營子丙丙子士雄依其外祖單姓於屯頭村遂家焉初已襲姓單再傳之後始復本姓

家譜　輯於清道光二十一年現譜爲民國九年所脩凡一册

附記　其譜載士雄尚有二弟士信士英相傳一遷南京一遷上虞之後郭又此族之裔有遷居於海甯安吉孝豐及餘姚之臨山衛等處者而居餘姚者較多云

橫街石氏　宋紹興進士石豁仕至太常出知南康軍事著有周易解中庸大學集解等書此族之遠祖也數傳有名永惺者始居於紹選舉表中之石光琦石光瑛其裔也此族多宦游於粵在本邑者甚少〔采訪〕

嵩臨朱氏

始遷　元御史都尉朱孝岷號嵩臨先居剡之三泉以贅於山陰巫山鄉石氏遂居此以號名其鄉曰嵩臨今沿作松林〔今屬會龍鄉〕

先世　漢時朱建居西安其後朱博居太原朱汎居沛國後周時朱涔官殿中大夫避亂居吳郡生二子瑋瓌瑋生廷集瓌生廷雋廷集無子繼廷雋子昭亨爲嗣宋太宗時官宣贊舍

人翰林國史編脩昭亭玄孫純之生四子勝非勝明勝榮勝山勝非與弟勝榮南渡扈駕至台州遂家臨海賜第於剡川之三泉勝非第六子履履生宗宗生仕肅仕肅生國英國英生應時應祥應時生祐由台入越祐生孝達孝珉孝友

家譜　宋元祐間環六世孫光庭脩譜曰河南朱氏世譜至孝珉重修今譜爲清乾隆癸卯其裔項齡所修凡兩厚册不分卷

附記　嵩臨後裔分徙在紹者孝安勝非七世孫居浪港國恩仕肅次子居梅山國恩次子應科居珠池應祥子禎居白洋孝達季子泰居夏履橋孝友子恆居南門又鼎居東雙橋此外如嵊縣杭州台州上虞南京皆有分支　又浪港朱氏據采訪謂始遷者爲南宋殿前都檢點使朱宸由河南遷紹浪港在東郭門外後裔又分徙平水鑄浦澳瓦窰頭等處

白洋朱氏

始遷　元江南浙東道肅政廉訪使照磨朱克信居山陰子行榮一始居白洋（今屬大和鄉）

先世　勝非裔孝道先世居蘇州子克信以官浙東居山陰克信生十子行榮一至榮十譜載勝非玄孫國英生二子應時應祥應時生三子孝達孝珉孝友又曰應時幼子名禮字伯

用生孝實字光臨爲中正衕之祖今核之嵩臨朱氏譜應時生子祐祐生孝達三人應祥生子禎禎生孝道析居白洋核以字義應時應祥之子其偏旁皆從示孫則以孝字行又孝達兄弟之子名皆取易經卦名其字上一字皆克字則克信亦字也

家譜　明宏治五年朱穀修現譜爲清光緒二十一年後裔朱增朱拱薇重修凡三十二卷

舊志人物　朱純子宗岳　朱阜　朱啓元　朱燮元　朱賡

附記　克信十子分處各地始居紹城者名振孔字振千康雍間人居迎駕橋者名文魁行恭百五十一乾隆時人居盛陵者名殿邦居壺觴者名文富在明季居鄭家橋者名仲遠此外又有居龍山柯橋霞頭朱儲馬鞍朱家塢鄭家閘鵲干清潭等處者皆十子後也　榮一子曰海一海一幼子德方先以胞兄景方次子本昇爲子德方胞兄義方明初充戶頭洪武二十四年二月爲燒黃册事充四川神仙驛軍三丁抽一義方應從軍幸義男朱晟朱英代往其時德方年尚少既而里役陷德方以躲避差徭應充小興州衛軍有辛奴者爲海三孫德方養以爲子請往應役充小旗隨成祖征討有功陞武略將軍世襲懷遠侯衛正千戶欽除奴字止名曰辛封父德方如其官德方後遷白洋東岸又有朱士元者明萬歷時由白洋徙安昌按各譜每記燒黃册充軍事始未知所自今此譜傳中載洪武二十四年辛未浙江

布政司災焚燬黄册坐居民不救罪議派逐里充戍云査續文獻通考明太祖洪武十四年詔定編賦役黄册之制以一百一十戶爲一里推其丁糧多者十人爲里長餘者百戶分爲十甲歲役里長一人管攝一里之事城中曰坊近城曰廂鄉都曰里編爲一册册首總爲一圖里長輪役十年終而復始故曰排年里長依次充當

三才殿前朱氏

始遷　元朱應時始居三才殿前〔今屬城東鎮〕

先世　朱勝非玄孫國英生二子應時應祥其世代見嵩臨朱氏

附記　此見白洋朱氏譜下同

夏履橋朱氏

始遷　朱孝達始居夏履橋〔今屬夏履橋鄉〕

附記　孝達先世見嵩臨朱氏

酒務橋朱氏

始遷　朱恆始居酒務橋〔今屬城西鎮〕

先世　應時幼子孝友字仲臨生三子長恆字克常

東雙橋朱氏

始遷　朱鼎始居東雙橋〔今屬城東鎮〕

先世　鼎爲孝友幼子

中正衖朱氏

始遷　朱孝實始居中正衖

先世　朱𤇆時幼子名禮字伯用生孝實字光臨

附記　以上均見白洋朱氏譜此譜所載分徙各支與嵩臨朱氏譜略同以其修在後故據以錄之

江墅朱氏

始遷　明初朱理字義方由朱儲遷江墅村旌善鄉敬忠里〔今屬柯橋鎮〕

先世　朱勝非長子誠誠次子墅墅長子鳳翔鳳翔次子公喬入籍山陰居朱儲村公喬長子世勳世勳長子琳琳子居仁居仁第三子克信克信第三子宗安宗安長子景韶景韶四子長子早亡次子琛字德方號存耕分居白洋理其第三子也四子無傳

家譜　清道光二年十四世孫廷梅重脩凡四册兩册曰中分一册曰西分一册曰東分

附記 此譜載朱氏各地宗支之本原一段錄之如下 相縣沛國婺源派朱稑朱瓌之後鎭江丹陽派朱浮之後淮西無爲派朱邑之後姑蘇吳縣派朱買臣之後長安陝西派朱雲之後義陽河北派朱穆朱序之後太康派朱岑之後亳州河南永城派朱希貞朱敬則之後浙西餘杭嘉興槐里錢塘浙東會稽紹興桐廬建德嚴州平江派朱勝非朱奢之後高郵淮東派朱壽昌之後建昌派朱軾之後江陵派朱昂之後建甯崇安延平派朱松之後福建閩縣派朱卓之後饒州浮梁鄱陽樂平派朱遷之後休甯首村霓洞洄溪陽侯村諸派朱單五子之後廬州朱家市派朱儼之後云云雖其後更迭遷徙亦不盡繫吾紹朱氏第言朱氏氏族者得以備參考焉 按別譜載克信生十子均失名唯以行次曰榮一至榮十今此譜詳敍勝非以下世系而克信僅四子長宗文次宗章三宗安四宗賢宗文宗章後皆爲朱儲派宗安三子長子景韶生四子長智方早卒次琛字德方號存耕始居白洋三理字義方居江墅四敬方錄之以備參證

柯山朱氏

始遷 明萬歷間朱龍崗由柯亭遷居柯山大湖沿頭〔今屬柯山鄉〕

先世 朱勝非孫克信生十子行榮一至榮十此派爲榮十後

家譜　清同治戊辰朱曾修

附記　此與白洋朱氏同宗其後有遷府城西門又遷鯉魚橋

香芬衖朱氏

始遷　朱學孝嘉慶間由柯山遷香芬衖〔今屬城中鎮〕

先世　朱龍岡自柯亭遷柯山大湖沿頭又移居朱家漊至七世學孝居香芬衖

常禧坊朱氏

始遷　朱聖臣字清良清雍乾間由柯山下遷城中常禧坊〔今屬城西鎮〕

先世　聖臣爲龍崗後於勝非爲二十世孫

家譜　僅一抄本清光緒十一年二十三世樹藩稿

附記　遷越始祖祐三世泰析居夏履橋五世富二承事遷居郡城貫珠樓十世東洋仕至順天府府丞祀鄉賢十一世南英明萬歷丁丑進士其後住常禧坊又遷石童坊　又三財殿前朱氏亦南英裔見光緒壬午朱秉成鄉試硃卷　又攷嵩臨朱氏譜載孝達季子泰居夏履橋與此合

漁後朱氏

始遷 南宋時朱行眞一者自鵲干徙漁後〔漁後古名吳瀝因音近傳訛遂有今名〕今屬

柯橋鎮

先世 其先世追溯西漢大司馬長史詡自詡以下依千字文編世次詡爲天字傳至南宋

出字輩有行千四者云是眞一之先眞一兄弟三人曰眞二眞三而勝非勝榮則劍字輩也

家譜 一册抄本淸乾隆壬子十七世朱春晴録厥後朱容生續之民國乙亥眞一弟眞二

之十四孫慶瀾依舊本重印

城南朱氏

始遷 宋咸淳中朱濬先居建陽爲府學教授遂家山陰之城南

先世 朱文公熹生三子塾埜在在理宗時爲工部侍郎在生鐸鐸生濬紹興朱氏大半爲

唐僖宗朝殿中丞朱涔後始居偃師涔父名守滔至涔避亂居吳郡生二子長瑋次瓌〔幼

名古僚〕瓌生廷集廷集無子繼瓌子廷雋子昭亨爲嗣〔本譜所載世系涔二子長瑋次環

又名古僚而別譜以環作瓌似是形誤〕瓌天祐中爲揚吳歙州守陶雅裨將命統兵三千

戍婺源家於邑之巖里後以功授制置使朱子譜中所稱茶院府君者瓌第三子廷雋廷雋

長子昭元昭元第三子惟甫惟甫二子長子振次子拱振子絢絢子森森生三子松檉槹松

生熹松與勝非是兄弟行

家譜　康熙二十三年朱漋脩曰倉橋朱氏家譜乾隆二十六年永清重修抄本一冊

附記　自濬居城南其後越三世垚遷偏門外壺觴又由壺觴遷倉橋至二十世華家甚富創宅九所立戶三十而族始繁華生三子恩惠義後分老八房恩房三惠房四義房一近又有分居鮑家衕偏門東浦柯橋各地據采訪此族分壺觴倉橋二派

西墅朱氏

始遷　朱鉉字子玉南宋官通直郎兩浙運管使生五子涇源濳湘澄涇源居建安濳湘澄隨任遷會稽居西墅（考亭譜稱西具今屬永寶鄉）

先世　鉉是在子朱子孫也

附記　據采訪西墅朱氏有二皆文公裔其一族祠在西墅牌前已衰其一族祠在西墅東岸明季有名國倫字五序者官百戶錦衣衛以家富白頭兵索借不遂焚其家祠亦燬　又考齒錄歲貢朱宗潮朱家楨優貢朱元潤舉人朱篤瀛朱仁輔朱鴻頡皆其裔其分支有名承祖者住賞家村

賞家村朱氏

始遷　朱承祖宋末人由會稽東堡徙賞家村〔今屬馬山鎮〕

先世　朱鈜第三子潛第四子湘第五子澄隨任居會稽之西墅湘字仲陽淳祐元年贅居余貴遂家東堡生子承祖

家譜　民國十二年脩凡七卷原本於宋淳熙間文公所脩婺源茶院譜

附記　鈜後裔有名應懋者由賞家村徙山陰白魚潭見光緒乙酉朱戴清鄉試硃卷硃卷中載鈜宋寧宗慶元丙辰進士仕至廣西經略安撫使　修譜者朱寶崑自言此譜在光緒十六年服務於斜橋宗人鶴汀所設謙豫醬園見案頭有新抄本一本修至二十二世而止詢其所得云是本房光榮家傳此譜秘不示人相商數四始許假抄乃從事採訪而居本村者祇勝四房派下育寰公一支甯寰公一支勝九房派下昆玉公一支因勉爲編輯以二十三世起至二十九世止　承祖以下迄今聚族而居者數百丁他如由賞家村遷他處者尤多其在本邑者如府城新河衖覆盆橋水神廟前酒務橋天王寺前戒珠寺西街在鄉有羅家莊浪港嘯唫袍瀆上蔣王墩頭等處

湯浦朱氏

始遷　淸雍正間朱信玉自賞家村徙居湯浦〔今屬湯浦鎮〕

先世　系出賞家村朱承祖後信玉父名廷勝

家譜　其先之譜本於賞家村現譜民國十四年朱震脩廷勝七世孫也

温瀆村朱氏　其先有名逑山者明提舉由諸暨遷温瀆〔今屬禹會鄉〕十傳名昌祖者遷城內大木橋選舉表中之朱允中其裔也〔采訪〕

麗江任氏

始遷　明初任德基先居上虞任莊繼遷任溪贅於會稽麗江之路浦遂家此〔今屬東關鎭〕

先世　任氏爲梁義興郡守任昉後始居河南息縣之任家村宋建炎中有名廣安者扈蹕南渡官越州敎授家於大坊口廣安子希夷寧宗時官至端明殿學士徙上虞德基爲希夷八世孫

附記　此譜未見采於東關任氏譜　考宣統己酉任乃大己酉拔貢卷雍正間歲貢生任璿字然蒿偕知會稽縣張我觀捍海疏濬蒿江曹江見紹興府志

東關任氏

始遷　任春芳明季人自麗江遷東關

先世　春芳爲德基九世孫

家譜　先世有名東頑者始作譜最近脩於咸豐六年凡二卷

附記　春芳後裔分徙陂塘塘角等處其曾孫有名伊衡者仕山東蒙陰縣尉曾寄居蒙陰其子汝恢復歸東關

菩提衖任氏　任肇岐居菩提衖見同治癸酉任燕譽鄉試硃卷肇岐何代人未詳大雲橋任氏是其同族（菩提衖今屬城南鎮）此氏譜無可覔且任氏如小任家坂聚居較衆亦未能得其譜也　又光緒己卯舉人庚寅進士任塍（始祖名青山明初人）先居鄒家葑後居廣甯橋與此氏爲同族

大營成氏

始遷　成聚於明永樂二年任紹興衛指揮僉事始居於紹城之大營（今屬城東鎮）

先世　譜載先世爲鳳陽府滁州人成德字凝道元末從明太祖軍以功授承信校尉此族之第一世也聚爲其次子

前志人物　成之溥　成國梃　成國模

家譜　抄譜一册錄至清道光時止

附記　此族在明代世襲指揮僉事職凡十一代至明亡而止入清始有應文試者雍正乙卯科舉人成周助其第十四世也稱大營成氏者就其始居之地而言

安昌戎氏　其先世爲河南人有名子雲者仕宋爲明州錄事參軍其第一世也五世名汝疆仕宋爲御史遷居餘姚其裔漢英由餘姚徙慈北觀海衞由是世爲慈谿人至清嘉道間有名士烈字耀南者復由觀海衞遷居山陰安昌鎭選舉表中之戎念功其裔也〔采訪〕

塡嶺下池氏　其先世居黃巖有譜行貴八者明洪武初年因避亂始徙紹塡嶺下〔今屬湯浦鎭〕其家譜係清光緒間脩唯未見此僅據采訪稿

東浦全氏

始遷　其譜以全興爲東浦〔今屬東合南鄉〕之第一世興宋太平興國時人

先世　全氏之著於前史者自東漢桂陽太守柔始子琮孫吳時爲大司馬封錢塘侯世居錢塘至宋太平興國中有名權者累官至侍御史與其弟興遷於越之浴龍橋旁權二子長鼎次組鼎爲明州學錄後居鄞之桓溪此桓溪全氏之始也興無子以組爲嗣世居於越此東浦全氏之始也九傳名大節者追贈太師徐公卽宋史所稱保長者也其時最貴盛如理宗之母度宗之后福王之妃皆爲其族所自出及宋亡族人因避亂多散處迄明初其十一

世名安仁者始復居於東浦

家譜 輯於清康熙間其世系表則爲近時所續抄本一册

附記 全氏初居浴龍橋見全謝山東浦全氏祠堂碑文又李蒓客日記云會龍橋今稱會龍堰據宋史理宗紀言生於虹橋里第而府縣志俱言余天錫自臨安歸慶元泊舟橋下見兩小兒浴水上遂從之入其外祖全保長家按虹橋今在西郭門外南岸會龍橋去郭門半里亦在南岸全氏居東浦在虹橋北十里余天錫自杭返鄞其途必由運河則泊舟自當在虹橋會龍橋之間無遠泊東浦之理理宗之父榮王既早卒雖系名帝牒式微殆甚疑當時全氏尚未居東浦蓋與榮王皆居西郭官道旁故理宗兄弟游戲其間浴龍會龍之名皆後所增飾耳唯今全氏譜稱興始遷東浦又云越王〔名份保長之父〕之居東浦也特於邸第脩望烟樓每日食時登樓四眺見有不能舉火之戶以食米周濟之東浦立爲社神至今不替則似保長之先本已居東浦矣

山棲杜氏

始遷 杜有亮字貞菴明永樂成化間人由山陰之永昌鄉贅於山棲顔氏遂家焉爲此族居山棲〔今屬所前西鄉〕之始

先世　譜載其先世自漢迄唐著於陝西唐岐國公杜佑其遠祖也佑之五世孫端字正夫唐季由進士授史館脩譔以忤田令孜去職隨其季父儒休刺蘇州值吳越兵亂儒休被害端不能北歸依其從祖羔於黃巖旋復遷於山陰之永昌鄉爲此族居紹之始此譜卽以端爲第一世端子肇肇子叔詹叔詹子遂良遂良子衍字世昌宋眞宗朝由進士仕至太師封祁國公謚正獻衍四子詵訢訥詒此族屬於訢之一派有亮爲端後之第二十世也

前志人物　杜衍

家譜　脩於清光緒三十一年凡八卷

附記　按此族第五世祁國公衍致仕後居睢陽故其墓本在宋城縣志第八世景字星瑞〔訢之裔〕宋紹興間爲潤州團練使時汴京不守兩河淪陷景遂南還越州仍居永昌鄉命其子思昱潛往宋城遷祁國公之墓歸葬於苦竹山東浦前村杜氏譜源流攷中亦載其事又有亮之弟有文傳廝溪派其後又有楊家衖塘裏陳杭州乍浦金華夏履橋龍王塘七派

東關前村杜氏

始遷　此族之第一世譜行鄉一者於元至正間由嵊遷會稽之陳巷四傳名敬貞者遷東關前村〔今屬瀝山鄉〕

先世 譜稱其族爲杜正獻公衍第三子訥之後訥官將作監主簿訥子纘官鴻臚寺丞僑居鞏州纘子圭官宣議郎隨宋室南渡至浙居嵊之杜家堡鄉一其裔也

前志人物 杜如鎬 杜如鍪 杜泗英 杜淇英 杜鴻英 杜 緒 杜承緯 杜承節 杜 塄 杜 陶 杜 煦 杜丙杰 杜春生

家譜 創於清康熙二十年現存之本爲光緒二十五年所脩凡十二卷

附記 此族有居東關者有居倉塘者有居沈鳳破塘者有居城之草貌橋者（居草貌橋者始於康熙辛酉其地爲陳園舊址即祁忠敏越中園亭記中之小集園也）又有居嵊縣南門者居新昌長潭者均遷自前村者也 杜家堡元時本屬會稽二十五都明始割隸嵊邑陳巷今稱徐家塘其遺蹟之僅存者唯陳巷菴陳巷橋而已

呂府呂氏 唐河東節度使呂延之之後宋太師正惠公端二傳至中丞誨有子守襲慶死金人之難其孫大理寺評事億負父骨南渡家於越州之新昌爲新昌呂氏其後有名貴義者遷餘姚餘姚呂與李同音明初定戶版里長謬呼呂爲李遂姓李嘉靖間太傅文安公本以李通籍相世宗朝十三年及將致政乃始啓奏請復姓既於餘姚建相國里第復於郡治山陰地更造行府今其宅稱呂府在城西鎮之萬安橋文安之子名兗兗子胤昌胤昌子天成

天成子師著師著四子鉅烈相烈洪烈煌烈　按此族之譜未見此據毛西河撰江寧北捕通判呂師著墓表錄入

梅市祁氏

始遷　祁茂興號溫泉明初人爲祁氏復居梅市〔今屬梅袁鄉〕之第一世

先世　其先世爲陝西韓成縣人有名安祿字天爵號關望者宋建炎中隨高宗南渡至紹興始居梅市其後人口繁衍散居福嚴諸村惟自宋南渡迄元末其歷代名字多已失考故其譜斷自明初復居梅市之茂興始實安祿之十世孫也

前志人物　祁福　祁仁　祁司員　祁清　祁豸佳　祁彪佳　祁熊佳　祁理孫　祁班孫　祁曜徵　祁震雷

家譜　輯於清康熙三十二年後有續錄抄本一册行傳稿三册

嘯唫阮氏

始遷　宋德佑間阮直字叔繩避元亂自郡城藕芽池遷沽渚嘗構望江亭與賓朋讌集過其地者常聞嘯唫之聲遂名其地曰嘯唫〔今屬嘯唫鎮〕

先世　阮氏系出漢陳留巴吾令阮敦譜以後周端明殿學士阮儲爲始祖至八世道夫字

惟凝宋開禧間官越州判官家會稽藕芽池惟凝子大韶寶祐四年進士大韶子直

家譜　明代阮錡初作譜今譜民國十七年脩凡二十二卷

附記　阮氏盛於安南云皆此族其在本縣者則有安昌陶堰杜浦鎭塘殿東關曹娥等處

冢斜余氏

始遷　余子陵譜行利一於明建文三年遷居五雲山之冢斜（今屬舜水鄉）爲此族之始

先世　據譜載其先世由藍田遷山東之壽光至宋時有名洪字文善譜行雲一者因避亂徙明州四傳至名光之字時祥譜行千三者作賈於越居山陰之潘舫塢子陵其四世孫也

家譜　創於明崇禎間現譜爲清光緒二十六年所脩凡十卷

新河衖余氏

始遷　余鑑字子才元皇慶壬子舉人至治間仕紹興路學錄子列字德輝順帝至元二年任紹興路教授遂居越爲此族始遷祖

先世　譜敘言其族自漢以來世居下邳至五代時有名煥者居福建古田縣卽此譜之第一世也第九世鎭宋時官龍游令遂居龍游十一世端禮仕至左丞相謚忠肅宋史有傳至十四世鑑因父子相繼爲紹興學官遂家焉

前志人物　余煌　余增遠　余增雍　余煜

家譜　輯於清康熙間現譜爲光緒三十年所脩凡十卷

附記　此族後裔所居不一處因其宗祠在新河衖（今屬城北鎮）故稱新河衖余氏

厚社余氏　此族亦爲宋余忠肅公端禮之後明初有譜行伯九者始遷厚社（今屬賞祊鄉）選舉表中之余遠余駿聲余熙余應霖余景玠余廷莪余顯祖皆其裔也（采訪）

東浦余氏

始遷　余致研號瞻雲明初人初居中堰村後居東浦爲此族之第一世

先世　譜載其遠祖名祥江西饒州人唐初任婺州通判祥之後二十二世靖宋英宗朝官吏部尚書二十三世伯莊爲九江守仲甸爲常州守其後遂世爲常州人伯莊之曾孫名懋號德菴譜行春一者隨宋室南渡居於山陰致研（又名哲）懋之五世孫也

前志人物　余致研　余泰來

家譜　輯於清康熙二十七年抄本一册

附記　按致研之後有五房此譜所載者僅第四房一支蓋非全族之譜也

峽山何氏

始遷　譜載其先有名茂昌者元末官提舉贅於峽山郭氏爲此族居峽山〔今屬雙山鄉〕之始

先世　先世居廬江宋南渡後徙越州

前志人物　何詔子鰲　何繼高　何騰蛟子文瑞　何國輔子育仁　何愛龍子天章　何源濬　何宏仁　何嗣義　何治仁　何嘉琳　何兆三　何嘉祐　何嘉瑋　何天寵　何洪惠　何師儉　何百鈞　何嘉珝　何嘉延　何熠子裕城　何修本　何允成

家譜　現譜爲清乾隆間所修凡二十二卷

附記　何氏居峽山後五傳而其族漸盛分爲九支其遷徙他省縣者亦不一有名希文者當明之中葉因事戍貴州黎平府五開衛中湘王騰蛟即其裔也又茂昌後之第十二世曾臬湖廣籍淸順治甲午舉人祀鄉賢十三世鼎康熙丙午舉人仕至浙江嘉興知府祀河南名宦祠事蹟載河南通志十四世經文仕黎平知府祀貴州名宦祠事蹟載貴州通志十七世金乾隆甲辰欽賜舉人仕至貴州布政使祀貴州名宦祠

東關何氏　世居峽山茂昌後之第八世名景鴛者始居東關鎭選舉表中之何元泰其裔也

〔采訪〕

清涼橋何氏　世居峽山茂昌後之第十三世有名君顯者始遷旱偏門內清涼橋選舉表中之何鳳藻何汝翰皆其裔也〔采訪〕

山頭村何氏　世居峽山有名山伯者始遷山頭〔今屬雙山南鄉〕選舉表中之何惟俊何惟烈何鳳翽皆其裔也〔采訪〕

東浦何氏　明季有名文一者由峽山何氏小八房贅於東浦西徐岸王家堰今已十五世約有數十家以作道士爲業近始有習商者其宗祠在東浦南大路今僅存廢地矣〔采訪〕

雲門李氏

始遷　李政字敏正〔一作敏政〕明成化二年由童嶺徙車頭稱雲門李氏〔今屬舜水鄉〕

先世　唐高祖兄湛封蜀王及太宗即位舉屬籍問侍臣封德彝以爲自古封王者惟至親疏遠者非大功不得濫叨於是率以族屬降罷湛子博義初封隴西郡王博義子叜石因是降罷爲蘇尾九族都巡檢使始居奢延銀川間後駐綏青唐終迄宋十四傳至永奇生三子世輔世軒世軏紹興間金人已陷延安永奇欲歸宋全家被害於鄜州之馬翅谷惟世輔自夏歸宋有功宋室賜名顯忠〔事詳宋史本傳〕賜第於越城西小路遂名其地曰武勳坊官

至太尉封隴西郡開國公卒謚忠襄顯忠生子十七人師道師政師雄師閔師廉師文師顔師孟師正師古師武師説師尹師旦師直師禹師英其第十四子師旦善用鐵槍遂以鐵槍稱師旦生誾誾生臨岡臨岡生仕遠仕遠生昌義避元季亂入童嶺贅於童正郎家冒童姓凡七世仍復李姓政昌義玄孫也

家譜　初作於明隆慶間徐渭爲之叙現譜爲民國十四年所脩

附記　此族之後有仍歸童嶺者又有遷富盛者　攷各譜紹興李氏大半皆唐宗室一爲高祖兄蜀王湛後卽顯忠一派雲門之外如鳳鄉如横路皆是一爲汝陽王璡後如西郭如天樂如横山如趙墅如李宅如西墅如黄壤塢如山高皆是

感鳳鄉李氏

始遷　李開先南宋官提舉浙東常平鹽茶咸淳中自諸暨東松嶺遷山陰感鳳鄉

先世　顯忠第七子師顔官諸暨鈐轄愛其山水與弟師孟卜居東松嶺師顔生開先

家譜　脩於清道光二十六年凡二卷

附記　此族後裔有名廷孚字鳳山者明代遷郡城又光緒丙子李鈺鄉試硃卷溯其先自感鳳鄉移住樊江爲樊江李氏此譜追溯遠祖曰隆一公謂隆一以下分二派忠襄莊簡俱

爲五世其實忠襄〔顯忠〕莊簡〔光〕其所自出原本不同蓋誤也開先生子誂紹興己未進士官至御史中丞謚文莊誂子寰寰子可臣嘗隨孟珙收復荆門襄樊等軍可臣生茂

横路李氏

始遷　明李棁自黄壤塢遷横路〔今屬嶺溪鄉〕

先世　譜載其先有名剛者隨宋室南渡明初開國勳臣李善長剛之裔也世居定遠善長孫〔按明史本傳善長子名祺二子芳茂此譜不詳其名〕以避誅逃隱至越居會稽覆覆嶺其後裔有名惠字君澤者遷黄壤塢爲惠五世孫

家譜　創脩於清嘉慶九年現譜爲民國十七年所脩凡四卷

天樂胥里李氏

始遷　李庶字樂天行肇八唐天復元年避朱温亂自大梁隨昭宗至鳳翔遂來越初寓府山後錦鱗橋天祐四年卜居天樂胥里其地亦名山棲大塢〔今屬所前西鄉〕

先世　唐睿宗太子成器以玄宗平韋氏有功讓儲於玄宗子璡封汝陽王璡子野野子遴遴子訓訓子庶

家譜　脩於清康熙十三年現譜爲光緒十三年所修凡十四册　又同族一支其譜民國

五年脩

附記　庶十三世孫德常次子泰初洪武初同叔德倫執糧長役十八年乙丑長子養善復執前役二十一年朝命取斷指軍泰初適斷一指懼禍自縊子養善及弟積善得善二十四年復以燒黃册事均徙遼東惟幼子擇善洪武元年避四丁抽一軍例寄叔太三名下得免後亦充糧長　按此與西郭李氏所記燒黃册事似相同而此譜記之較詳節錄之以資考譜載庶生二子長興宗次繼宗興宗居上虞繼宗居大塢是天樂李氏爲庶次子後而西郭李氏譜中李慈銘嘗辯之謂其名不見宗室世系表中但此所載當必別有據

西郭李氏

始遷　元明間李德賢由上虞五夫遷居山陰西郭門外之郭婆溇（今屬西郭鎮）

先世　唐汝陽王璡五世孫興宗唐末知婺州金華縣避五季亂家上虞五夫傳五世李光字泰發宋參知政事卒謚莊簡光傳十二世爲德賢

家譜　清康熙癸未李湘始譔族譜同治甲戌續編凡八卷又卷首一卷

附記　西郭李氏與同派者有趙墅李氏自西郭分支者有柯山房南池房東山房蕺山房或以先世邱隴所在稱或以第宅所在稱總爲西郭李氏也　此譜李慈銘別爲譜略依據

舊文參證史志傳信傳疑務覈其實今僅一抄本存　慈銘有譜略論一文中云天樂李氏言出汝陽王璡五世孫興宗之弟繼宗其名不見宗室世系表同縣山前李氏譜亦祖汝陽而中有宋太尉李顯忠攷宋史太尉綏德人自唐以來世襲黨項蘇尾九族都巡檢使非唐宗室也〔慈銘謂顯忠非唐宗室似未考參看雲門李氏〕　又譜載德賢明初燒黃册案戍遼東長子喻從世居遼東奉天鐵嶺李氏相傳卽喻後與天樂胥里李氏所載事略同而名不同考李宅李氏始遷祖必先爲光曾孫德賢爲光十二世孫初本同族

趙墅李氏

始遷　李夢得自上虞五夫入贅山陰趙墅蔡氏遂居趙墅〔今屬會龍鄉〕

先世　夢得是興宗十七世孫

家譜　本譜未見此采於西郭李氏譜

附記　據采訪有李耕樂李居樂清時自山西遷趙墅清兩廣總督李堯棟是其族不知與此族是一是二待考

李宅李氏

始遷　李必先字德成宋尙公主封安南王始居會稽德政鄉厥後子孫繁衍其所居遂名

李宅〔今仍爲德政鄉〕

先世　唐汝陽王璡後至宋有李巨臣者由金華徙上虞之五夫街巨臣生三子長子沆一名杞沆子伯鎮伯鎮第四子光字泰發宋參知政事謚莊簡光次子孟堅孟堅子知李〔按知孝宋史有傳〕必先爲知孝第四子因好獵愛是地之勝遂家焉沆弟衍生綱字伯紀卽忠定公

家譜　始脩於成化三年現譜民國十二年脩凡六卷

附記　譜載其先世嘗集族姓拒元兵於三界之寨山弗勝宅墓像譜燬焉宋時住宅甚宏有十歪九明堂之稱

西墅李氏

始遷　宋李泰自上虞驛亭遷西墅〔今屬永豐鎮〕

先世　泰爲莊簡公光後

附記　此據采訪未見譜城内大木橋李氏其同族也西墅亦作西具

山高李氏

始遷　清李禹侯自李宅遷山高〔今屬三溪鄉〕

附記　無譜據采訪

橫山李氏

始遷　李謨由上虞遷山棲橫山〔今屬所前東鄉〕

先世　李庶次子繼宗其後人居上虞至十世謨復歸山棲

附記　此族出於天樂胥里李氏

東郭李氏

始遷　李昇字東明明初襲流官千戶武節將軍由觀海衞遷居紹城旗纛廟前其宗祠在東郭〔今屬城南鎮〕

先世　先世居河南孟津元時李勇字尙義中至正甲辰進士官至樞密院僉事入明不仕子斌字兼美以流官千戶武節將軍調浙江觀海衞所遂家焉昇卽斌子選舉表中之李夔鼎李德全李鏡燧其裔也

家譜　昇玄孫琥始脩譜現譜尙未成書爲昇十五世孫鏡燧民國二十五年脩

附記　李氏先世不詳自昇遷紹後子姓別遷溫州金華錢塘及江南者不一在紹者則有漓渚樊江三江湯浦及城中覆盆橋　考李宅李氏譜李巨臣傳十三世有行景九者始居

車欄繼遷驛亭聚族於東郭門内似東郭尚别有此李氏一支

陡亹李氏　其先有名宗熹者本姓楊以甥爲李氏後改姓李〔其妻祁氏爲祁忠敏公彪佳從孫女〕世居柯橋東官塘後徙陡亹〔今爲斗門鎮〕選舉表中之李世埰李之芬皆其裔也

霞川沈氏

始遷　沈焕字天明神宗元豐間仕至樞密副使卒謚忠肅譜稱其致仕後隱於鑑湖爲此族居霞頭〔今屬西郭鎮〕之始

先世　先世爲德清金鵝鄉人唐宣宗大中二年進士沈澄道字天元官杭州通判遂居杭州爲錢塘人二子長立次正立子懋懋子鎬鎬二子長扶次接扶子遘字文通〔宋史有傳〕宋英宗朝仕至翰林學士有祠在杭州凝海巷稱亞太尉廟忠肅其次子也

前志人物　沈焕　沈琰　沈繼錄子存仁 存義 存禮 存智　沈静　沈登先

家譜　抄譜一册

附記　據采訪此族有分徙鍾家灣小赭等處者其居霞頭者約五百餘人　又忠肅墓在王城寺側

蓬山及壽勝埠沈氏

始遷　沈存誠更名寅字演之宋代以蔭補太廟齋郎遷稅課提舉偕弟存敬字賓之隱於蓬山爲此族居蓬山〔今屬六合鄉〕之始

先世　此族亦沈忠肅公煥後忠肅之長子琰琰之次子繼先字承美淳熙間進士仕至江寧知府二子存誠存敬始居蓬山至清乾隆間有名杕者復自蓬山徙於壽勝埠則此族之分支也

前志人物　沈繼光

家譜　壽勝埠沈氏草譜抄本一册

朝京坊沈氏

始遷　沈禧字仕臻譜行福二元末明初人由蓬山徙居城之大路爲此族居朝京坊〔今屬城西鎭〕之始

先世　此族蓬山之始遷祖存誠其次子名春字汝輝生四子福一福二福三福五因福二始居大路故其譜稱爲再遷之祖云

家譜　抄譜二十册

張墅沈氏

始遷　沈宗文譜行宗三元末明初時贅於張墅田氏爲此族居張墅〔今屬東合北鄉〕之始

先世　此族以唐進士遵道爲第一世其第四世名鎬鎬之次子接接子遇遇子與求字必先宋高宗時仕至知樞密院事卒謚忠敏宋史有傳又六傳而至宗三其第十三世也

前志人物　沈彩

家譜　抄譜一册

附記　此族之裔有分徙於廣州潮州及江西南昌等處者

安昌西市沈氏

始遷　沈大彬清乾隆間人與弟大美由蕭山莊裏村徙於安昌西市爲此族居安昌鎮之始

先世　此族爲蕭山航塢山沈氏之分支航塢之沈以唐進士遵道爲第一世其次子名正正子恩恩子鏊鏊之長子元用遷於蕭之航塢山北地名陳家塢又十五傳名暘字樂耕者明宣德間入復徙於莊裏村又十傳至大彬

家譜　蕭山航塢沈氏譜民國五年修凡十四卷

外沙大林沈氏

始遷　沈大坤淸乾嘉間人由莊裏村始居於大林〔今屬陶里鄉〕

先世　此亦航塢沈之分支大坤者航塢譜之第三十世也

家譜　屬航塢沈氏譜

盛陵沈氏

始遷　沈昌隆於淸乾隆五十九年由莊裏村始居山陰之後盛陵村〔今屬沙北鄉〕

先世　此亦航塢沈之分支昌隆者航塢譜之第三十一世也

家譜　屬航塢沈氏譜

天樂鄉池頭莊山棲沈氏

此族爲明光祿少卿沈靑霞鍊之後靑霞四子襄衮褒袠裏偕其姪惠齋由會稽遷山陰之山棲〔今屬天樂鄉〕選舉表中之沈樾其裔也〔采訪〕

西扆村沈氏

世居湖州竹墩明成化初有名江字耕雲者爲會稽縣敎諭遂居山陰淸風鄉西扆村〔今屬安昌鎭〕至今已十六世選舉表中之沈永昌〔後改銘昌〕其裔也〔采訪〕

東浦沈氏

始遷　沈珪一字玉山珪六字玉潤珪七字玉泉元末明初人始居東浦

先世　越中沈氏出於宋沈文肅公紳者凡十三支東浦其一也始居東浦者爲文肅後之第十三世有東中西三分之别珪一者西分之祖也珪六者東分之祖也珪七者中分之祖也〔據譜註亦爲凰儀橋之祖〕

家譜　西分譜輯於清光緒二十三年凡十二卷東分譜錄於民國六年鈔本一册中分譜輯於清光緒九年鈔本一册

附記　蕺山沈文肅公祠派下十三支者〔中分譜作十二支〕在山陰則馬塢隆興里後梅臺閣塢東浦凰儀橋海邊丈人漊山鄉乾溪在會稽則皋部雲門樊江水竹竣在蕭山則長巷是也各支之譜現已不全兹就可攷者錄之於下其未得見者則付闕如

圓通寺前沈氏　此亦文肅之後有名亨泰者仕明提舉司提舉系出東浦其徙城之時代不詳選舉表中之沈翼清其裔也〔采訪〕

皋部沈氏

始遷　沈道昹字定之宋末人世居雲門斤竹之間因避元亂徙居皋部〔今爲皋部鎮〕爲此族之始

先世　據譜載蕺山宗祠始末記是族奉宋少師沈文肅公紳爲大宗卽蕺山支之一惟其

譜載明嘉靖間沈梅岡東所撰族譜論言舊譜因燬於火道睎以前已不可知作譜者當以道睎爲始不可忘所自出云云可知在梅岡時實未確信爲文肅後也

前志人物 沈恪 沈性 沈柬 沈橋

家譜 輯於明成化間最近者爲民國七年所修凡十卷

附記 是族遷徙者有楊枋霞堡筓頭山等處

馬鞍亭山下湖頭沈沈氏 此族亦文肅之後其先世居皋部明初有名昌者始遷亭山下（今屬馬鞍鄉）清道光間其譜牒燬於火故自始遷以後有數世名字不可考選舉表中之沈榮其裔也

青陽沈氏

始遷 沈寬字宏叔明中葉時始居青陽（今屬夏履橋鄉）爲此族之始

先世 譜載其族爲馬陽沈之分支文肅後傳七世譜行百六者始居馬陽寬爲百六之十一世孫

家譜 清咸豐三年脩凡四卷

柯橋沈氏

始遷　沈振三明洪武正統間人始居柯橋〔今爲柯橋鎮〕

先世　譜載其族亦出於馬鴎

家譜　民國六年輯凡四卷

附記　此族之第十五世有名葆園者徙於富陽爲富陽支又有徙於雲南者

臺閣塢沈氏　文肅之後有名克庵者仕至雲南大理府知府爲臺閣塢〔今屬朱華北鄉〕之始遷祖其裔有名襄廷者清嘉道間人由紹遷杭之横河橋光緒庚子辛丑併科舉人沈以經爲此支之後〔采訪〕

木蓮巷沈氏　亦文肅之後其本支始祖名師韓仕宋爲提舉其後有名良史者明代人遷城之第一世也至今約十二世選舉表中之沈百墉沈壽慈其裔也〔采訪〕

安昌沈氏

始遷　沈以庠字益源清康熙間自蕭山芙蕖環遷山陰之安昌

先世　先世居蕭山之長巷據長巷沈氏譜載其第一世鄰二世仁厚三世僑世居蘇州長巷四世衡字公持宋景祐元年進士累官至兵部職方郎中始由蘇徙蕭山居於鳳凰吹樓之間因仍其故居之名曰長巷以庠者鄰後之二十六世也

家譜　長巷沈氏譜輯於明永樂間現存之本爲清光緒十九年所脩凡四十卷

附記　此族遷安昌時雖在清康熙間而其學籍仍屬蕭山至三十三世名鴻〔譜名兆亨〕字鴻逵者以山陰籍應試爲山邑附貢生是爲隸籍山陰之始

山裏沈沈氏

始遷　明成化間有譜行伯十者〔生天順壬午卒正德丙子〕始由長巷徙於越王峥山麓後因居者皆沈姓其地遂名山裏沈〔今屬所前西鄉〕

先世　譜載其族爲蕭山長巷沈氏之分支

家譜　民國十八年脩凡四卷

附記　據其譜序稱始祖伯十公係長巷細六公之子明成化年間徙此今按長巷譜世系表其第四世衡字公持〔其統譜衡爲第七十七世伯十爲第八十二世〕宋仁宗景祐甲戌進士官職方郎至第八世細六之子譜行爲百十然則自衡起僅四世耳而宋景祐至明成化相距者有四百數十年之多且長巷譜之第十八世尚係天順成化間人何以懸殊至是則此譜所引殊未確

中望坊沈氏

始遷 沈治字保泰明宣德間自武康遷居於會稽中望坊華嚴寺池〔今屬城東鎮〕爲此

族之始

先始 譜載其遠祖沈作賓字賓王歸安人宋慶元間歷官至戶部尚書宋史及湖州府志

紹興府志〔因曾知紹興府事〕均有傳其曾孫名淳熙治爲濱熙之子

家譜 脩於清光緒五年凡十卷

附記 按此族居王府莊者係自第九世〔清康熙間〕沈芳桂妻節婦范氏始輯道光會稽

縣志之沈元泰其第十三世也

王顧嶺下沈氏

始遷 沈德宇字成享明初入二子譜行通一通二始居王顧〔今屬柯南鄉〕

先世 譜載其先爲嵊縣石姥嶺人

前志人物 沈翼天

家譜 民國十四年脩凡六卷

日鑄宋氏

始遷 宋樸宋孝宗淳熙間爲兵部侍郎進簽書樞密院事因不從和議忤旨貶鄂州嘉魚

縣尉謝歸後卜居於會稽日鑄嶺之宋家坫〔今屬安仁鄉〕

先世　其先有名汝爲者建炎間隨宋室南渡後以奉議郎使金不屈忤秦檜意被謫變姓名爲趙逸老逃蜀之青峨山而歿時吏部尙書張燾爲言於朝詔贈中散大夫爵其子孫謚忠嘉爲此族之第一世再傳而至樸

前志人物　宋黼

家譜　剏於宋代現存之本爲民國四年所脩

附記　宋氏自居日鑄後析爲仁義禮智四房仁房之祖子明越七傳分東宅西宅東宅祖丹崖西宅祖海東又越三傳有大二三房之分義房之祖元冏居本村裏族禮房之祖彥先居華渡後又分居山陰小赭智房之祖景暘居王化四房或世守故土或分居異地至今合計丁口有一千七八百人統曰安仁世系以其先曾居東海安仁里故名　又此族遠祖爲唐相廣平公璟十四傳而至汝爲與其子若孫共仕宋朝以忠孝著節高宗褒之曰一門忠孝三世同朝故以忠孝堂名其宗祠　又日鑄嶺之南二十里許有山曰太平晉謝敷棲隱處也宋氏有名琳號息耕者家於是山之麓遂以太平名其里見此譜所載太平里形勝記

湯浦塔山下宋氏　此亦安仁世系之一屬於仁派始遷者名殷菴至今已十六世〔采訪〕

江頭宋氏

始遷　宋緒字德綸宋寧宗嘉泰末贅於江頭〔今屬柯橋鎮〕沈氏爲是族居江頭之始

先世　其先世居徐州豐縣唐大歷〔一作咸通〕中進士仕至山東南道採訪使名士元者其遠祖也至南宋時有名偵者爲金部員外郎本居於嵊及致仕歸道經日鑄知有宋樸者居於此會敘宗派則其族叔也遂相依同居著有石鑄山居志載日鑄譜中及緒贅江頭乃與日鑄族分緒偵之子也

家譜　創於明宏治間現譜爲清咸豐間所脩

柯橋宋氏　其先有名大佐者由江頭分居於柯橋至今約已十世選舉表中之宋如鍠宋文彬宋以治宋遠宋學沂皆其裔也〔采訪〕

宋家漊宋氏

始遷　宋方曾宋慶元間進士爲虹江令始居宋家漊〔今屬姚江西鄉〕

先世　其先世居日鑄嶺此爲日鑄分支

家譜　清宣統間所脩

附記　譜列本支第一世勝先配筓頭山周氏無出以兄周應新第三子茂芳爲宋後迄今

相傳周宋不訂婚者以此

寶珠里汪氏　其先出自新安唐越國公華之裔元季始遷山陰數傳後有名鎡字時用者明天順甲申進士仕至兵部車駕司郎中次子似穀似穀子應軫字子宿正德丁丑進士仕至江西按察司僉事事蹟詳明史及舊府縣志有坊在火珠巷題曰清風里墓在蔡家墺係近年所脩選舉表中之汪倫秩汪仁溥汪雲皆其裔也此族分支在粵占籍番禺在紹者甚少因其始居所在故稱寶珠里汪氏（今屬城中鎮）家譜未見此據番禺汪兆鏞（光緒己丑廣東鄉試舉人）所述誦芬錄及採訪稿

蔣村汪氏　先世居上虞朱塢白墺有名芝柯者始遷蔣村（今屬升南鄉）今已十四世約有三十家有宗祠無家譜（采訪）

車家衖車氏

始遷　車公瑞字德卿宋寶慶間人由上虞車坂徙於越城轉徙會稽東墅村（今名車家衖屬武勝鄉）

先世　譜載其先有名仁者宋建炎中隨高宗南渡居於上虞東門外名其地曰車坂子名筐筐生公瑞

前志人物 車份

家譜 抄本一册

附記 此族爲漢大鴻臚田千秋之後因其晚年賜乘車入朝人皆榮之稱車丞相子孫遂以車爲氏其後裔徙太原由太原徙黄岩由黄岩而上虞今住車家衖者約百餘家 又紹城之車氏亦爲車仁之裔來自上虞車坂有名純字秉文者明正德間進士仕至右副都御史其五世孫孟堅始遷紹初居於鐵甲營選舉表中之車書其裔也〔采訪〕

州山吴氏

始遷 吴均禮字愼直行二明洪武初年始居州山裏莊〔今屬六合鄉〕

先世 吴氏系出延陵季子譜載先世居蕭山縣上長山頭有名茲者贅於壺觴蔡氏生二子長曰澗次曰潤均禮者潤之裔也

前志人物 吴蘂 吴便 吴兑 吴崇文 吴興祚 吴孟明 吴邦輔 吴邦璿 吴懿楨 吴從義 吴用宜 吴壽昌 吴大斌 吴希文 吴執忠 吴乘權

家譜 剏於明宏治間現譜爲民國十三年所脩凡三十一册

附記 相傳劉基游至此曰此地可作一州州山之名本此現此族居此者有八百餘戶

下方橋吳氏　系出州山有名言者始遷下方橋（今屬齊賢鄉）選舉表中之吳講其裔也（采訪）

龍尾山吳氏　系出州山有名槎者清道光時始遷龍尾山（今屬鏡西南鄉）

湯浦吳氏

始遷　其先有稱淳安處士者元代人自諸暨孝義鄉流子塢遷於湯浦（今爲湯浦鎮）

先世　譜載以唐太和間徵士吳翥爲第一世本住山陰之欒利村其孫融歷官戶部侍郎州山霞頭之吳姓皆爲同派

家譜　現譜爲民國五年所脩

附記　曹娥浦霞孟家葑雙江溪之吳姓皆出自湯浦

平水西渡莊吳氏　其先居臨浦選舉表中之吳寶三其裔也（采訪）

桑瀆吳氏

始遷　其先有稱永貞處士者元末人始居桑瀆（今爲桑瀆鄉）

先世　譜載其族亦爲吳融之裔

家譜　明代有名太咸者始作家譜傳十餘世至清嘉慶間有名君錫者續修未果而卒其

婦胡氏成之蔣攸銛爲之序即現存之本也

大禹廟下姒氏

姒氏家譜首載宋范仲淹王十朋明楊鶴〔萬曆戊午〕淸陶式玉〔康熙庚午〕傅王露〔乾隆辛未〕朱士彥〔道光丙戌〕各序及鮑存曉〔光緒乙亥〕跋係姒莘生所輯自一世祖大禹起至一百四十一世止其第五世少康封無餘於越所載世系如下

無餘——丕誠——宗玄——紹聖——毅正——子誠——要

要以後無可考者二十七代蓋禹祀之絕久矣至第四十世無壬者復爲民所立奉爲越王其世系如下

無壬——無䁥——無譚——允常——勾踐——鼫與——不壽——翁——翳——無顓——無彊——玉——尊——親——搖

搖爲第五十四世佐漢滅秦高帝復以搖爲越王奉禹祀搖之子七人或居南越或爲東越閩君其長子貞復隱居於越之三江雖奉禹祀其後遂無襲爵者至明洪武二十六年其一百二十二世名權者序其家譜略云予族神禹苗裔世居於越守陵奉祀歷傳數千百載自漢代越亡國除鮮登仕籍迨漢永平間有祖諱豊者爲車騎將軍及劉宋泰始初諱述祖者

從宋臺軍部下爲尉其後唐宋之間恆多慷慨高義元至正時兵戈擾劇此地尤多盜寇剽掠特甚族弟楨桓櫝者咸因禦盜被難族人遠竄莫聚（按徐勉之保越錄載明大海兵毀禹像仆窆石事即在是時）惟遺予一家挈妻武氏二子炯烜避居會稽宛委山僻脩供禹祀洪武九年稍有族鄙歸集未幾皆病疫幸二子無染得以成立云云迄萬曆間有一百三十一世名成化者始由浙江學使給以衣冠奉守陵祀入清順治間其子正傳由府縣詳准學使令襲奉祀生及乾隆十六年南巡始命一百三十四世恆甸守陵世襲八品茲將恆甸以下據其譜所載承襲奉祀人名列之於下

恆甸（乾隆十六年）——恆畿（乾隆十七年）——必顯——紹麒（嘉慶六年）——廷柱（嘉慶十五年）——寶圭（咸豐七年）——宗傑（同治十二年）

此族之遷徙者譜所載僅溫州一處但未詳溫州何地又居城之姒氏其所藏舊譜亦與廟下同惟僅載至一百三十四世（清乾隆間）蓋續脩以前之譜也選舉表中之姒錫章其齒錄所載住所爲中正橋直街係一百三十五世名君選者由廟下遷城

此譜爲清光緒間所脩印本一册

廣寧橋言氏

始遷　宋敷文閣直學士言通先居祥符出知紹興府卜居山陰其後有居廣甯橋者（今屬城東鎮）

先世　宋兵部侍郎言雲爲子游五十二世孫始徙祥符通爲雲十世孫於子游爲六十二世

附記　言氏譜未見據章氏遺書外編所載云蔣君擬言氏家譜序云子游五十二世至宋兵部侍郎雲徙祥符六十二世敷文閣直學士通出知紹興府卜居山陰於是山陰有言子祠諸生世永則七十二世孫也嘗攜譜乞序於蔣蔣爲倡助糾合同志得三百金歸奉祀祭按子游爲吳人墓在今常熟縣與太伯墓相近余幼時聞山陰言子有後裔稱言孝思者常以先祀謁於縉紳必世永也但兵部至敷文皆在宋代而相去亦止十世不知何以年代懸殊當借其原譜考之　按吾紹賢裔自不容略惟譜不可得僅能據章氏言記之又譜敘僅言居山陰不詳處所查選舉表中之言實書實居廣寧橋故以屬之

前梅周氏

始遷　周才號靜學明宣德中贅於前梅高氏爲此族居前梅之始（今爲前梅鄉）

先世　譜載先世居汝南唐永泰中有名崇昌者仕至廉州刺史居於道州甯遠其裔孫名

從遠者遷於營道濂溪從遠子智强智强五子其第四子曰輔成宋大中祥符八年進士仕至桂嶺令三子其仲子即濂溪先生惇頤也二子壽燾燾官徽猷閣待制隨父徙居南康蓮花峯下三子其次子名彝（初名絪）紹聖四年進士仕至禮部侍郎出知河南祥符縣遂家於祥符之東鎮關一子靖號天錫宣和間進士爲國子監博士隨宋室南渡初寓於杭至紹興十一年由杭遷諸暨之紫巖盛厚里靖子亥仕至大理評事三子勤謹和謹號克順爲節度行軍司馬三子治闓恪恪號梅軒仕至翰林學士承旨居諸暨之南門三子文喬文郁文實文郁二子茂森茂林茂林二子淇澳澳仕元爲行省令史元貞間贅於山陰周橋温瀆村俞氏因家焉三傳至名達號居安者於明永樂初遷居張溇才爲達之第三子

前志人物　周廷瑞　周廷澤　周　禎　周　祚　周方蘇

家譜　剏於明代現譜爲清光緒二十年所脩凡十八册

附記　其譜所附各支除他縣不計外有居山陰塘下（地名赭川）者係宋末時名天澤者遷自諸暨南門者也有周橋支者亦澳之後舊志列傳中之周芳周崇禮周有鳳其裔也有溇支者爲達之次子名華者之後舊志列傳中之周宥周鳳翔其裔也有安昌支者爲達之第七子名江者之後舊志列傳中之周卜年其裔也其由周橋而分於橋東者（元大德間）

則澳之第二子完一之後也由橋東而分於九眼者〔明洪武八年〕則完一子文奇之第五子叔璵之後也又分於上午者則完一子文惠之第二子莘之後也徙於許墅者文奇子叔時之後也遷於梅山者文奇子叔昱之後也遷於江墅者文奇子叔賢之後也又有遷於會稽倉塘者則達之第五子慄第六子愸之後也其由前梅居於城之木蓮巷口者則自前知安徽舒城等縣名巖字伯度者始時在清光緒初年　嘉慶山陰志所載之周之麟原注云前梅村人今查係蕭山來蘇人〔已入蕭山縣志〕應改正

雙橋村周氏　此亦前梅分支明宏治間有名景安者始遷雙橋今屬夏履鎮現有一百八十餘戶九百餘人家譜未見此據采訪稿

㭒頭山周氏

始遷　周景聖號巽庵仕明爲江西建昌太守始居㭒頭山〔今屬桐榻鄉〕

先世　先世與前梅周氏同惟此譜載周澳之子完二完二子文禮字居安由周家橋徙周家澳與前梅譜稍異景聖贅於㭒頭山陳氏因與兄景儒景賢同徙

前志人物　周徐彩

家譜　現譜爲清道光二十八年所脩凡八册

附記　譜載此族所分支派有東關道墟謝家岸頭石旂翠山環五湖杜浦蟶浦東浦等處

後馬周氏

始遷　周茂號茂庵明初人始居後馬（今屬柯橋鎮）

先世　其先世與前梅周氏同自名澳者始居周橋有四子曰德曰完一曰完二曰完三完二四子文奇文惠文原文成茂爲文惠之長子初居小赭後遷後馬

前志人物　周端　周述學　周洪謨　周懋穀　周樂　周琦瑩　周燦文　周長發　周賓雅　周應宿　周炳曾　周中鋐　周中鏞　周中鑑　周如瑄（瑄譜作館事實與志同）周銑（譜作士銑事實與志同）周鑲　周鉞　周大樞　周大榜

家譜　現譜爲民國十五年所脩凡十六册

附記　後馬地在紹城西北三十里譜載宋高宗南渡時午餉於前墟駐駕潭側因名其地曰駐馭橋曰上午元時馬姓最盛故名後馬周氏族自明初居此馬氏衰而周氏盛故又名東周西周村之西北曰吳家塘曰蜀阜東南曰花墟曰吳門衆水自西北分注於村往復潆洄如玉重環而南匯於兩太史湖以達於鑑湖

小坊口周氏　系出後馬有名勝謙者（時代不詳）始由後馬居城之蕺方橋繼遷小坊口（

今屬城東鎮）選舉表中之周顯謨其裔也〔采訪〕

寶祐橋周氏　亦以名茂者爲始祖但不言出於後馬（後馬之始祖茂譜載係明初人此則云元代人）選舉表中之周澤周然周坰周龢鼐周嵩堯周嘉琛皆其裔也〔采訪〕

碩道地周氏　譜載以居諸暨紫岩之宋博士靖爲第一世靖之後有名茂者贅於山陰阮社唐氏襲其姓後復姓周（按後馬譜及寶祐橋周氏同祖茂唯均不及贅唐姓事）徙居碩道地一名巧溪（今屬夏履橋鄉）其譜爲民國十七年所修凡八册

駱家葑周氏　其先有名泰山者明崇禎間由諸暨十四都遷於紹之駱家葑（今屬朱華東鄉）現有五六十戶百餘人皆住本村或近處〔采訪〕

魚化橋周氏

始遷　周逸齋明正德間人其始居在越城竹園橋南（今屬城東鎮）

先世　其先世與後馬同爲澳長子名德者之後

家譜　現譜爲清光緒三年所修凡六册

附記　此族支派有竹園橋清道橋鵝行街廣甯橋跨湖橋通市橋合璧樓華仙衕保佑橋圓通寺覆盆橋大樹下松林半壁街王府莊湖南岸簞醪河小任家坂啇家村謝家灣頭等

處此稱魚化橋〔今屬城東鎮〕者係就其宗祠所在地而言

西小路周氏　系出諸暨紫巖其先有名副者由紫巖徙於蕭山來蘇村至清中葉有名芳者由蕭遷紹選舉表中之周光祖其裔也〔采訪〕

興文橋周氏　亦爲澳之後有名尊武字維揚者〔時代不詳〕由周橋徙城之倉橋選舉表中之周來賓〔原名奎吉〕其裔也〔采訪〕

中正橋直街周氏　其先有名漢卿者明季人因避難居桑盆村坂裏周南岸四傳名大華者始徙城之西府坊有宗祠在南街選舉表中之周蘊良其裔也〔采訪〕

東浦西周漊周氏

始遷　周文衍字繼宣南宋時人始居東浦

先世　譜載先世居諸暨之南門其遷東浦時所居之地本稱越浦漊其後子孫繁衍環漊而居因改稱東周漊至第四世有名永昌者元季人時東周漊之屋被焚乃徙居西周漊

前志人物　周國奎　周文英　周開捷

家譜　抄本四册

賞枋林氏　其先有名希賢字文綿者福建莆田人宋靖康丁未進士仕至四川節度使詔起

勤王扈蹕南渡二世誠紹興間官紹興府教授家於山陰之賞枋村爲此族居賞枋（今爲賞枋鄉）之始〔采訪〕

箭灣林氏

始遷 其先有譜行茂五者於明代中葉始居箭灣（今屬舜水鄉）

先世 譜載其族出於賞枋林氏

家譜 輯於清光緒三十一年凡三卷

横溪林氏 先世居上虞林墺有名文宰者明代人始遷横溪林家（今屬嶺溪鄉）居此已十九世今約有三百餘人有祠無譜〔采訪〕

獨樹村孟氏

始遷 孟文愷字吉南本住王墩遷元末避亂遷徙獨樹村（今屬東湖鄉）

先世 孟氏爲魯孟孫氏之後自三桓衰微孟氏散居鄒魯間故孟子居鄒爲鄒人至五代時有名度者自兗分徙於洛度生庭訓庭訓生倘進倘進生元元生公隨公齊公隨從父居洛而公齊歸兗宋景祐中孔道輔守兗州求孟子後而得公齊子寧使奉孟子祀今兗孟氏皆其後也公隨自洛遷衞州共城子在生女爲哲宗皇后遂由共城徙汴梁在子彥弼扈后

南渡至越州今越之孟氏皆其後也此孟氏南北兩支之所由分也北支自靖康而後地沒於金孟氏子孫隱匿不出故顯者甚鮮至明景泰間有名希文者始授翰林院五經博士世襲奉孟子祀南支則南渡後高宗推恩外家故其子姓多膺封爵最爲鼎盛宋亡始衰史稱皇后孟氏洺州人馬軍都虞侯元之孫闔門祗候在之女其册立誥語曰鄒魯華胄流光儲祉則其爲亞聖世裔固無可疑今就在越之支系考之彥弼長子忠亮曾返洺州奉世祀忠亮子庾則居紹孟家橋次子忠厚與其長子德璘居紹府治右賜第（即今太清里孟氏捨宅後改爲太清道院）其次子德懋德載居諸暨夫概里其孫道遵居山陰小赭彥弼有弟彥卿子忠信亦居小赭德璘子誠之宜之令之始捨府城賜第而徙於鄉誠之居會稽稷山今王家堰上茅洋舖前皆其後也宜之居會稽王墩涇今獨樹村皆其後也（文愷爲宜之後）令之居東鑑湖濱人稱爲孟家府後訛爲孟家封今凰墪洪橋富村平水横涇等處皆其裔也

前志人物　孟應麟　孟繼美　孟鳳苞　孟　濤　孟稱堯　孟稱舜

家譜　刱於明崇禎十三年清康熙乾隆光緒間均續脩

附記　此族現分六支除上述孟葑小赭凰墪獨樹諸暨外尚有八字橋一支近住於獨樹

者約四五十戶

龍尾山邵氏

始遷 邵發祥明永樂間人由茅陽嶺遷居龍尾山〔今屬鏡西南鄉〕

先世 譜載以宋邵康節先生雍爲第一世世居洛陽康節子伯温仕至四川制置使宋史有傳其長子溥次子博俱隨宋室南渡家於杭州此爲邵氏至浙之始博之裔有名起龍者宋咸淳間人徙諸暨邵家埠後又徙茅陽嶺二子文通文達文通官青州司馬宋亡自沈於濟水文達之子孝思因避元徵召改姓葉其裔分居證諦山花徑等處其五世孫發祥偕弟吉祥始居龍尾山康節後之第十八世也

家譜 抄本一册

附記 此族現住本村者約二百餘家

邵家溇邵氏

始遷 其先有譜行安二者宋季人贅會稽之陳家泐其子孫緣溇而居其地遂稱邵家溇〔今屬陶堰鄉〕

先世 邵溥四傳至名淳者字君協官新昌令其後居會稽之寧桑爲邵氏徙越之始又三

傳至名忠者字誠之號抑庵宋仕揚州路都巡自寧桑徙餘姚之清風里爲邵氏居餘姚之始此族相傳亦出自餘姚唯其譜云餘姚邵氏譜未載安二之名又其宗祠以勝一爲始祖在安二之前故僅知安二爲勝一之後而勝一以前之世系蓋弗能詳

家譜　草譜一册有雍正及乾隆間其族裔序文

瀝海邵氏

始遷　邵廷獻宋南渡時知會稽縣其後人居瀝海舊稱絃歌鄉屬會稽三十三都二啚（今屬瀝海鄉）

先世　譜載其族亦爲康節先生之後

家譜　叛於清道光間現譜爲民國十九年所脩

厚庫金氏

始遷　金后坡元武宗初領鄉薦授渭南縣丞因避亂偕兄弟徙厚庫（今屬孫端鎮）其故宅在漊口

先世　譜載其族爲漢中山靖王勝之後新莽時去卯刀改姓金六朝時居河南陳留唐武德間有名立仁者遷京兆五代時避亂居新安孝子鄉至名本奇者登宋宣和進士累官至

尚寶司卿宋南渡時自新安徙杭居官巷口卒葬西湖慈雲嶺下此譜之第一世也其孫及竹字節夫由進士仕至翰林院侍講退老於會稽爲此族遷紹之始后坡爲本奇之第十一世

家譜 民國四年脩抄本一册

附記 譜云友竹之曾孫天敍天秩天和〔六世〕天敍仕宋爲西川防禦使謚忠肅葬會稽山天秩尙福王郡主賜第五雲門卽塘下〔殆卽塘下金之祖〕其居西堡者天秩之孫鏐也居白米堰者天敍之五世孫世寶世英也居五峯嶺下者天和之五世孫道輔也道輔之曾孫以倫隱居厚庫以倫子宗宗子淸一遷湖南岸淸二仍居厚庫爲厚庫派

皋埠金氏

始遷 金友受明代人自小庫始居皋埠〔今屬皋埠鎭〕

先世 譜載其族亦爲友竹之裔所謂鑑湖派也友竹之孫名益通者贅於五峯是爲五峰金氏二子天德天和天德居水倉天和居小庫友受者天和之八世孫也

家譜 抄譜一册

金谿坂金氏

始遷　金鼎字仲器隨宋室南渡居於山陰此族之第一世也子時時子岑岑子百貫號橫峰遷於會稽大橫山之南跳山之北宋理宗至其宅賜號金谿先生時人遂名橫山爲大輅山名其所居之地爲金谿坂〔今屬袁孝鄉〕

先世　譜載漢高祖之七世孫韶字景俊卽景帝之五世孫也避王莽之亂隱於大梁通濟渠去卯刀改姓金其裔有名世忠者爲唐寶謨閣學士徙於閩其孫紳又徙於固始鼎爲紳之六世孫

前志人物　金方泉

家譜　清道光間抄本二册所載甚略

昌安金氏

始遷　其先世有譜行謙一者佚其名明正德間由五雲遷於昌安荷花蕩頭〔今屬昌安鎭〕

先世　譜載其族亦爲漢高七世孫韶之後其裔名立仁者唐武德間任京兆尹遂居京兆閱七傳至五代時有名世忠者〔按此與金谿譜遷閩之祖同名而所遷之地及時代不同〕徙於新安之孝芷鄉至宋時有名俅者爲浙西鹽茶使徙於蘭谿三傳名友竹者徙越之鑑

湖又三傳名天秩者尙宋福王郡主賜第五雲門外之西施里其子殿祿贅於張家漊西岸張氏因居塘下又九傳至謙一〔按此與厚庫金氏譜所載亦有異同〕

家譜　輯於清道光二年現譜爲民國十四年所脩凡一册

附記　按凡出於東陽嵬山之金其譜皆稱漢景帝子中山靖王勝之後而此與金谿族則稱其遠祖爲韶據金谿譜韶之先爲景帝子長沙定王發也唯漢書諸侯王表及王子侯表所載中山長沙之裔皆與其譜中所列之名不同

湖南金氏

始遷　金克敬譜行宗一元大德間任京宣課司大使爲此族之第一世

先世　譜載系出漢景帝子中山靖王後世居弋陽唐代有名國賓者任天台縣令遂居天台之孟岸四傳至名曦者後唐清泰間徙東陽之嵬山仕至昭信節度使避錢武肅嫌名改劉爲金三傳名從鑑字正容譜稱柏杯翁者宋眞宗朝仕至江南西路轉運副使有四子十三孫曾玄五百餘人七世同居政和間詔旌義門金氏江南第一家後因遭水患子姓散處各邑遂有十三居之稱其第九居名護初居鄞縣大䜋橋護之孫名友諒徙於紹興之嵩臨後居湖南岸〔今屬跨湖鎮〕宗一其裔也

前志人物　金謐　金志　金椿　金應暘　金思範　金曰璉

家譜　輯於明萬歷間現存抄本爲民國十四年所續

附記　按此譜載從鑑第三子名槿槿子護護子邦邦子友諒友諒子穀穀四子一居鄞縣大誨橋一遷東陽河頭一遷嵊縣三溪馬塘一遷嵩臨因愛鑑湖風景遂卜居於湖之南此一説也又曰宗一於元延祐間自婺州徙越城火珠巷此又一説也又曰友諒子穀遷湖南岸此一説也又曰宗一定居越城之南卒於元初其葬地至今名金家灣此又一説也觀此知始遷湖南岸者尚不能確指爲何人也

漁臨金氏

始遷　金端字誠一元順帝至元間官浙東提舉時有詔編丁籍修黄河忤旨降謫次子開代父戍北平蘆溝橋端率長子啓幼子肇隱於越之漁臨關（今屬漁臨鄉）爲此族之始

先世　譜載其先世亦出自東陽之嵬山爲第九居護之後

家譜　民國二十年修凡六卷

下陳金氏

始遷　金穀昌字隆運由蔡墺徙稽東下陳（今屬龍南鄉）爲此族之第一世其始遷時代

譜未載以世次考之約在明季或清初

先世　譜載其先亦出於東陽之鬼山金從鑑之後第十一世有徙居嵊西馬塘三溪及蔡墺者爲第二居名名翰者之裔轂昌爲其第二十二世

家譜　輯於清道光間現譜爲民國七年所脩凡四卷

附記　按譜載轂昌三子方圓正居下陳者方之後也圓居王顧爲王顧金氏之第一世正居嚮巖爲嚮巖金氏之第一世

金墺金氏

其先有譜行萬九者由塘下金分徙金墺（今屬三溪鄉）其始遷時代未詳據稱居金墺已二十一世現有五百餘人分住南門者二十餘戶攢宮者三十餘戶有祠無譜（采訪）

賢莊金氏

始遷　其先有譜行貴七者佚其名於元成宗元貞大德間居賢莊（今屬五福鄉）爲此族之始

先世　譜載其族亦爲漢中山靖王勝之裔新莽時去卯刀改姓爲金及光武興仍復本姓至唐末有名德者仕於吳越避錢武肅嫌名又改姓金居蘭谿九傳爲宋延康殿學士行中

徙東陽項家村又再傳爲右司郎中鑄始家於越又三傳至貴七

前志人物　金輅　金聯芳　金莖　金荃　金蘭　金廷韶　金廷夏　金烱　金煜　金桓　金臺

家譜　輯於清順治十四年續於康熙四十一年凡四册

附記　城中觀巷之金屬於此族有宗祠在觀巷

平水金氏

始遷　金灝又名桂顯字伯英號九思於清康熙間由賢莊徙居平水〔今爲平水鎮〕

先世　譜載其先爲賢莊人賢莊之金以貴七爲第一世至第七世有名樸菴者其次子名良良子名記記再傳至萬傑萬傑子蕙字瑞芝蕙子灝賢莊之第十二世也

家譜　抄本所載甚略

袍瀆金氏　系出賢莊先由賢莊遷居昌安門外官塘橋下繼遷袍瀆彰家溇〔今爲袍瀆鄉〕

選舉表中之治良其裔也〔采訪〕

安城金氏　宋右司郎中金鑄之後有名彦深者由蘆徐贅於安城〔今屬安墟鄉〕其時代不詳此族之譜未見有宗祠在安城〔采訪〕

湖塘金氏

始遷　金明道明初人居湖塘〔今屬一鏡鄉〕爲此族之始

先世　其譜未詳載

家譜　輯於清康熙間現譜係道光九年所修凡六卷

附記　按夏履橋金氏有抄譜一册其譜首與此譜同惟云自東陽遷居夏履橋金家塔譜被焚無查僅知始遷時在明天啓初年因他無可攷故附記之於此

麻溪嶺頭金氏　金履祥字吉夫學者稱仁山先生事蹟詳宋史其後有名碩穀者明季來紹與偏門外金家莊繼遷麻溪嶺頭〔今屬協進鄉〕九傳至名瑞福者徙於杭三撥營光緒甲午舉人金載熙其裔也〔采訪〕

拜王橋金氏

始遷　金𢢭三字廷椿明萬曆間自徽州經商於紹居拜王橋〔今屬城西鄉〕

先世　譜載其先世居徽州歙縣地名槐堂舊府有名社全者此譜之第一世也社全生三秀三秀生𢢭三

家譜　輯於清康熙四十六年乾嘉間續脩抄本二册

九曲里宗氏

始遷　朱良彥兄弟於明末時避居紹城九曲巷（今屬城西鎮）改姓宗爲此族遷越之始

先世　其先世居鳳陽本朱氏明之宗室也有名守元字心淮譜名翊鉅者官京畿都督襲爵淮王爲此族之第一世子名世奇字霞新譜名常清襲爵淮王明末殉國難二子良彥良佐隨其祖母王太妃母李太妃負譜牒並祖宗遺像自韶州避居越中臥龍山下九曲里特改今姓稱曰淮宗存宗祧之意也良彥早世今此族皆良佐之後

前志人物　宗逢時　宗聖垣　宗　霈

附記　舊譜已佚此係就宗滌樓先生績辰行述中錄存

昌安易氏

始遷　宋時易行洪五始居昌安門外（今屬昌安鎮）

先世　易重字鼎臣唐會昌翰林官大理評事居河南孫延慶字餘慶宋乾德中父喪廬墓有玉芝之祥母嗜栗植栗墓前長而連理世稱純孝延慶曾孫行百七隨宋室南渡因居越洪五是延慶曾孫

家譜　本譜未見此據安昌易氏譜修於光緒十七年

附記　昌安易氏以爐鑄世其家洪五第十世孫象明字震之清初遷安昌爲安昌易氏

江墅施氏

始遷　施均字則夫元末人四子長錦一由豐山遷居江墅〔今屬柯橋鎮〕爲此族之始

先世　據譜載其先世居汴有名垣字維藩者宋宣和中官中書舍人南渡時家於金華子鋭任會稽令後遂居於會稽其地名施家墺卒葬豐山子霆字伯震開禧初進士仕至大理卿隱於豐山五傳而至鈞

前志人物　施鈞　施守業　施光顯

家譜　剏於明天啓間現譜爲清道光二十四年所修凡十卷

仁瀆施氏

始遷　施文英於元元統間始居仁瀆〔今屬皋平鄉〕

先世　據此譜凡例言不祖其遠而祖其所可知者故於遷居仁瀆以前其記載極略唯所録舊譜世系文英爲霆之四世孫與江墅譜所載相同則此族亦出於豐山也

家譜　輯於清康雍間現譜爲民國十八年所編抄本一册

東仰坊范氏

始遷　范宗堯字國聖宋寧宗時人以薦辟除醴泉令始居會稽之九節橋子文龍生於理宗景定間復遷東仰坊仰盆橋〔今屬城南鎮〕

先世　其先自河南遷蘇州唐高宗朝春官尚書同鸞臺鳳閣平章事履冰字始凝其族之第一世也七傳名隋字以享懿宗咸通間爲處州麗水縣丞因中原喪亂不克歸里遂居吳中之靈芝坊爲是族居蘇州之始又四傳至文正公仲淹其第三子純禮字彝叟仕至禮部右丞謚忠獻孫直愚字希古宋室南渡時來紹曾居紹十餘年後仍歸蘇宗堯其曾孫也復由蘇遷紹爲履冰後之第十八世

前志人物　范　櫝

家譜　清道光六年輯宣統三年續錄鈔本一册

附記　此譜爲其第三十五世名廷楫者所錄僅及本支

錦鱗橋范氏　其先世淵源與前同直愚後二十傳名光裕字拙齋者始營錦鱗橋〔今屬城西鎮〕之居脩祠墓刊宗譜選舉表中之范壽銘其裔也

王府莊范氏　此族以范文正公仲淹爲第一世二世純禮字恭獻三世正已四世直愚五世公鐸六世良簡七世士通八世宗堯自蘇州遷紹九節坊九世文從自九節坊選東仰坊十

世紹章元初自東仰坊遷王府莊〔今屬賀湖鄉〕至今已二十餘世乾隆間以經學著者如范家相及著越諺之范寅選舉表中之范釆晉皆其裔也〔采訪〕

道墟范氏　其先有名定字一齋者文正後之第十六世明中葉自王府莊遷居選舉表中之范之杰其裔也此支現有住山東濟南者〔采訪〕

陶堰范氏　此族亦出於王府莊現住陶堰南范〔今屬陶堰鄉〕者三四十家據云有分支在嵊縣者較盛〔采訪〕

江塘洪氏

始遷　洪興祖南宋時人始居江塘〔今屬延壽鄉〕

先世　其先世居江西番陽宋徽猷閣大學士洪皓謚忠宣三子适遵邁适字景伯仕至右僕射卒謚文惠宋史皆有傳據譜載興祖爲适之子

前志人物　洪　适　洪　邁

家譜　清光緒間所脩

附記　譜載興祖三子長京字元一江塘前堡之始也次衮字元六後堡及漁臨鄉和穆程村之始也三卞字文玉中堡之始也各建宗祠其後裔現有六百餘戶

湯浦洪氏　明洪武間有名叡一者爲江西南安縣丞其裔名堪始遷建德徐磡頭至清代有名瑆玉者徙紹嘯唫其子縉由嘯唫遷湯浦（今爲湯浦鎮）選舉表中之洪煥章其裔也（采訪）

厚寶胡氏

始遷　胡剛優元末人贅於厚寶（今屬后池鄉）朱氏遂家焉爲此族之第一世

先世　其族爲宋胡忠簡公銓後（忠簡在孝宗時歷官工部侍郎除龍圖閣學士世居廬陵）忠簡之孫祈（又名槻）知餘姚縣遂居餘姚二傳至紘居會稽樊江又六傳至貴三居張漊貴三子鼎一居瓦窰頭剛優鼎一之孫也

小皋埠胡氏　先世居厚寶其譜以剛優爲第一世剛優後十二傳有名廷芝者清乾隆時人經商歿於廣東其側室譚氏扶柩歸越遂與其二子光緒光緯卜居小皋部今已五世矣草譜一册民國二十年輯（采訪）

張漊胡氏

始遷　胡九成號農隱在宋理宗淳佑間由諸暨徙於山陰之張漊（今屬禹會鄉）爲此族之第一世

先世　宋眞宗咸平間胡宜仕宣義郎由永康居於諸暨爲諸暨胡氏之始祖九成其八世孫也

前志人物　胡文靜　胡鳳岐　胡　楫　胡明憲　胡宗堯　胡邦奇　胡士諤　胡師錫　胡若琦　胡良臣　胡昇猷　胡仁濟　胡心尹　胡天游

家譜　作於明天順元年現譜爲清光緒三十一年所脩凡四十卷

附記　其天順間譜敍云宋咸淳四年山陰軍政所給與之印卷文藉備載戶管田賦幸尙獲存以證明居山陰所自始又萬歷間續譜時曾往諸暨求得宋代老譜亦均符合今證以厚寶胡氏譜所載豫章原譜南支世系其由永康至諸暨一派與此譜所載諸暨世系亦同惟豫章譜所載始徙諸暨者譜行貴一始徙張溇者譜行貴三係在同時則此譜所不載耳

裏溪胡氏

始遷　胡直孺字少伋宋紹聖間進士南渡後累官至兵部尙書因奉勅治攢陵卒於會稽諭葬雲門白水塘其次子相字作仲因守墓遂家於裏溪〔今屬平水鎭〕爲此族居裏溪之始

先世　譜載其先爲江西奉新之華林人華林譜之始祖名藩世居宿遷仕劉宋爲太子左

衞將軍始徙華林傳二十九世有名仲堯者宋太宗時人仲堯子用之用之子兕兕子直孺直孺有七子杞相祐楫樅根樸惟次子相因守墓居於裏溪其餘六子仍還江西此譜以直孺爲第一世

前志人物　胡直孺　胡朝臣　胡煥猷　胡士章　胡　嶽　胡廷贊　胡國楷

家譜　譜僅卷三至卷五三册淸咸豐間所印另有抄譜二册記至光緒間止

附記　此族居上馮者曰上馮派始於第十一世明正統間文憲居尉村者曰尉村派始於第十一世勝道居後塢者曰後塢派始於第十一世勝剛居紹城中禹蹟寺前者曰禹蹟寺前派始於第十二世慶行珉二居橫路者曰橫路派始於第十二世珉三居妙嘉橋者曰妙嘉橋派始於第十二世號日盛行珉四〔皆正統景泰間人〕　又按厚寶胡氏譜所載豫章舊譜直孺後人之名與此譜不同

賞祊胡氏　拜王橋胡氏

始遷　胡曾宋理宗淳祐三年省試第一累官至禮部尙書從宋主昺殉國於厓山卽譜稱省元公者是也爲其族之第一世曾二子長源一其玄孫名尙廉隨其母徐依賞祊〔今屬賞祊鄉〕外氏遂家焉是爲東派次源二其曾孫名祥贇居拜王橋〔今屬城西鎭〕是爲西

派

先世　譜載漢渭城令胡建之裔有名詢者唐僖宗時爲兵部尚書詢之曾孫訥任海陵節度推官居於如皋子瑗字翼之學者稱安定先生謚文昭次子志寧志寧子守恭監明州奉化酒務卒於官葬鄞子二長潤知南安府事爲舒城派次源在鄞守父墓爲四明始祖源之子樞居吳興守文昭公墓樞子煥居餘姚之梅川里烏山鄉煥之曾孫暾授紹興宣課司遂家於越曾爲暾之子文昭之十世孫也

前志人物　胡智　胡謐

家譜　作於明正統二年現譜爲清光緒十四年所脩凡二十六卷

附記　按康熙會稽志科貢表胡會淳祐三年省元府志亦同曾會字形相近當有一誤又厚寶胡氏譜所載豫章舊譜有會稽一派言宋紹聖進士直孺自華林遷會稽子昉昉子至道至道子余潛余潛子昌昌二子長斌字公兼殿前司指揮死難贈武節大夫次曾字再長淳祐三年癸卯浙江解元國亡不仕三子榷〔字桃君〕椐〔字北山〕實〔字一公遷密縣〕榷子宇昂宇軒椐子宇功其所載止此據此則死難者曾之兄斌也但亦不詳死難之地又其裔孫胡念脩〔淸同光時人〕捲秋亭詞鈔注云吾家遷紹始祖諱曾厓山之難陸相負帝蹈

海公亦從殉二子求公衣冠分葬於越之木栅南鎭山胡氏東西兩派皆公裔也云云今攷宋史及舊府縣志宋季忠義錄等書均未及曾事唯史言厓山之難諸臣多從死者或失載其名亦未可知　此族居孟葑號孟派者東派之分支也居新街號新派者西派之分支也東派子孫較盛如現住堰頭馬鞍〔馬鞍胡有二宗住寺東者謂之東胡住墩頃者則此族也〕薛瀆〔今桐廬之胡自薛瀆往〕等處及住建德之嚴陵派〔清乾隆間始遷〕皆東派之裔也

蔣村胡氏

始遷　胡誠安明中葉人由會胡遷於蔣村〔今屬升南鄉〕爲此族之第一世

先世　譜載其先世居徽州績溪胡舜陟字虞侯者績溪之始遷祖也其裔有遷住新昌者時代未詳新昌之裔有譜行伯十者徙於會胡傳十世至誠安

家譜　輯於清乾隆間現譜爲民國二十一年脩凡四卷

美政坊胡氏　其先有號月湖者仕明爲教諭由奉化牌溪村遷居鄞縣七傳至名炳者清嘉道間由鄞徙山陰之美政坊〔今屬城西鎭〕選舉表中之胡壽頤其裔也〔采訪〕

下竈胡氏　其先有名澐者清嘉慶丁卯舉人道光癸未進士仕至四川榮縣知縣始由紹城

徙東郭門外下竈村〔今屬上竈鄉〕選舉表中之胡炳遠其裔也〔采訪〕

東堡俞氏

始遷　俞如堃宋景炎間仕殿前都指揮自蕺山徙東堡〔今屬寶麓鄉〕

先世　其先世居山東畣都唐乾符間有名珣者爲越州剡縣令值黄巢亂遂居剡之五峰再傳至名承珙者遷居錢塘又六傳至名粱字朝用者宋紹聖中進士仕至御史中丞自錢塘遷居越城蕺山之南麓三子亨衢亨宗亨道亨道知靖江縣其後或居靖江或居桐廬亨衢居越城亨宗居温瀆如堃爲亨衢六世孫

家譜　清康熙間所脩

附記　攢宮舊埠上蔣及杭州南潯等處皆有此族之裔

香芬巷俞氏　此族亦俞如堃之後清之中葉有名紹麟者自東堡遷居香芬巷〔今屬城西鎮〕選舉表中之俞蔭森其裔也〔采訪〕

陶里俞氏

始遷　俞日新明洪武間人始居陶里〔今爲陶里鄉〕

先世　此族爲俞亨宗之後亨宗字兼善宋隆興中進士仕至秘閣脩撰贈刑部尚書謚文

達

前志人物　俞亨宗　俞沓盆

家譜　現譜係清道光八年所脩

附記　譜載明福建按察使司僉事南石俞公行狀稱俞氏派分剡東新昌宋時徙居山陰

温瀆有俞尚書墓越五世卜居陶里

陡亹俞氏

始遷　俞德昭字玉山明永樂癸卯舉人始居陡亹〔今爲陡亹鄉〕

先世　亦俞亨宗之後

前志人物　俞子良

家譜　清光緒間所脩

瓦窰頭俞氏

始遷　俞德昇明代人始居瓦窰頭村〔今屬朱尉鄉〕

先世　德昇爲亨宗八世孫

家譜　抄本一册

容山俞氏

始遷　俞實菴明正統間人其父名餘英由陶里遷於容山（今屬鏡西南鄉）

先世　亦俞亭宗之後

家譜　清嘉慶間抄本一册

箭場營俞氏　系亭宗之裔有名萬富字公輔者清初由陶里遷城世居大木橋箭場營後遷水偏門薛家衖（今屬城西鎮）選舉表中之俞錫慶俞錫瓚其裔也（采訪）

東岸陳俞氏　其先有名存誠者由陶里遷東岸陳選舉表中之俞鎮其裔也（采訪）

型塘俞氏

始遷　俞節字淡菴明代人由温瀆遷型塘郭家山子澄字質菴由郭家山遷閘橋頭（今屬六合鄉）

先世　亦俞亭宗之後

家譜　清光緒脩

道味山俞氏　據清光緒丁酉俞寶賢鄉試硃卷其始祖秉美行伯三宋時由河南遷紹其他未詳載道味山今屬長興鄉（采訪）

俞村俞氏

始遷　俞明義明洪武時人由嵊居俞村〔今屬東仁鄉〕

先世　譜載其先有名澂者字汝清宋淳熙間以茂才授承事郎始居嵊縣之蒼巖三傳有名聞深字景淵者以博學有德稱明義其裔也

家譜　清光緒二十三年脩

附記　此族住俞村者百餘家分徙於嵊縣石門者亦百餘家

蔣村相氏

始遷　元至正間有相宣議宣仁兄弟始居於蔣村〔今屬升南鄉〕

先世　據譜載其先爲青州人宋初有名子明者爲越州錄事參軍遂家於越有墓在龍山之原子霫霫子湛嵊縣主簿後隱於嵊之崇安鄉其地有上相下相之稱宣議宣仁下相之裔也

家譜　清光緒二十二年輯凡四卷抄本

附記　此族現有一百四十餘戶有分徙於嵊縣青童嶺及餘杭諸暨等處者

福船山秋氏

始遷　秋連城明初居福船山〔今屬鏡西南鄉〕

先世　東漢會稽守秋君是其始祖宋文帝時中書舍人秋當爲其始遷祖

附記　此據秋嘉禾咸豐辛酉同治壬戌恩科鄉試硃卷嘉禾祖學禮乾隆已酉科舉人父家丞嘉慶癸酉科舉人子壽南同治癸酉科舉人後居城南和暢堂先烈秋瑾女士出此族

張家溇柳氏

始遷　柳剛毅明季人始居張家溇〔今屬六社鄉〕爲此族之第一世

先世　譜稱相傳其先自汴徙浙因無舊譜不詳所自

家譜　輯於清道光間至光緒二十四年重脩凡一册

附記　譜稱剛毅無子以厚賓王氏子名承恩者爲嗣則此族實承恩後也

南街姜氏

始遷　姜鏡字永明明萬曆癸未進士授行人遷禮部郎中以建言立儲事罷歸始居越城爲餘姚姜氏郡城支之始

先世　此族遠祖姜靜宋初爲肇慶府僉判山東淄川人即其舊譜所稱淄川之祖也靜之五世孫仲開字達運宣和三年進士紹興四年爲嵊縣令後居台州之靑巖則此族南遷之

祖也仲開之五世孫安紹定三年進士仕至廣東參政子敦婚於嵊縣張氏遂與諸弟家於嵊之桃源有姪名紹夫字知天贅於上虞姚氏徙居餘姚咸池之南是爲餘姚姜氏之第一世傳十四世而至鏡

前志人物 姜效乾 姜天棟 姜天樞 姜廷梧 姜之琦 姜希轍 姜 垚（按餘姚志列傳姜鏡以後有姜逢元姜一洪子天植 姜道元子廷梂 姜廷幹諸人皆屬於此譜之郡城而山會兩邑舊志不載故附於此）

家譜 輯於清康熙六年現譜爲民國六年所修凡十二集

附記 此支在明清之際仕宦最盛其後人分爲八房居於南街孟家橋偏門柳橋塔山下目蓮橋羅漢橋老衙大營東府廟前東大池車水坊水神廟前柴場衖及漫池梅墅徐山昌安門外等處者皆其族也 此譜附有分譜其在本邑者一爲廟基灣姜氏其第一世名洪餘姚之第十一世也因游會稽主嚴姓講席後贅於何氏遂居五雲門外廟基灣爲其始祖今已十五世一爲清道橋姜氏其第一世名昌一餘姚之第八世也始居山陰清道橋嘉慶山陰志明鄉賢有名應奎字星聚者此派之後也今已十八世此兩支同出於餘姚其遷紹之時蓋較先云

姚家埭姚氏

始遷　姚鎬字從周冀州人宋大觀中進士建炎南渡後仕至敷文閣學士同知樞密院事家於會稽之長樂里即今姚家埭〔今屬姚江西鄉〕爲此族之第一世

先世　姚宣業字懋勛梁征東將軍爲此族統譜之第一世三世祥隋時爲懷州刺史始居陝州五世崇唐玄宗時中書令十二世餘慶官冀州觀察使判官子孫遂居冀州九傳而至鎬鎬卒於宋紹興三十一年葬梅山東原其後支派甚衆茲據彙譜分列之於下

東姚派姚氏

始遷　凡四支一姚密字克安號樸庵二峻字克明三嶂字克瞻四嵩字克中號默庵東姚在姚家埭本村對河兩岸當時聚族而居始遷在明正統間

先世　此派爲姚家埭之第七世名敍字伯倫者之後

前志人物　姚時可啓聖父　姚啓聖原名萬雍

家譜　此譜爲厚社派姚振中所修彙入紹興姚氏譜列第四册

附記　東姚散居各處其在紹興縣境者如第二支道達居大善橋常住居徐家漊第三支遂居馬山楷居城中草子田頭〔在東郭門内西北隅〕士釗居大善橋士鉞居大善橋士錦

居曹娥太平橋德貴居倉橋街貴生等四兄弟均居丁家堰新傳居富盛第四支大道贊居西塘其餘遷順天玉田江蘇常州蕭山餘姚者不詳逓至第二支啓聖入漢軍鑲紅旗籍子陶居凰儀橋別有還雲堂譜

西姚派姚氏

始遷　凡四支一姚祐字叔和二斗字叔良三簡字叔讓四裴字叔文西姚在東姚西里計其先世嘗云志在山林不事榮利而居西偏卽今後船舫西姚匯頭西溇底是遷居時在明洪武間

先世　此派爲姚家埭第六世名原字本卿者之後

家譜　按舊譜十六世名壘字君壁者所修已爲第九次其先第三次修爲姚文泮字伯宣第五次修爲姚堯樞字斗生第十次修爲姚淵字欽齋皆西姚派此乃姚振宗所修彙入紹興姚氏譜列第四册據其所載得之二十一世姚文田字秋農者所記錄爲多

附記　西姚散居各處如第二支炬居皐部其後人又移獨樹第三支思明居南匯國英等羣從弟兄十四房並散居大團左近德進等羣從弟兄廿二房及有高有根兩房並散居南匯丁家堰馬鞍西塘下諸處其餘遷移凡不在紹興縣境內者不具錄唯有姚啓盛者按太

學進士題名碑錄載順治十二年乙未科進士鑲紅旗人幷知其父章模葬順天其伯父章棟葬奉天其叔父章楷葬涿州此三房皆明季在奉天錦州投旗舊譜不著其事後世無由而知今從碑錄考出籍貫於是知東西姚兩派皆有人投旗此猶在姚啓聖之前數十年也

成家漊姚氏

始遷 姚珊字廷實仕爲處州提領時在元季始遷居成家漊〔今屬平水鎮〕

先世 爲姚家埭第二世祖名範者之後

前志人物 姚龍〔府志鄉賢傳字子憲號壽芳以平臺灣功升湖廣常德參將〕

家譜 此譜係成家漊姚如瀚所編名爲德潤堂譜彙列第七册

附記 府志所載姚參將龍身後寂寂無聞其實在成家漊本村尚存其墓且有聖旨堂古蹟及留遺佩刀故事成家漊在舊會稽四都雷門鄉成或作盛其初爲陳氏所居本名陳家漊

姚家橋姚氏

始遷 姚慈惠明萬歷時人清康熙間始居姚家橋

先世 慈惠爲姚家埭之第十三世

家譜　姚如瀚所錄列彙譜第七册

附記　居姚家橋本村者凡三十餘家皆力田釀酒傭工操舟習錢米油鹽織染諸業人口不滿百

北岸姚姚氏

始遷　姚克正明季人始遷於北岸姚地在成家溇迤西里許

先世　克正爲姚家埭之第五世

家譜　列彙譜第八册

附記　居本村者凡十三家服田力穡生業略與姚家橋相似而村落稍小譜以居本村者爲上篇分出餘姚臨山衞者爲下篇

厚社姚氏

始遷　姚貴昌字克榮明洪武間就婚於厚社陳氏遂居於此

先世　貴昌爲姚家埭之第八世

前志人物　姚鵬　姚逵　姚遠　姚祖振

家譜　列彙譜第九册

附記 按常禧門外快閣姚氏屬於此派

三江姚氏

始遷 姚宰字式宣贅居三江毋氏家焉〔毋氏據譜載改胡毋氏複姓别爲毋氏〕地在山陰東北浮山之陽明洪武二十年置三江所築城始遷當在其時初居城中今尚有姚家埠後居三江南門外里許故稱三江南門派

先世 宰爲姚家埭第九世

家譜 列彙譜第十册

附記 此派遷徙之處有寧桑蒿壩謝家橋鎮塘殿陡亹羊望村皇甫莊等地

凰儀橋姚氏

始遷 姚日章字麗中無子以從兄啓聖次子陶嗣於清初自姚家埭東姚遷居凰儀橋〔今屬城西鎮〕

先世 爲東姚第二支之後

前志人物 姚儀 姚陶 姚述祖

家譜 列彙譜第十一册

附記　凰儀橋宅卽還雲堂舊址姚啓聖取陶靖節歸去來辭意親書以爲堂名者也啓聖入旗籍其長子儀别爲漢軍鑲紅旗譜次子陶嗣日章爲後爲此派

橫街姚氏

始遷　姚師曾字知孝譜行僧一宋咸淳中爲江南和州助教偕弟僧二徙紹城之橫街（今屬城中鎭）僧二後復轉徙杭州

先世　先世爲汴人五代之亂有名孟昜者始居於嵊八傳而至師曾

前志人物　姚勔　姚宏　姚允莊　姚允覲　姚允在　姚士鎭

家譜　抄本五册清光緒間重脩

柯西姚氏

始遷　姚瑞譜行員二元末人始居山陰西鄉之管墅（今屬柯橋鎭）爲此族之第一世

先世　其先世相傳住紹城橫街因譜牒無徵故世系不可攷

前志人物　姚萬仝

家譜　清光緒三年脩凡二十二卷

附記　瑞之後有遷於黃垞漊者有遷於亭后者有遷於賞祊中澤者有遷於睦橋者脩譜

時已無睦橋一支或云已遷於移風安昌唯因式微已甚世系無可攷故弗能詳譜所載者

卽管墅黄垞亭后中澤四派故曰柯西姚氏譜

稽山封門祝氏

始遷　祝筠義明成化間人由明經選授紹興府教諭後隱於稽山封門之麓爲此族之始

遷祖

先世　譜載其先世居汴梁宋徽宗朝有名簡者與弟符隨高宗南渡至臨安簡居剡之靈

娥符居上虞之牛埠筠儀者簡之六世孫也而符之八世孫承訓亦自上虞遷於封門附近

之紫樓塢

家譜　創於清康熙間現譜爲民國二十年所脩凡六卷

附記　筠儀長子譜行道一遷於官田次子道二遷於詹墺合以紫樓塢之祝皆稱稽山祝

氏

孫端孫氏

始遷　孫國賢明成化間人由嵊縣珠溪遷於孫端之前漊〔今屬孫端鎭〕

先世　譜載其遠祖岳後唐明宗時爲三司使招討大將軍由睦州徙餘姚梅川鄉卒葬燭

湖爲餘姚族之第一世至第八世名嵩由姚贅於嵊縣招嶺陳氏居珠溪第十八世名鏗有子三國賢其次子也〔按餘姚孫境孫氏譜國賢屬嵊縣中房派〕

家譜　作於清康熙三十六年現譜爲民國十三年所脩凡三十一卷

附記　按孫氏有三族其一出自陳敬仲五世孫名書伐莒有功齊景公賜姓孫此孫氏得姓之始本於田氏嬀姓之冑也其一衞康叔後姬姓之冑也其一楚相孫叔敖後芈姓之冑也此族爲書之後先居青州食邑樂安其後孫武爲吳將食邑富春因世居焉其裔散居浙之東西　此族之裔分五派以第五派爲最繁　又此族分徙之處其較著者爲東關蟶浦南匯諸處

跨湖橋孫氏　亦出於孫端選舉表中之孫琥銘其裔也〔采訪〕

東關孫氏　亦爲孫端之分支清初有名國琳者始遷東關選舉表中之孫壽康其裔也〔采訪〕

孫府孫氏　先世由睦州徙餘姚第一世岳與孫端同至十七世燧明弘治癸丑進士巡撫江西死宸濠之難謚忠烈十八世陞嘉靖乙未進士仕至南京禮部尚書謚文恪十九世鑨字文中嘉靖丙辰進士仕至史部尚書謚淸簡由餘姚徙郡城爲此族居山陰之始宅在舊山

陰縣署東俗稱孫府今屬城西鎮其家譜稱餘姚孫境孫氏譜此爲孫境之分支前志列傳中之孫如法（子有聞）如洵及選舉表中之孫讜孫際震孫廷璋孫詠裳皆其裔也〔采訪〕

陽嘉龍孫氏

始遷　其先有號塗陽者元季人始居於陽嘉龍〔今屬嘉會鄉〕

先世　據譜載其先世亦出於富春唯世系不詳

前志人物　孫礽　孫紹曾　孫毓敏　孫連玉

家譜　輯於清乾隆五十六年現譜爲道光十年所脩凡三十卷

附記　此族自第四世後子姓漸衆分爲九房而以大房四房之人口爲尤多　此族第十二世益明於清康熙元年徙於昌安至十五世漢昌於乾隆三十六年復由昌安遷於城內爲此支任城之始　此族於清嘉道以後游幕至四川者甚多現有留川世系分譜二卷輯於民國十八年

湖塘孫氏

其先有譜行萬十八者由陽嘉龍遷湖塘〔今屬一鏡鄉〕至今已十七世人口千餘型塘州山項里新灣底柯橋安昌等處皆有其裔家譜已佚唯有宗祠在湖塘〔采訪〕

昌安孫氏

始遷　孫鳳飛字錫九號桐齋清乾隆時爲義烏縣學教諭由觀音衖徙於昌安門外官塘橋〔今屬昌安鎮〕

先世　據譜載先世系出富春唯因屢經遷徙譜系闕如一世祖名誠其事蹟無攷但云五代時人誠後六世名松年者世錄中始載其仕餘姚孝義鄉萬石橋誠後十一世名友七者在宋咸淳初由萬石橋徙越城之桐木坊子元六遷於常禧門外湖門村又八傳有名梓號鳳漸者於明隆萬間由湖門贅於城中馬梧橋趙姓遂家焉是爲遷城始祖誠後之第二十世也其子璉由馬梧橋遷居觀音衖又七傳而至鳳飛

前志人物　孫燮和　孫步康

家譜作於清嘉慶初年現譜爲咸豐八年所續凡六卷抄本

小皋步孫氏　亦此族之分支選舉表中之孫德祖其裔也〔采訪〕

高平孫氏　先世居餘姚孫家涇明景泰間有名德遠者始居高平村〔今屬皋平鄉〕至今已十四世其譜亦稱石瀆孫氏〔采訪〕

銅坑孫氏

始遷　孫晟字開基明嘉靖間人由嵊縣遷於會稽之銅坑〔今屬五雲鄉〕爲此族之第一

世

先世　據譜載其遠祖奭宋眞宗朝仕至龍圖閣學士三傳名近宣和間進士仕秘書郎建炎南渡居嵊之銀沙子名暘紹興間進士由銀沙遷於孫塿其地舊屬會稽之二十五六兩都明成化間析於嵊隸嵊之美箭里晟其裔也

家譜　輯於清乾隆間現譜爲光緒三十一年所脩凡四卷

東浦孫氏

始遷　孫沛字省芸號睦勤明宏治萬歷間人始居東浦〔今屬東合南鄉〕

先世　其先世或云來自吴興之菱湖〔見乾隆間草譜及祠堂碑〕或云來自富春之龍門〔見諸暨盧家溪孫氏新譜因其族徙自東浦其譜中追源謂由龍門遷東浦〕惟查菱湖龍門各譜所載其字號及生卒時期未能符合故譜中僅存其説未敢爲追源之據〔見光緒譜敍〕其世系表以沛爲第一世

家譜　清光緒二十五年脩凡二卷

附記　此族第六世有遷於城中日暉橋者有遷於諸暨盧家溪者其留居東浦者則衍爲三分

亭後孫氏

始遷　譜載其先世在明清之際有名慕椿者其子文魁隨母避亂由黨山至亭后〔今屬橋鎮〕

先世　譜載先世爲黨山人黨山之孫在明代頗緐盛今因祠譜俱無故其遠祖淵源已不可考此譜係以慕椿爲第一世

家譜　輯於民國六年凡四卷

桑港桑氏

始遷　桑始成季成兄弟明中葉人自餘姚徙山陰之永安橋後因其族漸緐其地遂名桑港〔今屬感鳳鄉〕爲此族之第一世

家譜　輯於清雍正十三年現譜爲民國二十年所脩凡二卷

附記　按庸謹堂文存〔唐詠裳著〕載此譜敍文云南渡後有名世昌者陸放翁甥也富於鄉邦譔述有蘭亭攷十二卷舅甥皆嘉泰開禧間聞人爲世傾重而談越故者則稱建炎初汴梁桑御史扈蹕行都家於餘姚傳七世遷永安橋者昆季也連枝並蔚寖成巨族爲桑港得名之朔桑港之譜祖御史而不及陸甥蓋偶失攷然世昌必御史後御史於陸公且爲先

達傳佚其名惜矣又云雍正譜譔人稱十二世孫允文以時攷之始遷永安橋之昆季當在明中葉爲避嘉靖沿海倭寇亂而適此樂土者其考證甚詳此譜未及刋載因附誌之於此

山陰柴氏

始遷　柴洪先隨宋南渡居紹興是爲山陰柴氏

先世　柴出孔子弟子高柴後其裔孫孟瑞後五代時世居邢州之龍岡女爲周太祖后孟瑞曾孫宗訓入宋封鄭王洪先是其七世孫

附記　此柴氏見於章實齋先生所作永清縣志氏族表未詳地址故依原志稱之爲山陰柴氏　洪先之後入永清籍清初有名應辰者中順治甲午舉人

寺東柴氏

始遷　柴燦侯自植利門外遷寺東〔按紹有兩寺東一屬感鳳鄉一屬六社鄉〕

先世　其先有名靈雲者爲郡庠生世居植利門外

附記　此氏譜未見燦侯孫逢源徙上虞此據上虞光緒庚辛柴汾鄉試硃卷記之

獨樹秦氏

始遷　秦度字佛經明代人由梁𧙗贅於獨樹〔今屬東湖鄉〕滕氏遂家焉爲此族之第一

世

先世　譜載其族爲唐詩人秦公緒系之後公緒當天寶之亂隱於嵊之桃源鄉其裔孫徙於吳九傳名兆字天瑞者在宋中葉以進士爲越州司理遂居會稽之梁祊又四傳分宗興宗旺宗發三支度爲宗興之裔

家譜　輯於淸咸豐元年現譜爲宣統三年所脩凡二册

附記　此族第十四世名金鑑者淸咸同間人始居於城中

小臯部秦氏　其先籍建康宋紹興間有名昌時者提舉浙東常平倉始遷居會稽高陽里詳載江甯紹興二志此族世居梁祊村其分支住小臯部（今屬臯平鄉）選舉表中之秦樹銛其裔也（采訪）

富盛倪氏

始遷　倪世祿字惟榮譜行細六爲此族始遷富盛（今屬袁孝鄉）之祖譜未載時代

先世　譜載倪偁字文擧其先靑州人宋紹興八年進士居於吳興錦山者譜之第一世也偁子思仕至禮部侍郎思弟愿愿生蒐蒐生成孚成孚生仕縠仕縠生銓銓生肖義字希正由上虞花浦村（何代始居上虞譜未載）贅於會稽舫竹塽世祿其次子也

前志人物 倪思〔道光會稽志稿入膓賢傳〕 倪紹先
家譜 抄譜八册缺首册其中間世系亦有空缺清雍乾間所録
附記 按道光會稽志稿倪思傳云晚愛浙東山水徙會稽遂家焉此譜未載思移家會稽事又毛西河集中有送倪齒東歸詩并序述其先人仙溪公紹先之孝行則齒亦是族名人而其譜缺載故并記之 又其族裔分徙陸家埭沙地王新埠頭亭后及杭州北平河南陝西范陽長辛店等處

陸家埭倪氏
始遷 倪耕樂明初人始居陸家埭〔今屬姚江東鄉〕
先世 譜載係遷自富盛
家譜 清乾隆間初輯道光間重脩係抄本

亭后倪氏
始遷 倪德興元時官提舉始居亭后〔今屬柯橋鎮〕爲此族之第一世
先世 據譜載倪偁之後裔多散居山陰會稽上虞蕭山等處德興爲偁之八世孫其家藏有中元廟祀之圖係德興冠首故脩譜時以之爲據

前志人物　倪文道　倪宗賢

家譜　清光緒二十二年輯凡八卷

附記　其譜雖稱德興爲偁之八世孫遷自錦山但其世系圖中偁之八世孫名宗萃其下僅注徙居山陰故其始遷祖德興傳中亦不能指實謂卽宗萃也蓋因向無舊譜其先世淵源已不能詳攷

氏族下

項里徐氏

始遷　徐鵬字大舉唐季裘甫之亂居於項里〔今屬柯山鄉〕

先世　譜載系出徐偃王其系圖云鵬遷自龍游而明嘉靖間有張直者爲譔善士堂記則稱來自四明滃洲又其所載遠祖世系中稱偃王後之五十六世有名种者自淮上遷居項里种之兄積積之子處仁宋紹興間吏部尚書亦居項里惟其系圖中則未載積种及處仁等之名僅以鵬爲第一世

前志人物　徐允讓

家譜　凡十四卷清光緒九年脩

附記　按宋史徐積傳積字仲車楚州山陽人徐處仁傳處仁字擇之應天府穀熟縣人高宗即位時僅仕至大名尹北道都總管卒於郡則處仁未嘗南渡也此譜與下保鴛山等譜均不知何據

棲鳧徐氏　先世居淮上有名處儀字尙威者宋崇寧初進士官給諫建炎間與兄處仁扈蹕

南渡同居山陰之項里其裔名德明字大宏由項里遷居山陰之棲凫村〔今屬朱華北鄉〕選舉表中之徐樹蘭徐維則其裔也〔采訪〕

下方橋南瀚徐氏　系出項里徐處仁之裔有名世傑者由項里遷居下方橋南瀚〔今屬齊賢鄉〕選舉表中之徐辰告其裔也〔采訪〕

東浦徐氏　宋南渡時徐處儀始居山陰項里後有名庶一者遷於下方橋東徐村名普穎者從石岩頭遷居徐漊其裔應鳳從秀徐漊遷居東浦〔約在清初〕選舉表中之徐鳳喈及先烈徐錫麟皆其裔也〔采訪〕

安昌徐氏（一）

始遷　徐守愚於明中葉始居安昌洞橋南〔今爲安昌鎮〕爲此族之第一世

先世　據譜載其先世居項里徐善富者元末人因避兵亂徙於雙橋守愚其裔也

家譜　作於清道光八年光緒十年續脩凡六集

附記　此族居安昌之第八世有名春沅者曾建造義倉義學由前浙江巡撫左宗棠咨部并奬給孝義可風匾額飭縣載入本邑志乘選舉表中之徐澍咸其裔也

安昌徐氏（二）　其先有名晋東者清初由福建龍溪蝙蝠塢避寇來浙遂家於山陰之安昌鄉

至光緒間已十世選舉表中之徐學楨其裔也〔采訪〕

保駕山徐氏

始遷　徐肇甫於明洪武三年由跳山遷於保駕山即苞山〔今屬長興鄉〕

先世　據譜載其先世在晚唐時有名崇字簡夫者初居海州後居淮安即所謂楚州派是也數傳之後徙於盱眙宋建炎中其裔處仁官吏部尚書偕弟處中隨高宗南渡賜第於越城之東隅〔即會稽東郭〕越人稱其地曰徐家宅四傳至孟嵐號盧谷隱於跳山又三傳至肇甫

前志人物　徐大禮子明傑明某　徐振子威遠

家譜　作於清雍正二年光緒元年續脩分前後兩牒

附記　此族有居城中圓通寺前者選舉表中徐文瀚其裔也

饅頭石徐氏

始遷　徐俯字直義宋靖康間進士紹興三年任簽書樞密院解官後居會稽之饅頭石〔今屬舜水鄉〕

先世　譜載先世與保駕山之徐同遠祖徐崇居淮安二子曰爽曰金爽三子曰原曰山曰

石石爲羅城令生積字仲車宋治平四年進士以孝聞（見宋史卓行傳）俯爲積之子卽饅頭石之始遷祖也

前志人物　徐俯

家譜　作於宋代現譜爲民國八年所脩凡三卷

附記　按宋史徐俯傳俯字師川洪州分寧人以父禧死國事授通直郎紹興三年以端明殿學士簽書樞密院事四年兼權參知政事九年知信州十年卒（乾隆紹興府志及道光會稽縣志稿均有傳）則俯非積之子矣此譜所稱與前項里徐氏等譜同一無據

汪家埭徐氏

始遷　徐彝翁於明成化中由夏履橋徙於汪家埭（今屬夏履橋鄉）爲此族之第一世

先世　系出徐偃王偃王之裔名猛爲周大夫爲此族總譜之第一世十二世元洎漢成帝時爲江夏太守避王莽亂隱於太末四十四世雷字季澤與兄雲字潤澤自龍游徙山陰兄居漢汀弟居項里五十二世克明徙夏履橋八傳至彝翁

家譜　抄譜一册錄至清光緒間止

附記　按徐雷始遷項里在宋仁宗時徐克明始遷夏履橋在宋甯宗時　元末孝子徐允

讓項里人有孝烈祠在太清里清道光間重脩者爲項里安昌待駕橋亭山四支見孝烈祠捐田碑記

夏履橋徐氏　先世居項里有名炤者宋代舉賢良始遷夏履橋選舉表中之徐濟川其裔也

〔采訪〕

徐家埠徐氏　徐秀登元皇慶間人因奉母避難由新昌至會稽之太平鄉今爲徐家埠屬安仁鄉

先世　據譜載其族亦爲徐元洎之裔有名洪者徙於新昌之舉根又十三傳而至秀登

家譜　創於明崇禎間現譜爲清光緒二十三年所修凡三卷

五雲鄉徐氏

始遷　譜載其先有行平一者明代入贅五雲鄉下都孫氏爲此族居五雲之始

先世　此族與饅頭石徐氏同以徐俯爲第一世平一者俯後之第十世也其後分爲兵康陶家山沙灘纍口尚和山黃灣合溪諸派

家譜　現譜爲清光緒間所脩

附記　平水紅牆徐氏亦爲平一之後選舉表中之徐埔屬於此族

下徐徐氏

始遷　徐紹乾譜未詳何時人以世次考之當在明代始居下徐（譜作霞徐今屬小江鄉）

先世　譜稱僅知其族爲石旂莊分支唯徧訪石旂宗人無有知者舊譜亦未載及故其始遷以前世系無可考

家譜　清同治十年初纂民國二十年脩凡四卷

附記　選舉表中之徐鼎琛屬於此族

東郭徐氏　其先有名一桂者元初自奉化聯山徙上虞縣之南鄉下管遂爲下管鉅族其居紹城東郭者係由下管所遷選舉表中之徐立綱其裔也（采訪）

横溪徐氏　其先有名戒水者亦自下管所遷已十五世有宗祠在横溪徐家（今屬嶺溪鄉）共有五百餘家譜未見（采訪）

吳融文英堂馬氏

始遷　此族之第一世譜行榮一於元代由嵊遷吳融（今爲吳融鄉）

先世　其先在五代時有名福者字維昇官於金華後隱居剡山之南因名其地曰馬村其嗣子名繼宗號湘水（即譜稱圜公者）石晋天福二年進士後周顯德間仕至學士即嵊邑

馬氏之始祖也七傳有衖衎街衢衡五支衢之曾孫一曰敬德一曰敬宗敬德之子曰榮一爲嵊譜之第十一世卽吳融文英堂馬氏之第一世

家譜　譜首有宋咸淳元年舊序蓋錄自嵊譜者其明嘉靖間淸康熙間序文則屬於紹譜現存之本爲淸道光二十七年所脩凡五卷

附記　此譜所載分支遷徙考其在本邑者如牌下派西漊派樓下派及後桑盆塘下車家衖（昔稱東墅）全林化山松林道墟高拱山西郭門外虹橋下小皐部袍瀆羅家莊柯橋西首太平橋城內大園草貌橋皆出於此族者也

吳融誠忍堂馬氏

始遷　此族之第一世譜行榮二於元代由嵊之畢坑遷於會稽之吳融

先世　據文英堂譜所錄嵊譜敬德之弟敬宗敬宗子榮二亦嵊之第十一世也此名誠忍堂譜以榮二爲吳融之始遷祖惟其譜係自榮二後第十世名眞軒者起始列世系

前志人物　馬志夔

家譜　作於淸乾隆十年現譜爲民國二十年所修凡十卷

附記　此族自嵊分支以後世次失攷不能接續嵊譜（見道光間譜叙）蓋譜所載之世次

止於榮二而自榮二至眞軒中經十世乾隆間馬祖發作宗源紀略雖備載其各代名字唯其後修譜者因未知其錄自何譜難得確證是以仍在存疑之列（見馬志燮記及民國二十年譜敍）故以榮二爲始遷之祖而其世系則起於第十世眞軒也

新街口馬氏　其先有名福三者於元延祐二年由嵊縣遷居會稽東關其裔名觀二徙郡城新街口（今屬城東鎭）選舉表中之馬寶瑛其裔也（采訪）

梅湖陸氏

始遷　陸文德字瑞生清乾隆時人由小赭遷居後梅湖（今屬新安鄉）

先世　先世居嘉興後遷魯墟而吼山而紹城而柯橋而小赭其譜舊序稱漢潁川太守閎後分四十九支山陰陸氏爲唐宰相忠宣公贄之後屬侍郎支當五代錢氏割據時有博士諠徙居山陰其孫忻贅於魯墟李氏數傳而至宋太傅軫軫子珪珪子佃佃子宰宰子游游之後分七支有遷香橋者有遷崇德西鄉者有遷湖州歸安者有遷餘姚者有遷鹽城者（宋末忠臣陸秀夫即屬於此支）有遷海山者文德爲放翁十八世孫

家譜　現譜爲民國六年所修

附記　譜載放翁陸氏大墓表稱陸氏墓在九里袁家墺評事忻配李氏祔評事郇配范氏

祔光祿卿昭配李氏祔而太傅軫則别葬焦塢　又譜載評事忻舊宅太傅軫捨爲法雲寺相傳有法雲井一名太傅井蓋卽今之王城寺也

吼山陸氏

始遷　譜載宋太傅軫祥符間始至吼山〔今爲吼山鄉〕其子珪自魯墟遷居於此

先世　見前梅湖陸氏下

附記　譜載世居吼山者一爲大賓支居吼山大邊一爲儒林支居吼山園里一爲孝廉支居吼山樓下一爲邑庠生支居吼山西岸一爲僉事支居吼山東岸他若雲隱支則遷居山陰秀才漊義尉支則遷城中香橋

涵濱陸氏　此族居涵濱〔今屬道墟鎭〕已二十一世因洪楊之役譜牒盡失其始遷及後數代名號均不可攷僅知祖塋在吼山證以現存宗祠中楹帖知其先世由吼山而遷涵濱實吼山陸之分支也涵濱之第十一世有名仕遐字愛山者曾知辰州有惠政第十八世有名承孝者與妻阮氏殉咸豐辛酉之難子德美依其外家道墟章氏遂居道墟〔采訪〕

小山南村陸氏　陸放翁之四世孫浩然宋末進士元初隱居石姥山北之丈午村成宗召爲修撰不就浩然之四世孫廷相字朝宰自丈午村遷居李家步傳八世名子成者隨祖母張

避亂遷於羊山之南（今屬齊賢鄉）選舉表中之陸壽臣陸壽民其裔也（采訪）

移風郁氏

始遷　其先有名柳橋者於明中葉自昌安贅於移風龐氏爲此族居移風之始（今屬安昌鎮）

先世　其先世爲餘姚人初居於紹興昌安數傳後又分遷於紹城之南街

前志人物　郁采

家譜　清乾隆間抄本

鹿池山凌氏

始遷　凌景夏字季文宋紹興間爲吏部侍郎始居會稽鹿池山（今屬雙溪鄉）

先世　先世居餘杭吳偏將軍凌統其遠祖也

家譜　現譜爲清嘉慶十六年所修

忠村凌氏

始遷　凌鎮字明遠宋季人始居山陰之新安鄉忠村里（今屬夏履橋鎮）

先世　先世居金華宋末之亂凌鎮攜其二子避地來此元世祖時訪求遺逸郡縣以鎮荐

辭不赴

家譜　作於明正統間現譜爲淸光緒五年所修

山棲圈夏氏

始遷　夏旻瑞宋時自山陰之福原遷居山棲水澾圈〔今屬所前西鄉〕

先世　譜載其先世居蕭山有名正淸者宋時知衡山縣此族之第一世也正淸長子國安家於衡山次子國治歸蕭山國治之裔有名興者偕弟銓衡徙於山陰之福原旻瑞者興之孫也

家譜　作於淸乾隆間現譜爲民國四年所修

附記　譜載其族有遷於丁墅柯橋州山臨浦等處者皆稱山棲圈夏氏

白牧梁氏

始遷　梁時盈明代人其子譜行攜二始居白牧〔今屬三溪鄉〕

先世　譜載其先世居汴梁宋時有名炷字山降者爲隨軍轉運使隨宋室南渡居上虞崑崙沙丘其地改稱甲仗又十二傳而至時盈

家譜　創於淸道光間現譜爲民國十五年所脩

豐山梁巷村梁氏　先世居新昌宋代有名鎮國者遷於會稽豐山之梁巷村〔今屬東關鎮〕號曰東梁道光會稽志稿列傳中之梁文標梁國治梁承雲其裔也現居城南曲池其家譜未見此據朱珪所撰梁文定公墓誌

越城唐氏

始遷　譜載其先有名鎔者官翰林學士隨宋室南渡始居山陰

先世　先世居河南宋進士字子方者其第一世也數傳而至鎔

前志人物　唐翊子閎　唐震兄椿　唐珏　唐彬　唐九經　唐圭　唐允思　唐風穆　唐賡堯

家譜　作於宋景定五年現譜爲清康熙間所脩

附記　唐義士珏有曾孫二曰膺曰辛膺居東觀辛居昌安今其裔多住紹城故稱越城唐氏

稽山田墺唐氏　其先有名角字宿初者明初人由嵊縣唐田贅於稽山田墺楊氏爲此族居田墺之始今屬稽南鄉〔采訪〕

前梅高氏

始遷　高廣元號梅峰宋紹熙咸淳間人以孝行著築室梅花山側爲此族之第一世

先世　其先世在宋初居開封眞宗朝高瓊封衛王謚武烈其裔世則隨宋室南渡領越州觀察留家於山陰之前梅（今屬前梅鄉）繼復賜第臨安拜溫州節度使卒謚忠節子千之千之子蕃蕃子道壽道壽子廣元

前志人物　高廣元　高復亨　高宗浙　高閏　高稟　高臺　高克謙　高居寧　高勣　高啓夔

家譜　各派彙譜輯於清乾隆三十五年現譜爲嘉慶十三年所脩凡三十六卷

附記　按武烈王瓊生康王繼勳繼勳生楚王遵甫（女卽宋宣仁太后史稱女中堯舜）遵甫生普安郡王士林士林生新興郡王公紀譜稱高氏五王是也有祠在前梅世則爲公紀長子　其彙譜所列各派茲分列之於下

後梅高氏

始遷　高則民明初人始居後梅（今屬後梅鄉）

先世　則民爲廣元六世孫

後梅鯉魚橋高氏

始遷 高復明字彦德號菊隱明初人始居鯉魚橋

先世 復明爲廣元六世孫

錢清高氏

始遷 高維翰字國臣明成弘間始居錢淸場前

先世 維翰爲廣元八世孫

九眼橋高氏

始遷 高世鏘字文昭明洪武間始居九眼橋（今屬九曲鄉）

先世 世鏘爲廣元六世孫

夏履橋高氏

始遷 高尙碆號質軒明洪武成化間人贅於夏履橋徐氏遂家焉

先世 尙碆爲廣元七世孫

高牆里高氏

始遷 高璐字貴瑜號宜竹琰弟明永樂間始居前梅高牆里（今屬前梅鄉）

先世 璐爲廣元七世孫

江南村高氏

始遷　高琰字貴瑚號安素明永樂間始居江南新境村〔今屬南錢清鄉〕

先世　琰爲廣元七世孫

閘橋頭墅後高氏

始遷　高維義字子方明初人始居墅後〔今屬南錢清鄉〕

先世　維義爲廣元五世孫

獅山高氏

始遷　高復亨字本中明初人始居前梅獅山〔今屬前梅鄉〕

先世　復亨爲廣元五世孫

厚高高氏

始遷　高秩字敍公明景泰間人由陡亹南之竣里遷居厚高〔今屬姚江西鄉〕

先世　秩爲廣元八世孫

前梅後坂高氏

始遷　高本實號隱思元末明初人始居後坂〔今屬前梅鄉〕

先世　本實爲廣元五世孫

陳家溇高氏

始遷　高本讓號樂善元末明初人始居陳家溇〔今屬前梅鄉〕

先世　本讓爲廣元五世孫

上方橋高氏

始遷　高師權字行宜明初人同弟居上方橋〔今屬齊賢鄉〕

先世　師權爲廣元六世孫

古塘坂高氏

始遷　高治字承業明正德間始居古塘坂

先世　治爲廣元八世孫

任家衖高氏

始遷　高師憲號晚翠明洪武成化間人始居任家衖

先世　師憲爲廣元六世孫

陡亹高氏

始遷　高本達字仁甫明初人同弟本善居陡亹〔今爲陡亹鄉〕

先世　本達爲廣元五世孫

桃源茹氏

始遷　茹賢字德夫號歡億明初人由越城西祝家衕徙於桃源〔今屬集慶鄉〕爲此族桃

源派之始

先世　譜載其第一世成字秉德宋開寶元年舉博學宏詞科仕至禮部員外郎賜節鉞使

江南以大中丞致仕世居洛陽第四世邦迪字良弼爲翰林承旨隨宋室南度居金陵爲金

陵始遷祖長子珍字孟琛〔第五世〕爲侍御史徙常州爲無錫始遷祖次子珪字仲璋〔第

五世〕仕至內翰珪子式字敬之號菊泉〔第六世〕仕至煥章閣學士始作家譜又四傳至

正字本飭〔第十世〕元末任判納副使始居越城西祝家衕爲遷紹始祖二子長賢次良賢

居桃源良居寨下

前志人物　茹佑　茹鳴盛　茹敦和　茹棻　茹藥

家譜　現譜爲清光緒四年嵊縣支茹麓泉魯所修凡四卷

寨下茹氏

始遷　茹良字道夫號壽億明初人由越城西祝家衖徙於寨下（今屬繩港鄉）爲此族寨下派之始

先世　同上

家譜　同上

附記　錢大昕十駕齋養新録茹姓見於南北朝不知其氏族所出今紹興多茹氏予同年三樵郡丞名敦和績學能文予嘗問其氏族答云未詳恐即如之别體魏有如淳註漢書而未有他證也頃見唐墓誌銘云大唐故朝散大夫宫苑總監上柱國茹府君墓誌稱君諱守福京兆人也蓋周之遺苗鄭之遠裔也昔六國分峙茹姬爲魏后之妃七雄並爭茹耳爲韓王之相乃知茹如果一字碑立開元十一年唐人多明譜學良足徵信左氏傳鄭有公子班字子如（見成十年）鄭公族多以王父字爲氏故知如姓出於鄭廣韵如姓但舉馮翊如淳而不云出自姬姓茹字下但舉虜複姓普陋茹不及漢姓斯爲闕漏矣（本編於各族之得姓考本不記載因有氏族之書可檢故也惟此因茹字得姓之由來氏族書所載者均不及錢説之詳故録之）

僞山章氏

始遷　章彥武字文叔宋光寧間爲郴州判官始居傅山（今屬道墟鎮）

先世　其先世居汴五代時有名仔鈞者爲建州刺史第六子名仁郁仁郁之裔有名綡者宋時知越州其長子蘋相傳隱居山陰之蘭亭街四傳至伯達伯達生彥武由蘭亭街徙會稽黄家堰後遷傅山

前志人物　章敞　章鏓　章瑎　章珙子忱　章秉忠譜作中　章守誠　章綿祚　章潁子爲漢　章懷德　章士奎　章尙綱　章重　章國武　章正宸　章訥　章元升　章欽臣　章有功　章有思　章有期　章可程子懋治　章貞　章燧　章大來　章世法　章黯　章曾郊　章啓周　章標　章倫　章秉鈞　章應奎　章超羣　章學誠　章鼎　章江

家譜　章氏會譜清光緒間章貽賢所脩

附記　譜載仔鈞以建州刺史屯浦城嘗出兵有二校後期欲斬之其夫人練氏救之得免二校後仕南唐爲將攻破建州將屠城時仔鈞已歿練氏尙存二校持金帛且遺夫人一白旗曰植旗於門吾陰戒士卒勿犯所以報也夫人反其金帛幷旗弗受曰君幸思舊德願全此城必欲屠之吾與衆死義不獨生二將感其言遂不屠城今所稱全城夫人是也仔鈞十

五子六十八孫自浦城至㑌山之彦武爲其第十三世　又譜載㑌山西宅世系清康熙時有名籛者自言先世由西宅遷居杭州褚堂又後宅世系圖列彦武裔文德之後有名侊者爲山陰東浦祖文黼之後有名學者其子顯爲海寧祖宗魯爲德清赤山祖又前宅世系圖列彦武裔名文焕者二子溥灝溥遷上虞三界爲始寧祖灝三子鉞福寧鉞之十世孫敬臨遷東關爲前後永興祖福之幼子旭爲新建莊祖寧爲王顧祖　又湖州歸安荻溪章氏亦徙自㑌山見荻溪譜序

王顧章氏

始遷　章甯號賀軒明正統景泰間人由㑌山遷王顧〔今屬柯南鄉〕

先世　亦爲彦武次子隤之後

前志人物　明鄉賢章守誠屬於此派見前稱山章氏下

家譜　現存之譜爲清同治間所脩

東關章氏

始遷　章敬臨清初人由㑌山遷東關〔今屬東關鎮〕

先世　亦爲彦武次子隤之後

家譜　與偁山合譜

新建莊章氏

始遷　章旭字宗曙清康熙間人由偁山遷新建莊(今屬東關鎮)

先世　先世居偁山彥武次子瞶之後也

家譜　其譜尙在脩輯中此據會譜

附記　越城長橋東雙橋及東關均有此族之裔

傅家塽章氏

始遷　譜載其先有名必達者明洪武初始居傅家塽(今屬上竈鄉)

先世　此族與偁山之章同出於蘭亭街綜之五世孫有名伯通者(卽偁山祖彥武之叔)其子行貴五遷上灶梅園之章家搭時在宋光寧間之六傳而至必達

家譜　作於淸道光間現存之本爲民國十八年所修

附記　堯郭上塘大樹下及紹城等處皆有此族之裔

阮社章氏

始遷　章宗清元末人由諸曁贅於阮社茅氏爲此族居阮社之始(今屬開泰鄉)

先世　爲閩建州刺史仔鈞第四子仁嵩之後仁嵩六世孫元文官杭通判遂由浦城徙富春其裔又分徙於諸暨青山

家譜　現存之譜爲清光緒二十三年所脩

湖塘章氏　此族以名誠鎬者爲始祖清光緒九年始由阮社遷湖塘有宗祠在湖塘小港口〔采訪〕

白鶴戚氏

始遷　戚斯忠明代人自餘姚遷居白鶴

先世　譜載其先有名亞卿者南宋之遺臣隱居餘姚湖地里此族之第一世也

家譜　作於宋淳祐間現譜爲清光緒二十五年所修

附記　譜載白鶴之鄔家園馬家園暨運河口龍圖殿東南西塘下大灣頭後木橋莫家灣太平巷思安廟前等處皆有此族所居

西塘下戚氏　其先有名燿字煒如者由餘姚湖地里徙山陰白洋西塘下〔今屬大和鄉〕還舉表中之戚揚其裔也〔采訪〕

冒山堵氏　爲春秋時堵叔之後有名鱗者仕宋官樞密由江蘇遷紹之冒山〔今屬鏡西北

鄉）明永曆時之堵文襄公允錫爲江蘇宜興譜之第八世此族有居城內和暢堂者（今屬城南鎮）選舉表中之堵焕辰其裔也（采訪）

下郭郭氏

始遷　其先有譜行千一者宋季始居下郭（今屬稽南鄉）

先世　其先世爲天台人由天台徙東陽由東陽徙嵊縣之屋坑由嵊縣徙會稽下郭亦稱五雲鄉郭氏

家譜　民國二十一年脩

黨山許氏

始遷　許承一明中葉人自馬鞍之亭山遷於黨山（今爲黨山鄉）

先世　據譜敍言東晉初許畋字仲仁爲會稽內史四子次詢字元度遂居越爲越中許氏之祖所謂塔山許氏也故此族亦稱發源於塔山惟遠祖世系不詳僅知其先來自馬鞍之亭山云

家譜　輯於清道光間現譜爲光緒十三年所脩凡二十三卷又附譜一卷

附記　按馬鞍之亭山有上許下許兩村此兩許同氏而不同族上許之許以元季人字安

甫者爲始祖云徙自塔山下許之許其譜不一或以明中葉人字鎭菴者爲始祖或以明末人字本始者爲始祖或謂鎭菴以前尚有七世失考或稱遷自諸暨或謂宋南渡時始遷其說紛歧無從徵實故此族修譜時亦僅知系出亭山而不能爲上下許之别云　此族之第二世有出繼於其外家黨山孫氏者另載其世系於附譜中至五世而止

甘溪許氏　此族亦爲許元度之後明季有名鴻者由諸暨遷甘溪〔今屬朱華南鄉〕選舉表中之許壽昌其裔也〔采訪〕

湯浦許氏　唐睢陽太守許遠之裔有名奕簪者始居湯浦〔今爲湯浦鎭〕至清中葉有名元相者徙上虞北鄉之小越鎭選舉表中之許家惺其裔也〔采訪〕

獅子街許氏　許元度之裔有名安甫者〔按此與馬鞍上許之始祖當是同一人〕始居越城選舉表中之許福楨其裔也〔采訪〕

嵩臨莫氏

始遷　莫瑞號東湖明代中葉由厚寶遷於嵩臨〔今屬會龍鄉〕

先世　莫宣卿唐宣宗大中五年進士第一累官至僕射居廣東肇慶府封州其九世孫璘宋太祖建隆間知衡陽郡遂由封州徙居衡陽之楓林村是爲嵩臨譜之第一世至第四世

名禮神宗時以諫議大夫上言靑苗之害謫官會稽遂居鑑湖賀家池之濱地名莫家橫三子儔仲斌〔斌爲潘枋塢莫氏始祖唯潘枋塢譜言斌爲儔從弟〕仲之四世孫栻宋末仕均州學正元兵至夫妻父子同殉國難僅存遺腹子名雄其時莫氏後裔多因避難散處至明初有雄之曾孫名子明者始復贅居於厚寶〔按譜其第七世已有居厚寶者〕又五傳而至瑞

家譜　輯於淸康熙六十年抄本二册

附記　此族係自厚寶所遷因其譜序稱敍嵩臨一支獨詳故稱嵩臨莫氏　其第二十二世名遜古號松佺者由嵩臨遷於城之光相橋又有咸歡河派者據其譜載第十三世名覽者其先亦居賀池之濱因元亂子孫多改易名姓故中間有七世不可考至覽始居會稽火神廟前嗣徙咸歡河遂復聯屬云

潘祊塢莫氏

始遷　莫文華於元末避亂贅於潘祊塢李均達家爲居潘祊塢之始〔今屬柯山鄉〕

先世　其先世與嵩臨莫氏同莫禮之第三子斌建炎間隨宋室南渡居紹興爲其族之弟一世斌二子叔文叔光叔光住餘姚叔文三子其季名子純居郡城東隅傳三世名珙字廷

璧官知海州四子其季名萬五萬五二子垍道住會稽東桑垍遠徙山陰懷信里之螄螺塢

文華垍遠之四世孫也

家譜 創於宋咸淳十年現譜爲清嘉慶十三年所修凡八册

附記 按宋莫叔光莫子純舊府縣志皆有傳均在遷潘舫塢之前

寨下莫氏

始遷 莫首魁字選之明季人本朱姓嗣其舅莫仰山爲此族之始

先世 其譜以名純德者爲第一世仰山仰泉爲第二世仰泉無考首魁其第三世也首魁父號帶川母莫氏其本生父母也其先之爵里名號均無考故清同治間莫元遂譜序曰莫氏之在越者有潘舫塢有小涇東桑村有嵊縣莫墺而吾宗實世居郡城其初與諸莫未嘗不同出一源也而三世選之公本姓朱氏以甥爲舅後至於十傳云云蓋所可知者如是而已首魁三子萬全萬金萬會譜所載者即此三支

前志人物 莫晉

家譜 作於清同治十一年民國十六年修凡十二卷

附記 此族所居不一處因其宗祠所在故稱寨下莫氏

湊塘婁氏

始遷　婁文冕元初仕紹興府鈐轄其仲子譜行元十者其譜所載之始遷祖也初居山陰柳塘其地與蕭山之丁家埭相連亦名湊塘〔今屬天樂鄉〕

先世　系出少康之裔東婁公先世由齊遷汴由汴遷浙之甯波宋元祐間參知政事太師中書令鑰賜姓加木爲樓四傳至機嘉定中攝中書令仍去木從婁世居甯波文冕爲機之裔

家譜　現譜爲民國十年所脩

附記　譜載文冕長子元九居義烏爲仁派三子元十一居諸暨楓橋爲禮派四子元十二五子元十三居會稽胡村爲智派而元十居湊塘爲義派

安昌婁氏

始遷　明萬曆間婁時武時顯兄弟始由張川遷居於安昌

先世　譜載其始祖婁誠信於明正德間因避難隱於張川時武其四世孫也此譜係以誠信爲第一世

家譜　作於清乾隆間至光緒二十六年重輯抄本十册

附記　此族有仍居張川者有徙於潘家灣者惟此譜所載則限於居安昌之一派　此族之先或云爲江西上饒人明正德間婁忱字誠善之女爲宸濠妃宸濠敗後婁氏之族亦被株連因而星散與譜所稱誠信避難之時代正同其字亦相類惟無他證其譜又云宋婁寅亮南渡時爲上虞丞後居山陰傳至明代有名可道者至孝父受誣當死赴官請代遂被刑於五雲門外子四人避居張川遂成族按可道會稽志（道光志稿引萬曆志）有傳惟不言其後人避居張川事并亦不詳其何時人也

太平橋莊氏　其先有名冏生者清順治間進士選舉表中之莊肇其裔也太平橋今屬城南鎮（采訪）

樊江商氏

始遷　商鼐譜行勝三在元明之際贅於樊江婁氏遂家焉爲樊江（今爲樊江鄉）之始遷祖

先世　其先在宋時爲汴洛間著姓有名倚者仕至侍御爲此族之第一世生三子佐傳佑建炎中隨宋室南渡傳因奉使赴金被留其後遂居漁陽佑任處州僉判居括蒼其後徙台州臨海佐以朝散大夫知宣州轉兩浙轉運使遂居杭三子鈞鍧鏞自杭徙嵊縣之繼錦鄉

鼒爲錡之後倚之九世孫也

前志人物　商周祚　商周初　商周允〔譜作周嗣〕　商徵説　商盤　商嘉言

家譜　作於明嘉靖四十三年現譜爲淸嘉慶九年所脩凡六卷

附記　按譜載有名又新者爲倚之七世孫曾在樊江褚諸二家教讀樊江橋實爲所建其姪名夢熊出繼於褚氏改姓名褚叔豪鼒少孤因依焉此樊江商氏之始也　其第十六世廷試〔譜稱明洲公〕本出繼於孟葑謝氏通籍後復本姓徙居城之八字橋時在明之中葉此商氏住城之始也〔按十四世愀巳由樊江徙居城之油車衖惟其城支之譜係以廷試爲始〕

錬塘村袁氏　爲漢司徒袁安之後有名慶宗者於明永樂間由羊望村徙居五雲門外之錬塘〔今屬瀝三鄉〕現亦有居東關者選舉表中袁緒鈞其裔也〔采訪〕

陶堰陶氏

始遷　陶嶽號宗楊元末人始居陶堰〔今爲陶堰鄉〕

先世　陶氏之系有出自丹陽者漢徐州牧謙後也有出自潯陽者晉大司馬侃後也此族始遷以前之世系不詳雖陶莊敏公諧行狀中有出自潯陽之説〔行狀云陶系潯陽方唐

季世潯陽之裔有爲台守者以世亂家焉後徙越居陶家坊〔城有東西陶坊〕由坊居鄉自宗楊先生始〕唯莊敏之先以隧石得銘者凡七均無此語〔亦其譜中語〕故其後脩譜者均未敢引以爲據僅能斷自遷陶堰者爲始

前志人物　陶仕成　陶澤子性慥憘　陶懌子思義　陶譜　陶諧　陶諤　陶訥　陶師伋　陶師尹　陶大年　陶大臨　陶大順　陶承學　陶允高子秉禮　陶允明　陶與齡子履中　陶益齡　陶望齡子履平　陶奭齡子履肇　陶祖齡　陶曾齡　陶志梅　陶景齡　陶峒　陶思崗子阜　陶師孟　陶士銘　陶致和　陶作楫　陶式玉　陶宏才　陶文彬　陶杏秀　陶及申　陶履卓子覲

家譜　作於明成化間現譜爲清光緒二十九年所脩凡三十二卷

附記　陶堰之名由來已久漢太守馬臻築湖爲堰者二十有五名陶者二曰東陶家堰曰西陶家堰堰之先已有陶姓者聚族於斯耶抑世更人易而名從之耶皆不可知又今東堰別有陶氏居堰北稱堰下陶云〔據此譜所載地望〕

六翰陶氏〔振一派〕

始遷　陶彥才譜行粹五於明永樂間始居六翰〔或作陸翰亦作綠岸今屬柯南鄉〕

先世　據譜稱其族出自陶堰陶堰始祖宗楊第二世以昌字冠行分爲昌一至昌六六房彥才昌一之孫也爲此族之第一世子名元熙字明義譜行振二郎所謂振二派也

家譜　民國十四年修凡八卷

附記　明萬曆間始創草譜清乾隆間續修一次皆綜六翰之陶而合纂之自咸豐四年始與振一振三兩派各自纂其本支　據此譜所載同譜異居考其在本縣者有跳山達郭清道橋塘墺大小洋坑鄭家山王壇湖地里中塘石橋灣張家墺王顧嶺羅坪墺大坑下坑石灰坪等處

六翰陶氏〔振一振三派〕

始遷　陶得達譜行粹六於明宣德初年始居於六翰

先世　譜稱宗楊之第三子譜行昌三得達昌三之孫也爲此族之第一世其子礽譜行振一祈譜行振三郎所謂振一派振三派也

家譜　民國十五年脩凡六卷

附記　其譜敍始於清康熙五十三年不言明萬歷間有草譜之事而考定爲昌三之後則已與振二派之譜不同惟至咸豐間始明言各纂本支耳　據此譜所載分居各派藏有此

譜者有湯浦童家嶺廟岩頭同坑灣苦竹莊王壇橫山嶺穀塔墺及富陽上海杭州等處

此振一振三與振二兩派譜雖各自編纂而宗祠則同〔見嘉慶二十三年陶氏祠堂記〕其譜中不同者一則爲昌一之後〔振二派譜敘中屢言係陶堰冢支〕一則爲昌三之後〔昌三生仲濂仲江仲清三子仲濂之後盛於陶堰其徙六翰者爲仲清之子得達即此派始祖也〕一則言遷綠岸時在永樂間一則言在宣德初一則以振一振二振三均爲粹五之子〔見振二派譜列傳〕一則以振一振三爲粹六〔即得達見卷五世系〕之子而不及振二此最異之點也唯其同出於陶堰則兩派均無異詞

下方橋陳氏

始遷　陳侃齋元順帝時人爲此族之第一世

先世　譜載其族遠祖名誥號南雲唐文宗朝進士仕至太尉世居姚江之歷山其孫洛書字宗朝官記室參軍徙居山陰北塘錦綾橋子乂字澄齋後唐莊宗朝進士仕至樞密直學士長興元年歸隱於越之玉屏山無子以弟昭武郎名又之子堉爲嗣十二傳而至侃齋

前志人物　陳理　陳允恭　陳廷綸　陳齊襄　陳卑善

家譜　輯於明成化間現譜爲民國十五年所脩凡二十卷

附記　陳乂舊五代史作薊門人譜亦言初家薊州今下方橋壽量寺初名壽安菴即乂所捨見舊府縣志　此譜載始遷下方橋者遠在唐末或因自侃齋起其世次支派較爲詳確故以侃齋爲第一世耳

宣化坊陳氏　其先有名赤書者淸雍正初年由山南移居紹城宣化坊〔今屬城西鎭〕選舉表中之陳邦翰其裔也〔采訪〕

平水陳氏

始遷　其先有譜行江三者元末明初人官提領自上虞遷居平水東阪〔今屬平水鎭〕

先世　自漢太邱長陳實居潁川而潁川陳氏始著傳二十八世至靖仕唐爲建州刺史遂居台州爲陳氏居浙東之始又傳三世至參議德遷睦州遂安廣明間避黃巢亂又由睦而歙而信而饒屬德興縣之南部鄉子孫因名其地曰陳源是爲浙東陳氏轉徙江西之始又十四傳而至進士遠字嘉言行添三宋建炎初扈駕南渡去陳源而家上虞上虞之陳自此始又傳七世有譜行敬六者遷居會稽雲門子序五有子三曰江一曰江二曰江三

前志人物　陳文燿

家譜　淸光緒三十年重修之譜連卷首共十卷民國十五年續纂之譜共二卷

附記　按民元前五年在安慶殉國之陳伯平爲此族之第十九世另詳本志列傳　此族之裔今有分居於堯郭西渡口盛塘等處者　此譜言江一遷居會稽化山至六世孫名賢遷居紅溪畔橫山作一派唯此派之譜未見　江二之派詳後　又此譜載敬六之兄敬一官淮西提舉遷居山陰厚社作一派其譜亦未見

車家浦陳氏

始遷　其先有譜行閏二者明代人由東桑徙車家浦（今屬嘯唫鄉）

先世　與平水陳氏同以遠爲始遷上虞之祖其由上虞徙會稽五雲門外（或作雲門）者爲遠之孫安逵安逵子仲立（按此與平水譜所載不同）仲立次子江二江二三子長閏二次閏三閏三之後留住東桑閏二遷車家浦

家譜　民國二十六年陳宰鴻纂脩凡十二卷八册

附記　此族之裔徙居城區者有咸歡河沿及東街等處

樊江陳氏

始遷　陳宙譜行富四宋祥興間由上虞贅於樊江胡千戶家遂居焉爲此族之第一世

先世　譜載其族亦出於上虞宙者遠之五世孫也此族向有遷自雲門及遷自上虞兩説

至淸嘉慶間脩譜時始取上虞西門譜考定知其確出於上虞

前志人物　陳普明子國友　陳鶴　陳大文子慶倈

家譜　輯於明正德間現譜爲淸嘉慶八年所脩凡六卷

附記　此族遷徙之處其在本邑者據譜所載如禹廟下小山頭何家漊會稽學前曹娥白米堰東浦大義陡亹寧桑攢宮桑盆昌安三脚橋頭費墅魚化橋章家埠道墟大營瓦窰頭簞膠河吳三板橋八字橋東郭大稻地觀音橋蓮花橋等皆有其裔

小皋部登坊漊陳氏　系出樊江有名雲野者樊江之第九世此支之祖也選舉表中之陳華漢屬於此族〔采訪〕

西竇疆陳氏　其先有名一初者宋淳熙中爲浙東觀察使居越之鳳林鄉數傳至普明〔明洪武間人山陰志有傳見前樊江下〕普明之孫昕始居竇疆現有宗祠無家譜此據采訪

送駕漊陳氏

始遷　陳豫字潛甫譜行福二譜稱係明建文之遺臣由上虞避地於送駕漊〔今屬姚江西鄉〕

先世　譜載先世居上虞之信村後徙半湖上虞始遷祖陳遠與樊江之陳同

家譜　清嘉慶間所輯鈔本一册

附記　據其譜序言始祖添三（即宋宣和間進士遠）五傳至榮七徙半湖又十傳至福二遷會稽又稱明嘉靖三十四年倭寇之亂廬舍被焚四世以上之木主均毁此譜所載係據第七世名愛泉者之遺稿但亦未能詳備即其第一世福二之名及字爲譜中所添註其書法與原譜不同當是後人增入亦不知何所據也　又據此族另一草譜所載其第一世福二爲元末人佚其名由上虞大山下遷送駕漊與前譜不同又云福二贅於送駕漊柯氏生三子長樂耕次存耕三勤耕分前後中三支故有三陳之稱云現如沈家匯頭（即楊臣里）遺風古城白洋嘯唫梅山澄港陡亹等處皆有其裔

江橋陳氏

始遷　陳議菴明正統五年自上虞槐花樹下遷居於江橋（今屬城中鎮）

先世　遷紹以前之世系不詳

前志人物　陳光祚　陳蕭子鶴　陳學敬子義　按陳鶴有二樊江族者爲明人此爲清人均見嘉慶山陰志

家譜　輯於清乾隆間現譜爲民國二十一年所修凡四集

附記　清光緒九年其族修譜時曾往上虞訪所謂槐花樹下者其地無陳氏族派後至東門内白果樹下見有陳氏宗祠環祠而居者皆陳姓有年老者曰此地在明代稱槐花樹下唯其譜殘缺莫攷又至東關遇陳姓者亦曰始祖名石庵明萬歷間自上虞槐花樹下遷此而其譜亦未修故其遷紹以前所居之地雖得證明而其遠祖世系尚不可考也

道墟陳氏　始祖雲明餘姚人明洪武時以武功賜爵雲騎尉八傳至名孔教者明萬曆舉人仕至四川川南道明季死獻賊之難〔明史及會稽志有傳〕爲居會稽之始祖選舉表中之陳藻其裔也〔采訪〕

南匯村陳氏　其先世居上虞大山下分支居會稽道墟者約近十世譜失無徵至清雍正間有名國英者因業農偕兄弟三人始轉遷昌安門外南匯村〔今屬南匯鄉〕至今約六七世選舉表中之陳景蕃其裔也〔采訪〕

東浦南大路陳氏

始遷　譜載其始遷祖名本昭譜行致一相傳在宋末元初由郊橋徙東浦

先世　其譜載有追遠世表及宋代遺譜兩種追遠世表以舜裔胡公滿爲一世至七十九世爲宋淳祐進士熹之倘有八十八十一兩世則有行第而無名字宋代遺譜以漢太丘長

實爲一世至四十五世而止熹之第四十二世也其四十三四十四兩世亦僅有行第而無名字四十五世則并行第無之據其譜中附箋所稱謂年遠代湮未能上接宋代也

家譜 民國五年陳燮樞修凡十五卷

箬簣山陳氏

始遷 陳處讓譜行得六明永樂間人始居會稽之箬簣山即遶門山塘裏陳（今屬東湖鄉）

先世 譜載系出漢太丘長陳實二十七傳至堯咨（宋史附陳堯佐傳）堯咨孫康定建炎中隨宋室南渡子孫散居吴越至名禧者始居上虞又三傳而至處讓

前志人物 陳天福子鍾石

家譜 抄本一册

東浦廟橋下陳氏

始遷 陳慶度於明之中葉由清水閘始遷東浦今其後裔所居之處爲廟橋下陳家漊

先世 譜載其族爲山陰清水閘陳氏之分支慶度者清水閘之第十八世也三子譜行尚大尚二尚三尚大巳出繼於孫氏此譜所載皆尚二尚三之後

家譜　輯於清康熙五十五年其年表錄至道光末年止鈔本一册

附記　據此譜所載淸水閘陳氏始祖名夢賢世居閬州其曾孫舜俞在宋熙寧中知山陰縣事子天騄留居於山陰梅市鄉海山村名其地曰陳家徑譜稱南明先生至宋建炎間使金不屈卒謚忠肅者〔名過庭字賓王宋史及舊志有傳〕南明之曾孫也

堰下陳氏

始遷　陳順字秉倫元季人始居堰下〔今屬陶堰鄉〕

先世　先世居閬州有名亮者宋季人仕至工部侍郎居於嘉興此族之第一世也亮四子長萃次藝三莪四蓍蓍之孫名淇者曾爲山陰令後遂居於梅市爲梅市陳氏之始遷祖〔按此所載與前條東浦廟橋下陳氏不同〕順爲萃之子淇之從叔也偕淇至越遂居會稽百家村堰下其子名伯宗字道昌明初任江甯督糧指揮

家譜　抄本四册

附記　此族之第十五世有名承祖號樸庵者淸康熙時人徙於城之作揖坊爲作揖坊陳氏之始

霞嶂陳氏

始遷　陳克成明代人始居霞嶂（今屬三溪鄉）

先世　譜載先世隨宋室南渡居上虞至明永樂間有名道安者隱居上虞九峰山子綿偕兄義四徙湯浦附近之蛛湖克成綿之子也係上虞東牆門派

家譜　輯於清嘉慶廿四年民國廿二年續修凡四卷

附記　此族現有三十餘戶一百餘人

鄭岸陳氏

始遷　陳子奇清初人始由蒿壩居鄭岸（今屬小江鄉）

先世　譜載其先有名貴三者居於孟家葑其裔名仰山自孟家葑徙上虞之蒿壩唯其世次年代均不可考

家譜　輯於民國二十年凡三卷

附記　此族現有七十餘人

七星街陳氏

始遷　陳元亨於明天順間由上虞夾塘遷於軒亭街爲此族之第一世

先世　遷紹以前之世系不詳

家譜　草譜鈔本一册未載編輯時代

附記　此族後裔現住上大路〔屬城西鎭〕其地自北海橋西堍起至八仙橋東堍止舊有七井昔稱七星街故是譜稱七星街陳氏其老宗祠在陸亹自第五世後子姓漸衆有分居安昌等處者留城者僅第十二世啓華一派而已

西郭門内下岸陳氏　陳起雲子名季良字楚如係由蕭山遷居紹城選舉表中之陳彬華其裔也〔采訪〕

倉橋陳氏　其先有名衍者清初人始居倉橋〔今屬城中鎭〕選舉表中之陳廷柱陳宗武陳煜陳爾幹皆其裔也〔采訪〕

觀巷陳氏　先世居蕭山明季有名世綸者官鄞縣教諭始遷會稽其後人居城之觀巷〔今屬城南鎭〕即徐天池舊宅天池手植之青藤猶在故稱青藤書屋選舉表中之陳鴻逵其裔也家譜已佚此據孫星衍所撰陳徵君榮杰傳〔按榮杰爲世綸之四世孫〕

祥符衖陳氏

始遷　其先有名百揆者明代人始居紹城爲此族之第一世

先世　譜載先世隨宋室南渡居於上虞後徙會稽之儲墅百揆曾游宦於蜀歸越後居紹

城其兄石揆分居昌安唯與儲墅分支之世系不詳

家譜　清道光十年所録鈔本一册

附記　其始遷地在城何處譜未載祥符衖者今屬城北鎮其後裔所居之地也

三江陳氏

始遷　陳愷於明中葉時始居三江（今爲三江鄉）

先世　譜載其先世名梗者由上虞遷於紹城武勳坊爲此族之第一世梗子愷

家譜　民國六年所録鈔本一册

安昌陳氏（一）

始遷　其始遷者之名號及時代譜未載但云約在明弘治正德間

先世　譜載其族爲明建文朝副都御史忠節公性善之後先世居謝墅唯由謝墅遷居安昌之陳家漊不知始於何時何人其云約在明弘治正德間者因葬在本村之祖墓今可考者皆弘正以後之人也是譜以忠節爲第一世因向無舊譜故所叙世次其譜例亦自言間有缺漏

前志人物　陳性善

家譜　輯於清道光二十年民國二十三年續輯鈔本一册

附記　陳忠節祠舊在臥龍山麓張神殿之左清乾隆四十一年山陰儒學陸坪駱淵呈請學政以陳思恩奉祀思恩此族之第十三世也今其祠久廢〔另詳祠廟〕　安昌之陳不止一族而其派各異今以數目字别之　又有樓下陳〔今屬龍南鄉〕陳氏者素無譜牒本會調查員曾與其後裔共觀宗祠神主其始祖名城字凝樓不知何時人另一座則書宋始祖名顯字敬菴又一座則書明侍郎性善府君不載世數以下則二世諤字誠齋鉞字璞齋三世洪字清彝據此則此族亦忠節之後也

安昌陳氏〔二〕

始遷　陳善政字子安清康熙間始居安昌

先世　譜載相傳其先亦來自上虞由上虞徙紹城由紹城徙蘆社有名大經者明隆萬間人爲善政之曾祖此譜之第一世也

家譜　輯於清道光間抄本一册

附記　此族因向無舊譜故其世系不能與蘆社連接僅知有古墓在蘆社之李公漊底爲其的派而已

安昌陳氏〔二〕

始遷　陳崧字松年由昌安遷於安昌在清同光間

先世　此族與上大路陳氏同以陳元亨爲第一世明嘉靖間有名愚號思軒者始遷於袍瀆其第五世也明清之際有名堯則字建章者由袍瀆徙陡亹其第八世也道咸間有名學孟字焕鄒者徙於昌安（譜云由祥符衖遷往）其第十四世也崧爲學孟之子

家譜　輯於清康熙間民國十七年重録鈔本一册

附記　此譜所載詳於安昌一支故亦稱之爲安昌陳氏

陳村陳氏

始遷　陳廷遷譜行萬一於宋嘉定端平間由嵊縣浦橋清化鄉徙於會稽之陳村（今屬稽南鄉）

先世　譜載先世家徽州宋太宗朝翰林學士陳堯叟其遠祖也堯叟子環環子禮禮子通通孫子銓字輔國宋徽宗時爲山陰縣尹宣和二年致仕寓嵊之清化鄉遂居焉銓子昱紹興間進士仕至兵部侍郎昱子賢字希文相傳爲錢塘湖神宋紹定間勅封靈濟侯又改爲善應侯（見嵊縣祠祀志）賢子祥祥子淦淦子廷遷

家譜　民國二十一年脩共三卷

附記　按廷遷二子長冕分居上陳次晁分居下陳而下陳一派有遷於嵊之對溪者有遷於同邑之橫坑者

天樂安山村陳氏　陳堯叟之四世孫有名協字世勇者爲金華永康等縣縣令遂居諸暨紫岩鄉再傳至名濠字稽山者居山陰天樂鄉大岩後有名鋐者遷裏安山至名愷者再遷外安山選舉表中之陳庚陳範陳疇皆其裔也〔采訪〕

清涼橋陳氏　此族亦陳協之裔〔諸暨縣志有傳〕協之後人由諸暨店口徙紹城清涼橋〔今屬城西鎭〕選舉表中之陳其閑屬於此族〔采訪〕

湖裏陳陳氏

始遷　陳泰字尹通號凝碧宋季人始居於湖裏陳〔今屬延壽鄉〕

先世　譜載其地昔爲胡氏所居有胡原者字伯始號心泉宋理宗時人景定間爲臨安教授無子以甥陳泰爲嗣泰之先世不詳

前志人物　陳倫〔譜作陳性倫〕

家譜　輯於明宣德間現譜爲淸光緒五年所脩凡八卷

附記　此譜以胡原爲第一世以陳泰爲第二世亦創例也

白魚潭張氏

始遷　張伯儀字至仁宋政和三年由進士授御史裏行諫言忤旨謫戍安南紹興中遇赦遷山陰縣尉宋室南渡遂居山陰之白魚潭（今屬東合北鄉）

先世　此族遠祖張詠字復之號乖崖濮州鄄城人宋太平興國五年進士兩知益州累官至工部尚書轉禮部又知陳州卒葬於陳謚忠定事蹟詳宋史子繼質二子長堪元城縣主簿次坦隨州助教坦子開開子伯儀

前志人物　張以弘　張景琦　張景明　張景暘　張元沖　張元恕　張元藩　張一坤　張鐩　張梯　張杉　張楞　張燧

家譜　清道光二十八年所録鈔本一册

附記　按此族第十世名肆號潛菴明建文成化間人生六子以弘以文以憲以時以蒙以震自後遂爲六支而此譜所載僅以憲一支故此表所列舊志人物之名除原譜外係考毛西河所撰張南士杉墓志銘録入

狀元坊張氏

始遷　張遠猷字辰卿四川緜竹人宋理宗時知紹興府事因外祖曾文清公幾庽於會稽故遠猷致仕後遂留越居於狀元坊〔今屬城西鎮〕

先世　此族追源於漢留侯張良至第二十六世名九皋者仕唐爲嶺南節度使是爲曲江派之始至第三十三世名璘者唐僖宗時爲國子監祭酒廣明之亂從駕至成都爲遷蜀之始第三十四世名廷堅者由成都徙緜竹爲緜竹之始至第三十八世即宋魏國公浚由廣漢遷潭州魏國二子長栻即南軒先生次杓〔宋史均有傳〕南軒二子長恬次焯恬由潭遷漢陽恬子洪由漢陽遷臨安再傳而至遠猷　案杓字定叟唯張氏各譜均作杓此依宋史

前志人物　張天衢子元吉　張天復　張元忭　張元慶　張汝霖弟汝懋　張汝撰　張汝嘉　張焜芳子名翰　張燿芳　張岱　張陛子錆

家譜　輯於宋修於明現譜僅存抄本

附記　此族現所居不一處此稱狀元坊者就其始居地而言

恂興張氏

始遷　張士珪明代人由城之狀元坊徙於恂興〔今屬鳳林鄉〕

先世　譜載士珪爲遠猷之五世孫

家譜　輯於清道光十年鈔本一册

琶山張氏

始遷　張元舜元代人始居琶山（今屬朱華北鄉）

先世　此族昔稱三山張氏三山者賴山琶山峽山也據譜載亦出於宋魏國公浚浚次子枃光寧朝爲端明殿學士知建康府枃長孫堅官台州治中遂居黄巖堅孫誌三子長元孚元孚子德華爲稽山書院長遂居越卽賴山（今屬龍南鄉）之祖也次元爵仍居台州三元舜卽琶山之祖元舜二子長明德次明善善之後徙於峽山（今屬雙山南鄉）故又爲峽山之祖

家譜　作於明萬歷間現譜爲清道光二十一年所脩凡六卷

附記　譜稱枃之次孫岳（卽堅弟）嘉定間金人南侵遂自合肥徙於會稽之余貴故余貴之張其遷越時在三山張之前其後分居於白蓮墺桑瀆柯山項里賞祊以及蕭山之崇化鄉者皆出自余貴者也　琶山之族元舜後第八世分爲玉一至玉七共七房今居城者則以玉五房之裔爲多

開元坊張氏

始遷　張星字應宿明萬曆間爲太醫院吏目始由賴山遷城開元坊〔今屬城南鎮〕

先世　此賴山張氏之一支也元末稽山書院長德華始居賴山星爲德華之裔

家譜　明萬歷間修現譜爲清乾隆間所增錄鈔本一册

安昌張氏

始遷　張誠字誠齋生於明天順二年爲此族之第一世

先世　譜載先世居余貴後居紹城都泗門内廣寧橋故譜稱廣寧宗其後有名景周者始由城遷安昌蓋已在清之中葉矣

前志人物　張賢臣　張文成

家譜　輯於清康熙間現譜爲乾隆間所脩鈔本一册

高村張氏

始遷　張茂春明宣德間人爲衢州提舉由余貴遷於高村〔今屬朱華南鄉〕

先世　譜載系出宋張魏公浚其六世孫有名智高者仕元爲武略將軍居於余貴茂春其裔也爲高村之第一世

家譜　清乾隆間有草譜民國十三年重修凡四卷

附記 譜載其族現約有三百戶人口千餘

永樂張氏 宋張魏公浚之後有名旌壽者明代人始居永樂〔今屬永賓鄉〕選舉表中之張采薇其裔也〔采訪〕

洋江張氏 此族譜未輯僅據其修祠堂碑記云係明天順間有名遠猷者〔按此與宋時官紹興知府者同名係另一人〕由余貴始居於洋江〔今屬袍瀆鄉〕采訪

松林張氏 宋張魏公次子杓之後先世居江西南宋之季有名咸者始徙松林今屬會龍鄉其族分玉三玉八兩派玉八派又分四支皋部百州灣及江西福建均有分支現在紹者約有千二百人宗祠在松林樊家埭其地有明臺諫張松溪仰松二先生碑及仰松書舍匾額又明嘉靖辛丑進士張治匾額按嘉慶山陰志選舉表治仕至御史未載事蹟今其家譜亦未見故不能詳考此僅據采訪稿

肇湖張氏

始遷 張舜居譜未詳何時人以世次考之約在宋元之際始居肇湖〔今屬升北鄉〕

先世 譜載其族爲宋招撫使張所〔傳見宋史〕之後建炎南渡時所扈駕至杭其五世孫名舜漁徙餘姚之張家路舜居其弟也

家譜　修於民國九年凡四卷

瀉渚小步張氏

始遷　張祥字原德別號寄梅山人元初人始居小步〔今屬集慶鄉〕

先世　先世居汴之白水村宋季有名庚者仕浙西廉訪使後隱居山陰之梅里尖胡元之亂其子祥遷於瀉渚

家譜　現譜爲清光緒五年所修

下和坊張氏

始遷　張貴和於明洪武十一年始由諸暨徙紹

先世　貴和之父名能爲此族之第一世傳九世後分爲三支長曰秀野支居中梅次曰荆野支居城三曰松野支巳不可考

前志人物　張學曾

家譜　作於清同治十二年鈔本一册

附記　此族於清光緒二十八年復往諸暨七十二都等處訪其始遷以前之世系而諸暨之張據稱有四十八支支各有譜未能徧訪故弗能詳　又此族巳散居紹城各處此云下

和坊者〔今屬城西鎮〕從其初也選舉表中之張禮幹屬於此族

三江程氏　其先有名羽者宋太宗朝以輔翼功賜第京師因家洛陽曾孫珦字伯温仁宗朝爲黄陂尉知興國縣官至大中大夫玄孫顥字伯湻封河南伯頤字正叔封伊川伯俱從祀孔廟宋室南渡時分爲七支曰鄢陵杭州山陰吴門河内徽州山西其徽州山西二支系出伊川三世孫山西之始祖名德國子監監丞出判山西平陽府遂居榮河縣葦村遷越一世祖名大字進化行一洪武十四年由葦村遷居山陰三江城因隸籍焉四世鵬字舉遠行一明紹興衛三江千戸至清雍正四年有名理字文裕者由三江新河村遷居杭城文錦坊入籍錢塘則杭族之祖也〔據光緒甲午杭州程良驤鄉試硃卷〕

接龍橋程氏　爲晉新安太守程元譚之後世爲新安人有名佑者始遷休寧浯田其裔國正由浯田遷杭名鋐基者復由浯遷紹接龍橋〔今屬城中鎮〕選舉表中之程儀洛其裔也〔采訪〕

馬梧橋程氏　亦元譚之後選舉表中之程鵬其裔也馬梧橋今屬城中鎮〔采訪〕

梅市程氏　其先有名子貞者明代人始居梅市據其後裔言亦遷自徽州與樓下陳之支派相同亦有居小赭者今在梅市者約三十家〔采訪〕

樓下陳程氏　先世居梅市明成化間始遷偏門外樓下陳〔今屬龍南鄉〕有祠無譜此據采訪稿

皋部屠氏

始遷　明洪武間屠景中始居皋部〔今爲皋埠鎮〕

先世　譜載宋翰林學士權知撫州軍事判官屠雷發南宋時居於常州〔據光緒乙亥科屠壽田鄉試硃卷所載始祖拱宋監察御史扈蹕南遷雷發爲遷嵊始祖與此譜所載不同〕爲此族之第一世雷發生七子次子名志達志達生四子其季〔譜佚其名〕居鄞縣桃花渡北季生慶慶生福壽福壽生景中徙居皋部實此族之第六世也

家譜　淸道光七年修凡一册

附記　按此族之譜名屠氏會稽支續譜其後附有支譜據其序文所稱志達之第三子叔居會稽皋部叔生其祥其祥生權虎權虎生二子長曰中次曰正中居皋王廟前爲前支正居皋王廟後爲後支廟前一支因未入譜無考廟後支在道光修譜時傳世十九〔自一世雷發起〕共得三十餘人派系單弱故附於此云云據此則此支始居皋部尚在明以前也

又按譜序稱雷發之第六子名子遜居慈谿其後分居紹興城內及東關者係此支之裔

云

富陵傅氏　其先有名克柔者隨宋室南渡始居荷湖〔屬斗門鄉〕明初有名進字恕菴者始徙富陵〔今屬潞富鄉〕現住是地者約百餘家選舉表中之傅汝賢其裔也其家譜未見此據采訪稿

傅村傅氏　先世住蕭山濠湖清初有名越榮者始徙會稽傅村〔今屬龍南鄉〕選舉表中之傅作梅其裔也〔采訪〕　按傅氏之先本居山陰其一世名衍者遷自義烏二世伍三世瑩宋眞宗天禧三年進士見山陰志選舉表至第六世崧卿徽宗政和五年進士墨卿宣和四年進士均見山陰志選舉表并有傳七世國與八世朝臻九世脩十世增十一世巍行千二始徙蕭山此據蕭山傅氏譜惟傅村之譜未見不能詳其支派

漓渚傅氏

始遷　傅景春明末人相傳由魯墟遷於漓渚之後潭頭爲此族之第一世

先世　據宗系表載其先爲魯墟人魯墟之傅分自富陵富陵出於諸暨之湄池

家譜　宗系表一本民國九年印

天樂湯氏　其先有名鵬舉者仕宋爲參知政事〔見宋史洪遵傳〕扈蹕南渡由河南遷杭州

白馬廟右二世兆字至卿由杭偕兄遷居東陽後又遷居諸暨泰南鄉九世貴元季由諸暨遷居天樂之章塢占籍山陰選舉表中之湯壽潛其裔也〔采訪〕

東浦湯氏　其先有名君美者清初人自諸暨徙於東浦之陸家漊今如磨坊漊西徐岸皆有其裔宗祠在磨坊漊〔采訪〕

單港單氏　此族之譜未見僅據單崇恩鄉試硃卷〔清光緒戊子科〕載其始祖名萬傑明季人〔采訪〕

後墅單氏　此族之譜亦未見據單春溯〔道光辛卯舉人〕單文楷〔咸豐戊午舉人〕之鄉試硃卷載其始遷祖名廷相不詳何時人〔采訪〕

東浦馮氏

始遷　馮誠實明成化嘉靖間人由甯桑遷於紹城之西郭門内十傳至名照者清同光時人始居東浦

先世　譜載其族之南遷始祖爲宋馮文簡公京〔按京字當世江夏人宋史有傳〕宋室南渡時其子孫徙於越而分在會稽者於甯桑爲多云

家譜　輯於清同治七年草譜一册

附記　此族自居西郭後有分徙於湖桑昌安王家村東浦及城中香橋至大寺前塔山下等處者見其譜所載遷徙表而選舉表中之馮文楝則屬於東浦支

鍾澤村馮氏

始遷　馮陽春明隆慶萬歷間人始由亭后遷於鍾澤（今屬柯橋鎮）

先世　據譜載其先世爲諸暨人有名潭月者與弟海月於元至正間隱於山陰之亭后陽春其裔也

家譜　輯於清道光十四年光緒八年續脩凡十四卷

附記　據此譜所載亭后馮氏康熙間譜敘其裔除徙柯橋外有居漓渚阮社并郡城省城及泰州等處者選舉表中之馮景星屬於鍾澤支

王顧馮氏

始遷　馮鵠宋末人始居王顧嶺下（今屬柯南鄉）

先世　據譜載其先在宋初世居汴梁系出仁宗朝禮部侍郎元（字道宗南海人宋史有傳）之後元之七世孫時可隨宋室南渡至浙其孫宗仁譜行伯一者爲山陰令遂家於紹傳有正直忠良四派有名驥者正派之裔也宋末官都統制守獨松關元將阿剌罕來侵關

破巷戰而死妻謝已先殉子鵠偕其兄鶴負父骸骨葬於秦望東南一舍許烏石山之陽鶴守墓十載復挈家他徙而鵠贅於王顧之蔣氏遂家焉

家譜　輯於清道光間現譜爲光緒二十七年所修凡六卷

附記　其初累世同居至八世後始分居於近地各處復有徙於西渡口平水王壇馬溪柯橋前塢者

富盛童氏

始遷　元時蘭亭書院山長童克謹字仲詳由覆盆橋贅於富盛張氏遂家富盛（今屬袁孝鄉）

先世　童氏之先世居雁門唐時有童宗說者著名臣實録博物記等書時稱東魯夫子其裔良玉仕宣宗朝爲節度使僖宗時避亂始居嵊之游謝鄉至宋天聖間有名敏者官於汴因家汴敏孫宗禮宗敬宗仁從高宗南渡居覆盆橋克謹爲宗仁六世孫

前志人物　童鈺　童煒　童汝槐　童鎮雅　童鎮藩　童嘉誠

家譜　明初金華童常始纂族譜三卷浙江通志經籍門載之清道光二十四年童光鑅重修

附記　克謹十四世孫璜清嘉慶時由進士官禮部主事子光煒光鏃光烈道光間遷錢清

譜爲遷錢清後所修而本於富盛今錢清童氏别爲一族其地屬蕭山　童氏後裔遷徙不

一乾隆間童浩以甥張芹生爲嗣譜名鴻緒後居廣西梧州支派較繁

竹院童童氏

始遷　童薪仕宋爲刑部尚書始居舍浦竹院村今名竹院童屬延壽鄉

先世　童宗説又號南城先生十四世孫頤字元養典郡紹興因占籍爲據采訪謂先自山

西遷嵊縣生四子藻蘩菲薪藻居會稽之南鄉蘩居郡城菲居山陰之型塘薪居舍浦有前

童後童兩派

家譜　作於宋咸淳己已現譜脩於清光緒壬辰

附記　譜載淵源考謂童氏皆推本於老童海内無二系唐太和中南城先生抱道著名大

江以南多其苗裔惟蘭溪童氏同祖南城姓大繁衍有爲章氏後者亦甚昌熾章童無二姓

或以章或以童焉陶石簣作會稽童貞姒傳敘其家世曰童之先實李忠襄顯忠之後避國

仇改童姓望於會稽云云　選舉表中童以炘童璋童振聲皆此族裔

昌安坊童氏

始遷　童桂元泰定間任會稽教諭遂由慈谿遷居昌安坊（今屬城北鎮）

附記　譜未見桂傳十六世美斯清中葉遷新昌光緒己丑舉人童學琦其裔也

桑瀆盛氏

始遷　有譜行宗千者宋南渡時來越爲學官遂居桑瀆（今屬桑瀆鄉）

先世　譜載其先世爲江南廣陵人

家譜　清康熙間抄本

軒亭黄氏

始遷　黄昂清雍正間人由諸暨孝義遷山陰軒亭（今屬城中鎮）

先世　此族爲漢黄香之後香十世孫苾官金陵按察娶浦陽吳氏遂居浦陽晋以後轉輾遷徙至二十八世惠後周末由剡遷諸暨孝義昂爲惠十一世孫

家譜　初成於唐上元乙亥著作郎黄鞹黄門侍郎黄畦最後脩於清咸豐間凡十卷　此譜自軒亭以後各支分徙記載頗詳並錄於後

陳村黄氏

始遷　黄知古子津好古子源由諸暨孝義遷會稽陳村（今屬稽南鄉）

先世 知古好古爲香三十六世孫

家譜 此據軒亭黄氏譜 又陳村黄氏别有譜原本宋嘉熙孝義譜始脩於清乾隆丁卯最後脩於民國壬申

東浦中村黄氏

始遷黄汝礪第二子闓宋隆慶癸未同弟閈闓自孝義遷會稽十三都一圖東浦中村（今屬瀝三鄉）

先世 汝礪爲香三十四世孫

孟葑黄氏

始遷 黄闓宋乾道中贅於孟葑復由東浦中村遷此（今屬袁孝鄉）

附記 其後裔分徙山陰城西前梅江墅張墅不一

西莊黄氏

始遷 黄汝礪第五子閎字克寬宋乾道間自孝義遷穀來復遷山陰西莊（今屬安昌鎮）

附記 西莊黄氏其後分徙西小路九墩福嚴

新司黄氏

始遷　黄萬錦子茂芳原名且魯字子正清康熙初由大路轉徙昌安洞橋等處至康熙三十八年遷新司前〔今屬城中鎮〕

先世　萬錦爲香五十一世孫

附記　今爲司衖黄　以上均采自軒亭黄氏譜

陡亹黄氏

始遷　明中葉封承德郎黄櫟由軒亭遷陡亹〔今屬斗門鎮〕

先世　櫟爲香四十七世孫於軒亭黄昂爲十世

家譜　清初始有輯録現譜爲光緒二十年重脩

前志人物　黄逵　黄其漢

附記　此與軒亭黄氏譜所載相合自遷陡亹後支系分南北二宗　選舉志黄香祖黄壽衮皆其裔

楊望村黄氏

始遷　黄清壹由青田湖遷楊望村〔今屬楊望鄉〕

先世　據采訪亦黄香後由福建遷嵊復由嵊遷紹居青田湖

附記　本村有山名蝦蟆山之北麓有石如羊首望本村故名羊望後改楊望

上坂黄氏

始遷　黄興宗子壼耀由嵊縣遷五雲門外上坂（今屬雙溪鄉）

附記　此據采訪因其宗祠在此故以是稱之有分支在柳橋

駐蹕嶺黄氏

始遷　南宋時黄克進由剡遷紹始居官莊後遷駐蹕嶺（今屬湯浦鎮）

先世　據采訪亦黄香裔

家譜　據采訪家譜始作於清康熙丙寅最近修於民國二十二年惟未徵到

嶺下村黄氏

始遷　明成化間黄巖由嵊縣官橋頭遷嶺下村大梓樹下（今屬柯南鄉）

先世　據采訪黄僧成號雨錢宋時由明經官至兵部左侍郎討平荆南蠻亂封安南將軍

後裔先居嵊邑二十八都宅前莊後遷官橋頭

家譜　始作於雍正乙已最近修於民國十七年未見

外山賀氏

始遷　賀桂昇字月瞻明中葉人始居外山（今屬龍南鄉）

先世　譜載其先爲齊公族慶父之後以字爲氏漢侍中慶純避安帝諱改爲賀氏其譜以晉司空賀循爲第一世世居會稽其第五世瑒字德璉梁天監初爲太常丞六世革字文明梁國子博士七世德仁唐初爲國子祭酒八世知章唐開元中爲集賢學士歸隱鑑湖子申字約文爲會稽郡司馬桂昇爲循後之第四十一世

家譜　清光緒二十二年抄本一册

附記　全祖望逸老堂碑銘及高尙澤釣台記均以德仁爲秘監族祖此譜云七世德仁八世知章則中間尙缺一世又知章子舊唐書名曾新唐書名僧子全唐文紹興府志均作名曾子此譜則名申各不相同　又此族居外山者約僅五十人據云琶山單港有分支（采訪）

華家墊華氏

始遷　華振五元季人始居華家墊（今屬協進鄉）

先世　先世居婺州元末之亂避居紹之肇橋村後遷華家墊尙有舊宗祠在肇橋

家譜　清雍正間初輯後經重修多次惟未送修志會此所據者係采訪稿

茅山葛氏

始遷　葛元亮明初人由上虞贅於會稽茅山（今屬柯北鄉）之馮氏遂家焉是爲此族之

第一世

先世　據譜載其遠祖名源仕於宋仁宗朝子道爲河間守遂居河間道子希堯宣和間進士官崇政殿説書隨高宗南渡仕至端明殿學士其後人遂家於上虞之小南門宋元之際其族頗盛元亮源之十三世孫也

家譜　輯於清乾隆三十四年現譜爲民國二十年所修凡七册

附記　此譜所載遷居記略如居台州者始於縉居嵊縣者始於紱居杭州者始於殷居諸暨者始於河居寧波者始於濱居黄巖者始於甲居奉化者始於賓居象山者始於燦居山陰之天樂者始於異皆遷自上虞者也惟因未列世次故不能詳其遷徙之時代

天樂鄉山頭步葛氏　始祖招字宗定本姓張元侍儀司副使由定興徙居蕭山縣治南街二世素字百始官判納徙居苧蘿鄉東葛衕改姓葛三世道翁官提領徙山陰天樂鄉山頭步清道光間定海殉國之葛壯節公雲飛及選舉表中之葛獻青皆其裔也（采訪）

寧桑鄒氏

始遷　其先世有號北海者譜佚其名約在明隆萬間自瀝海所徙寧桑（今屬馬山鎮）

先世　其遷居以前之世系譜未載

家譜　輯於清咸豐四年現譜爲光緒二十七年所修凡四卷

附記　清雍乾間此族第六世名君華者又自甯桑遷於城之靜林巷　又鄒氏祠堂記云吾族自北海公由無錫遷居會稽甯桑村之鄒家埭而其譜中各敍則均言來自瀝海所不言無錫又其始祖行傳言葬於瀝海西匯嘴則自較無錫之說爲有據也

安城楊氏

始遷　楊伯微字顯父仕宋爲廸功郎監南嶽祠値建炎南渡始家於山陰之安城村（今屬安墟鄉）

先世　譜載系出漢太尉震其十五世孫名鑄者仕唐爲隨州刺史居河南偃師縣鑄之十二世孫延年隱居著書有李唐補錄三十卷行於世延年之子徹爲周殿中侍御史徹之子蕃宋太祖朝仕至兵部侍郎遷居於祥符其子士彥字賓夫眞宗朝仕至給事中二子長曰啓河東轉運使次曰肇敷文閣侍制肇生璞池州通判璞生伯微

前志人物　楊懋經子國柱　楊　賓弟寶（譜作國賓國寶）

家譜 始纂於宋代現譜爲清光緒十八年所脩凡七卷

附記 此族分居之地有安昌姚婆溇匯頭楊破塘丁墟倉塘俞家溇上竈馬山陡亹等處

又有一派居平水其始遷者名亮生爲伯微後之第二十世云

蓬山楊氏

始遷 楊清銘在明之中葉營商於紹始居蓬山〔今屬六合鄉〕

先世 譜稱先世居慈谿

家譜 民國十七年脩凡十二卷

附記 此族之第十一世有名世奕者由蓬山徙餘姚之馬渚故其譜稱馬渚楊氏而留居

於紹興者附之

胥里楊氏 譜載其先世有名存仁者明初爲提舉因其時政繁役重遂與其兄存禮由姚江

雙橋隱於山陰天樂鄉之胥里更姓爲顧故其地亦稱顧家灣〔今屬所前東鄉〕

咸歡河沿楊氏 先世居昌安門外大樹楊港清初有名國相者遷居紹城咸歡河沿〔今屬

城南鎮〕選舉表中之楊燮和其裔也〔采訪〕

山棲賈氏

始遷　賈理一名鼎明洪武季年始居山棲〔今屬所前西鄉〕

先世　其先有名恩字伯齊者宋末人始居諸暨獅子山其裔有名權字易直者徙於蕭山苧蘿鄉青龍埂理爲權之子

家譜　明嘉靖間修淸道光間續修

附記　此族有自山棲復遷於蕭山者有遷於義橋者有遷於臨浦後河兜及河南鄉黄同嶺厝家埭者今住山棲者約二百餘人

迎恩坊賈氏　先世居天台有名廷賢號前溪者始居紹城選舉表中之賈樹誠其裔也迎恩坊今屬城中鎭〔采訪〕

柳橋褚氏　其先有名大福者明中葉始居紹城選舉表中之褚元益其裔也柳橋今屬城南鎭〔采訪〕

漁渡董氏

始遷　董君錫元代人其長子康譜行高二初居石浦後贅於小江南之張家埭張氏遂更其地名曰漁渡〔今屬小江鄉〕

先世　先世居新昌雪竇唐翰林學士名德卿者其第一世也君錫爲德卿後之第十八世

前志人物 董公健 董豫 董復 董玘 董懋史 董懋策 董士宗 董朝憲 董念陛

家譜 清光緒間所修

石厂董氏

始遷 董昆明初人始居稽東今其地名石厂〔屬柯北鄉〕

先世 系出新昌雪竇昆爲德卿後之二十四世

家譜 清光緒間所脩

清潭董氏

始遷 董昷之長子名中立始居清潭〔今屬夏履橋鄉〕

先世 亦出於雪竇

家譜 爲民國十五年所修

五峯董氏

始遷 董俊字用章仕宋爲大理評事因避金兵之亂遷於會稽之五峯村名其地曰董家搭搭者欲暫居而仍歸故土之意也〔今屬三溪鄉〕

先世　系出新昌雪竇

東中坊董氏　始祖佛崗由漁渡遷居旗收嶺其裔鍵由旗收嶺遷居昌安坊又移住東中坊〔今屬城北鎮〕選舉表中之董良玉其裔也〔采訪〕

藥墅董氏　亦自旗收嶺遷居藥墅〔今屬永寶鄉〕選舉表中之董炳南其裔也〔采訪〕

東大池董氏

始遷　董貴字子榮明初爲紹興衛千戶始居東大池〔今屬城東鎮〕

先世　其先世爲高郵人

附記　明初置衛官紹興衛署在府治東洪武十三年立大營於會稽縣治之東北隅以居官與軍之家族東大池昔爲宋理宗同母弟福王府第其地有鼓樓下營門口小教場等名董氏舊均沿池而居

雲門裘氏

始遷　裘尙仕晉爲侍郎義熙間自婺遷居會稽雲門〔今屬朱尉鄉〕

先世　譜載宋大夫〔原注考何氏姓苑裘牧仲衛大夫〕裘牧仲爲其始祖傳十九世睿爲晉大司馬隨父訪居於婺睿從元帝渡江遂隱焉生二子尙向世居江右尙仕晉爲侍郎義

熙間自婺遷會稽雲門卽斗邱傳十八世可喧〔更名承詢〕闔門三百餘口不異炊宋眞宗祥符四年詔旌義門自祥符至嘉泰初又六世子孫蕃衍統世二十五闔族六百餘人聚如故

家譜　民國十七年重修前四卷曰雲門裘氏後十一卷曰嵩灣裘氏今另列於后

附記　尙子分五派仁派名承詢義派名德明居嵊縣崇仁禮派號壽九承事居紹興樗里智派名柄官鄞縣令居慈谿鳴鶴場信派名貽居台州雲門而外又有分支在戒珠寺前三江裘家漊沈村樗里而外又有分支在天樂趙家橋烏石歡潭　當裘氏盛時歷得朝廷旌閥閱巍峩在平水便望見之趙凊獻爲之記元末悉毁於兵

嵩灣裘氏

始遷　明嘉靖間裘仁樸從母胡氏避倭寇由台州偕妯娌來紹居三江裘家漊之對河裏枌周卽蕭家橋之東匯〔今屬嵩灣鄉〕

先世　此爲雲門裘尙信派名貽者之後初遷台州

家譜　此譜前承雲門裘氏清乾隆四十七年修光緒三十四年重修前所載雲門裘氏由此録出

附記　自裏枌周以後子姓遷徙紹地各處如姚家埭之嚴家橋小圜村鮑家村頭蓬靖江殿下之鎮東橋塘下東浦陡亹之萬安橋三江南門馬鞍西塘下城中大營觀音橋水溝營皆是

裘村裘氏

始遷　宋徽宗朝廣西宣撫使裘泰字仲寧先爲東魯青州人遭靖康之難扈駕南渡爲會稽令廣會稽五雲山其地遂名裘村（今屬稽北鄉）

先世　裘泰據譜載爲漢司徒康定二十四世孫

家譜　始作於清乾隆丙寅最後修於民國十五年

附記　此氏亦稱義門裘氏其地同在五雲當與雲門裘氏同一支派

八鄭鄭氏

始遷　鄭休譜行輝一宋孝宗時人子紹旭譜行明十始住雷山（今屬德政鄉）

先世　譜載其遠祖鄭居中宋徽宗朝知樞密院事南渡後世居臨安休其孫也

前志人物　鄭江六

家譜　作於清順治初年現譜爲民國十四年所修凡八卷

附記 紹旭第三子名道見字鳳儀贅於雷山傅氏有子八人後遂名其地曰八鄭按宋史鄭居中字達夫開封人卒謚文正子修年億年皆官至侍從譜未載

橐潭鄭氏

始遷 鄭庭譜行千廿五南宋時始居橐潭〔今屬湯浦鎮〕

先世 譜載其族出自八鄭千廿五者八鄭第二世明十之次子也

家譜 作於清同治五年現譜爲光緒十六年所修凡五卷

附記 按八鄭譜言其始遷祖係來自臨安此譜則言宋嘉定間進士名庭揚者由錢塘徙居嵊之長令越十餘傳有譜行明十者由長令遷居八鄭此不同者一八鄭譜載千廿五名道南字孔傳此言名庭字十五此不同者二八鄭譜載千廿五生於宋紹興間此譜行傳言其生於元代此不同者三想因修譜時各不相謀故所言互異如此

南岸鄭氏

始遷 鄭盛明之中葉人由鄭家墺贅於南岸〔今屬柯南鄉〕馬氏爲此族之第一世

先世 譜載其族亦出鄭居中後居中傳五世名持者居於石广鄭家墺鄭盛其裔也

家譜 民國十九年修凡四卷

山棲鄭氏

始遷　鄭禘字以成明洪武時人由蕭山鄭家衖贅於山棲王氏爲此族居山棲之始〔今屬所前西鄉〕

先世　譜載其先有名嘉言者北宋時人居於蕭山芹泥橋今名鄭家衖子公鱗爲長江判簿公鱗子知微熙寧六年進士禘爲嘉言之十一世孫

家譜　作於明初清道光二十一年續修凡十册

附記　是族分五房今居杭州義橋竹院童者皆二五房所分出計六支

蔣村鄭氏

始遷　鄭時佐明季人始居蔣村〔今屬升南鄉〕

先世　譜載其遠祖名敦仁者宋南渡時因避亂居嵊之長橋其裔名興三者自長橋贅於上虞之梅塢遂家焉又七傳而至時佐

家譜　民國二十一年脩凡二卷

安寧坊鄭氏

始遷　鄭同字德興偕弟瑪字天璧於明宣德間自餘姚遷於城之安寧坊〔今屬城東鎭〕

先世 譜載其先爲閩之福清人宋神宗朝監門鄭俠其族之第一世也

家譜 輯於清乾隆四十四年現譜爲光緒三年所脩凡三卷

附記 其世系圖載同爲俠之五世孫按宋神宗時至明宣德間歷年逾三百何以僅有五世殆難徵信其居餘姚之始亦不能詳是譜爲清光緒初年所修自第一世俠起僅十九世可見所叙世次必有闕誤此族在紹之人甚少譜中所載者九世以後多住嵊縣者也

葉家山葉氏

始遷 葉基行忠三宋咸淳間知南穎府事後歸隱於龍山葉家山者即龍山之改稱也（今屬夏履橋鄉）

先世譜載其第一世葉夢得宋高宗時歷官至崇信軍節度使（宋史列文苑傳）系出天台後居餘姚按宋史夢得爲蘇州吳縣人二世名汝士孝宗時官大理寺卿遷湖州三世逵官刑部尚書四世符理宗時官紹興節判居錢清基爲符之子

家譜 作於宋咸淳間現譜爲清光緒三十一年所修

湖塘葉氏 葉昆字永高號月峯夢得之曾孫仕宋知饒州後徙居越之湖塘爲此族之始今其宗祠中有苕霅分支匾額蓋遷自湖州者也第二世有一派徙慈谿第四世有一派徙錢

塘現住湖塘者約有千餘人錢淸賓舍漓渚型塘下方橋均有其分支家譜已佚此據采訪稿

富陵趙氏

始遷　明永樂七年趙由明字希古由湯浦遷富陵（今稱富盛屬袁孝鄉）

先世　宋太祖子岐王德芳玄孫令賁扈高宗南渡居諸暨楓橋之東化寺孝宗即位以令貴居長封太師以奉德芳祀令貴生八子第八子伯瑙爲監元因贅諸暨長安鄉銀冶王氏遷居大宣生五子季子師善爲太子宮教授其曾孫孟人官訓導遷會稽湯浦生三子長由經遷杭州賣魚橋次由嚴居湯浦三卽由明

家譜　此譜淵源於宋皇仙源積慶圖譜爲宋代御纂自太祖太宗迄於帝昺曰大宋受禪圖并繪各種御印十有六又附陵圖宋景定癸亥燕王德昭派下太祖十一世孫與伺正其名曰慶源譜類淸道光十一年二十六世孫霈霖重脩凡四册

附記　太祖子德昭德芳皆不令終德昭初封魏王後封燕王德芳封岐王德昭長子惟正封同安郡王德芳生三子長子惟英惟英次子從式神宗時封安定郡王厥後互相襲封高宗紹興二十五年以令譔襲安定郡王實德昭玄孫嘗充講和使復歸河以南地後知紹興

府命姪子淪往汴遷父母柩葬諸暨遂家焉　太祖子孫居紹者甚衆而太宗子孫無聞理宗後裔亦絶有趙名實者其後人居曹娥又有趙廣德者明季由富陵遷昌安門外選舉表中趙銘新是其裔

華舍趙氏

始遷　趙由方行昌二元代人由諸暨箬隝遷華舍（今屬華舍鎮）

先世　宋太祖之子德昭其長子惟吉卽理宗之先也次子惟忠傳八世曰希崗官廣東賀州知府與兄希崑同居諸暨延祥寺後遷西安鄉之銀冶希崗長子與伺與伺長子孟淨宋亡隱居越城之南生子三長由方次由心三由德由方始居金華嗣居諸暨箬隝又遷華舍

家譜　此譜原於宋玉牒理宗景定時與伺續脩曰慶源類譜亦曰浚儀趙氏慶源譜至明正德丙子太祖十九世孫行簡又續修曰長泠浚儀趙氏續譜以後增修不一至明穆宗隆慶五年重修始爲華舍趙氏譜現譜則民國五年重修凡二十卷又自二十一卷起至二十四卷爲馬鞍趙氏譜

附記　德昭五世孫令誏知紹興府與姪子嶙南遷諸暨　又有七世孫伯昕爲金人所縶伺守者酒酣舉礧石壓而斃之航海至越復自越之汴與虜遇變姓名詭稱善操舟虜驅所

掠人船俾掌之乃悉令縱釋活者數萬遂奉二親柩還窆於越因居梅墅按趙氏遷紹之人甚衆然無完譜未能詳著於篇茲將太祖至理宗及孝宗世系錄後　又譜載太祖長子德秀次子德昭三子德芳德秀無後德昭二子惟正惟吉惟吉生二子守節守約守約生三子世寵世靜世括世括子令稼令稼子子奭子奭子伯旿伯旿二子師斐師意師意子希瑾希瑾二子長即理宗次與芮與芮子即度宗度宗三子㬎昰昺此是理宗之一系孝宗是德芳後德芳二子惟敍惟憲惟憲子從郁從郁子世將世將子令繪令繪子子偁子偁二子長伯琮次即孝宗孝宗四子長愭次愷三即光宗四恪光宗生寧宗寧宗生埈早卒以理宗爲嗣此是孝宗之一系（按此與宋史宗室世系表所載人名頗有不符錄之以備參考）

馬鞍趙氏

始遷　明萬歷間趙洪知同姪鴻才由華舍遷馬鞍夾竈（今屬馬鞍西北鄉）

先世　趙孟淨子由方始遷華舍洪知爲孟淨十二世孫

家譜　此譜爲華舍趙氏之分支光緒十年修凡四卷

附記　此譜附華舍趙氏譜後選舉表中有趙翰芬是其裔

大坊口趙氏

始遷　趙麒由華舍遷大坊口〔今屬城東鎮〕

附記　譜未見考華舍趙氏譜載有十六世名友鶴又十八世名端如〔清道光間人〕均云遷居紹城未知是此族之祖否又據采訪常禧門外嚴家潭有趙氏宗祠大坊口廣甯橋觀音橋皆其族道光會稽志列傳中之孝子趙萬全省園〔在觀音橋俗稱趙園〕主人趙錯及選舉表中之趙一林趙之謙趙爲霖皆其裔

天樂趙氏

始遷　明庠生趙榮七嘉靖初由山陰華舍遷四十都一圖天樂鄉遂名其地曰趙隝〔今屬所前西鄉〕

先世　德昭之裔由方居華舍由方生三子長宜翕次表一三表二榮七是表二五世孫

家譜　譜六卷初脩於嘉慶二十五年現譜爲民國六年所修

附記　此趙氏與後列天樂胥里鹽地二趙氏是別一支　孟淨生三子由方由心由德由心玄孫志斌志斌生二子璠璦亦居天樂由德居管墅

平水趙氏

始遷　宋南渡時趙宜古字彥德號稽古隱居會稽平水〔今屬平水鎮〕

先世　孝宗子魏王愷愷庶長子攄攄次子與和與和次子孟瑒亦作孟暘官大學士孟瑒生子由達由達次子宜古

家譜　此族支系均本於天樂胥里趙氏譜其譜稱紹縣天樂趙氏宗譜亦沿慶元類譜而成初脩於清康熙二十四年咸豐十年重脩

天樂胥里趙氏

始遷　趙珪字誠齋行廷二明中葉人初居會稽平水贅於天樂胥里李氏後遂居胥里（今屬所前東鄉）

先世　珪爲宜古六世孫

家譜　咸豐十年重脩詳見平水趙氏

附記　珪居天樂胥里堂弟瓚居天樂鹽地別爲鹽地趙氏見後

天樂鹽地趙氏

始遷　趙瓚字肅齋明中葉由會稽平水遷鹽地（今屬所前東鄉）

先世　亦宜古六世孫祖名璧父名叔怡係珪之堂弟因珪遷天樂遂亦遷居於此

值俐坊趙氏

始遷 宋封賀孝敏王趙士夽昭信軍節度使贈太師安化郡王士太兄弟並隨駕南渡居山陰植俐坊〔今屬城南鎮〕

先世 宋太宗第四子元份封商王生子允讓封濮王允讓生二十三子第十三子名曙爲仁宗嗣即英宗第十五子名宗隱封潤王生八子第三子仲麗初授觀察使贈太師追封福國公生十子第七子士夽第八子士太奉濮安懿王祀

家譜 此亦見天樂胥里趙氏譜

附記 士夽次子名不微不微生善磻善磻生汝愚爲右丞相 夽魚吻切音暉

漓渚趙氏 先世住箬簣山有名倫如者始遷漓渚〔今屬集慶鄉〕選舉表中之趙光夔趙林成趙書田皆其裔也

水澄劉氏

始遷 劉文質元大德中以幕官來越始居水澄巷〔今屬城中鎮〕

先世 漢諸侯王之後有望族六曰南華族〔楚元王英後〕曰南陽族〔景帝子長沙定王發後〕曰廣平族〔景帝弟子趙欽肅王後〕曰臨晉族〔廣陵王後〕曰尉氏族〔河間獻王後〕曰京兆族〔景帝子中山靖王勝後〕相傳南陽爲此族之所自出至趙宋時有名基者

以武功著其後名禮者〔即退翁〕徙廬陵爲廬陵族廬陵族之後有名廷玉者元世祖至元間由明經辟爲揚州別駕遂家維揚爲維揚族廷玉二子文質文彬文質以幕官〔司一邑戎事隸於令〕偕文彬來山陰始家水澄巷是爲水港族

前志人物　劉子華子謂　劉謙子疆圻孫鐈鑌　劉謹　劉棟　劉樽　劉永基　劉裁　劉宗周子汋孫茂林　劉充子世學　劉爾郊弟爾圻　劉竟中　劉世鵰　劉正誼子文蔚　劉廷棟

家譜　譜創於元末始遷之時明初復增修而皆不傳明之中葉始有印本及崇禎間念臺先生編定之現譜爲民國二十二年所脩凡十二帙

附記　按譜稱文質偕弟文彬來山陰惟文彬有後與否譜未詳　文質二子長瑞卿次瑞吉長房三傳而絕以次房繼今之水澄劉氏皆瑞吉後也　瑞吉子子方譜行華三洪武中戍貴州之烏撒衛其裔有世居貴州者譜稱貴州軍宗　瑞吉次子子名譜行華五之後徙居夏履橋者其子孫行第皆自爲敘稱夏履橋分宗　此外又有武林分宗始於第六世西小路分宗紫金街分宗始於第九世江橋分宗始於第十一世

華舍壽氏

始遷　壽茂璋宋咸淳間人始居華舍〔今爲華舍鎮〕

先世　其先居河南有名勝者宋元祐戊辰進士仕至御史南渡後家於諸暨最傳至名澤者尙寧宗公主又五傳而至茂璋譜行曾三其兄曾一居諸暨同山曾二居諸暨木陳弟曾四徙蕭山長河頭

家譜　現譜爲民國十四年所修

朱咸壽氏　先世居華舍有名亭表者明代人茂璋後之第七世也始徙朱咸任家橋〔今屬禹會鄉〕其後又徙安昌選舉表中之壽慶慈其裔也〔采訪〕

福彭橋壽氏

始遷　壽肇輝字鳳覽清道光時人始居福彭橋〔今屬城南鎮〕選舉表中之壽丹墀壽鵬飛皆其裔也〔采訪〕

先世　此族爲諸暨木陳分支元季有名建業行昌一者贅於峽山何氏徙戴於山肇輝其後也有兄名肇燗曾住紹城横街弟肇灼徙跨湖橋

家譜　抄本三册

七星街鮑氏

始遷　鮑存齋由安徽歙縣遷紹興七星街〔今屬城西鎮〕
附記　此譜未見據清同治四年鮑臨鄉試硃卷同治六年鮑謙硃卷記之現稱西郭鮑家

高車頭鮑氏

始遷　清乾隆間鮑曾尚曾可以世業浙鹺由安徽新館遷居高車頭〔今屬姚江西鄉〕
先世　齊鮑叔後至晉有名弘者官新安太守傳十世安國隋末佐妻弟汪華保障宣歙杭睦婺饒六州唐追封六州總管府司馬立廟鮑屯明初四十一世正員以父贅於新館曹氏遂家新館至四十八世曰元貞以業浙鹺起家清初充紹所甲商至五十一世光奕均以鹺世其家曾尚曾可皆光奕子
家譜　清光緒元年始脩譜二十八年重修曰鮑氏五思堂宗譜凡八卷
附記　此氏分徙各地甚衆如小皋部姚家埭俞港陳家漊直落泗東竇疆馬山及城中作揖坊觀巷東郭門八字橋皆是

曲屯潘氏

始遷　潘居喬元代入始居曲屯〔今屬繩港鄉〕
先世　據譜載先世爲河南祥符人宋太宗朝忠武軍節度使申國公美其遠祖也至建炎

中其裔有隨高宗南遷者多散居江浙間理宗時有名剛中字純甫者任浙東提刑兼知紹興府事愛其風土遂居紹興居喬其裔也

前志人物　潘朝選子翊青姪翊君孫運昌　潘而杲　潘希淦子尙楫

家譜　清順治間輯現存之本爲道光二十九年所修唯已殘闕

附記　譜載剛中四子文卿武卿斌卿漢卿分仁義禮智四派文卿之後爲仁派居袍瀆武卿之後爲義派居後梅斌卿之後爲禮派居新昌居喬屬於智派漢卿之後也　三湖涇潘氏亦與此族宗支相同〔見此譜所載三湖涇連宗小引〕

闌下潘氏　先世居潘家山有名仕宗者在明代始遷居闌下〔今屬安仁鄉〕選舉表中之潘士林其裔也〔采訪〕

水溝營潘氏　其先有名昇喬者世居山陰前馬村四傳至名士宜者由前馬遷居城之王衙池又三傳至名銑者由王衙池徙水溝營〔今屬城南鎮〕選舉表中之潘梠其裔也〔采訪〕

古貢院潘氏　其先有譜行千三者始居紹城選舉表中潘默潘堯臣潘遹皆其裔也〔采訪〕

蔣塢蔣氏

始遷　蔣洵字誠如明代自諸暨川堂遷會稽蔣家塢〔今屬嶺溪鄉〕

先世　東漢建武時會稽太守蔣鄭字澄康見諸暨土厚遂家於孝義鄉之甯谿至宋有名

紹行千一者遷川堂洵父名覲

家譜　此見盛陵蔣氏譜

盛陵蔣氏

始遷　蔣榮五榮六明宏治中遷山陰之盛陵〔今屬沙北鄉〕

先世　蔣洵孫行敏十二生子行岳五岳五生榮五榮六

家譜　此譜原於諸暨紫嵒川堂蔣氏宗譜爲漢蔣鄭創作永和十年後裔肇德建二重修

有王羲之序近譜修於清光緒十四年凡二十四卷

附記　蔣氏來自諸暨其由諸暨分徙來紹不一派今據川堂譜所載錄之於下　蔣正發

字春榮居山陰歡潭　蔣可期明嘉靖中居山陰廟隖其分支有名廷良者居府城斜橋

蔣秀賢子思忠思友居山陰社浦

安昌蔣氏

始遷　蔣禹原名舜卿字聖臣由盛陵遷安昌〔今爲安昌鎭〕

先世　禹原是榮六第七世孫

附記 此據盛陵譜

南樗蔣氏

始遷 明都巡招討使蔣貴元子守兆行萬八由諸暨靈泉遷會稽南樗〔今屬升南鄉〕

先世 蜀蔣琬十八世孫乂唐德宗朝官集賢院學士乂八世孫士宏後粱官承德郎傳四世名朝忠者居浦江橫山朝宗玄孫昌朝遷諸暨靈泉貴元昌朝後也

家譜 宋翰林學士蔣重珍始作譜現譜脩於清光緒壬寅凡五卷

附記 由諸暨遷會稽者尚有蔣村蔣氏其始祖陳宗與守兆爲兄弟行

蔣村蔣氏

始遷 洪武初蔣陳宗行宗七由諸暨七里遷會稽朱村後以朱姓式微蔣姓滋大遂名蔣村〔今屬升南鄉〕

先世 其先聚族汝南隨宋室南渡始至無錫繼徙蘇溪分徙諸暨七里

家譜 作於清乾隆庚子現譜爲民國七年脩

細盤蔣氏

始遷 蔣公華清初人始居細盤〔今屬升北鄉〕

先世　系出南樗蔣氏其先名守兆有孫三人昇昱昇昱再傳曰權七權七又四傳爲公華

家譜　民國九年脩凡三卷

附記　守兆孫昇遷大广

蔣家竣蔣氏

始遷　蔣敬一字觀昇明代人由諸暨遷蔣家竣（今屬東合北鄉）

先世　先世居婺源縣鄉有名儼者其族之始祖也儼後二十二傳至名蕃者宋德祐二年遷居諸暨之三塘又九傳而至敬一

家譜　抄譜一册

附記　此族有分派在張墅及魯墟

單港樊氏

始遷　樊廓字可儀譜未載時代以世次攷之約在宋元之際由會稽之雞山遷於單港（今屬繩港鄉）

先世　此族先世爲南陽著姓其舊譜以漢光武時樊重（字君雲）爲第一世至三十五世世昌宋時官集賢學士隨高宗南渡遂居臨安三十六世佾爲紹興判官子用卿居會稽之

雞山又三傳而至廊

前志人物　樊廷簡　樊廷緒　樊廷獻　樊廷筠　樊廷枚

家譜　輯於淸康熙間現存之本爲雍正間所續錄鈔本一册

附記　按用卿之孫名竺三子長廓仍居雞山次庭字可容元代進士居松林廊其幼子也

雞山松林之譜未見附記於此

江頭諸氏　先世居餘姚有名彥明者明初人其第一世也後有名際者由餘姚徙山陰又有名儁者始居江頭村〔今屬柯橋鎭〕其分支居阮社〔采訪〕

南池村諸氏　其先有名士吉者元順帝時官萬戶爲南池〔今屬朱華南鄉〕諸氏之第一世

選舉表中之諸涵淸諸鈞諸奉三皆其裔也〔采訪〕

獨樹村滕氏　相傳其族爲漢太尉滕胤之後胤因漢末之亂避地會稽居於獨樹〔今屬東湖鄉〕其地祠墓猶在子孫分四派一在嵊縣淸咸豐己未舉人滕金鑑見嵊縣選舉志即係此派但仍住獨樹唯學籍在嵊一在河塔一在上虞嗣於高姓一即在本村僅二十八家

洪楊之後家譜已佚此據采訪稿　按胤字承嗣北海劇人以世亂渡江依劉繇其時年甚少後事孫權歷官丹陽吳郡會稽太守孫亮時仕至衞將軍非漢太尉也事見吳書本傳唯

順帝時滕撫亦北海劇人平東南諸賊及論功當封太尉爲胡廣所阻亦未爲太尉也見後漢書撫傳所稱太尉蓋出附會

皋部魯氏

始遷　魯頌宋咸淳間進士仕至翰林學士始居皋部西甫（今屬皋部鎮）

先世　魯氏舊譜以宋開寶九年進士官翰林承旨名居仁者爲其遠祖世居汴梁子宗道咸平二年進士參知政事後居亳州爲亳州始祖其五世孫名雲者建炎間官兵部員外郎偕從弟雷隨宋室南渡居於秀州雲之四世孫名圭者淳祐間舉賢良監山陰鹽酒稅遂居會稽雷之孫翊淳熙間官紹興鈐轄遂居山陰此雲與雷後人各居山陰會稽之所由始頌圭之曾孫也

前志人物　魯頌　魯元寵　魯元錫　魯元凱　魯超　魯曰都　魯器　魯仁　魯曾煜

家譜　老譜輯於宋祥興元年現譜爲清宣統元年所脩凡十卷

附記　山陰之魯其始遷早於會稽之魯七十年此譜亦附載其世系至雷後八世而止以下均注居餘姚　此譜備考又云西甫之魯止與上灶同宗其餘如笆裏南坂腰鼓山上蔣

魯家涇水笆大約均係東魯謂之鰻池魯又有黨山馬山鶴市橋倉塘義橋銀山壩諸魯宗支不一不能備悉云云此係明崇禎九年時所記也今觀此譜所載後裔分遷之地尚有東關白米堰龍王塘柯橋蒿壩及蕭山福建等處蓋均係明代以後所遷也

井巷蔡氏

始遷 蔡恭政明隆萬間由諸暨遷紹興井巷〔今屬城中鎮〕

附記 此氏無譜僅一抄本記載甚略其後裔分居筆飛衖選舉表中蔡銘恩蔡元培皆其裔

項里錢氏

始遷 錢椿字永嘉號竹屋元初入由諸暨之江藻徙於項里〔今屬六合鄉〕

先世 其譜以錢武肅王鏐爲第一世武肅孫忠懿王俶之後有名浩者其第九世也爲諸暨之楓橋驛丞後隱於長阜鄉招賢里子孫緐盛建宅有十里許今名九里塢即其地也再傳至椿

家譜 作於明初現譜爲清光緒三十二年所脩凡十一卷

附記 譜載椿贅於山陰全氏而項里之翠峰山爲宋理宗母全氏葬處遂居焉再傳之後

分爲三支其族在明代多以武職顯

濱渚錢氏

始遷　錢伯榮清初人順治間由柯橋贅於濱渚周氏遂家焉

先世　譜載先世居濱舍繼遷柯橋又分居於仁讓堰而濱渚之族則以伯榮之祖仁德號環周者爲第一世

家譜　作於淸嘉慶十七年現譜爲民國十一年所修凡一册

附記　按民國十三年錢文選輯錢氏家乘錄在紹興之錢氏有項里濱渚兩派濱渚派始祖仁德明嘉靖間人卽武肅後之第二十世　又此族之裔有遷於龍尾山福船山等處者

昌安錢氏

始遷　錢伯英仕元爲提領由嵊縣徙紹興之昌安門外（今屬昌安鎭）爲此族居紹之始

先世　譜載其先來自嵊縣武肅王之孫忠遜王弘倧之後也伯英爲忠遜之十三世孫其父譜行端三故此譜以端三爲第一世此族經洪楊後子姓散處因昌安爲其始居地故曰昌安錢氏選舉表中之錢繼勳錢世淸錢繩武等皆其裔也

前志人物　錢師義

家譜　作於清道光二十四年至同治十一年續印凡六册

附記　此譜第六册所載者爲武肅王祠堂志祠在上望坊　按錢氏家乘所載嵊縣錢氏有剡源鄉古竹溪長樂鄉三派其支祖皆爲忠懿王俶唯此族爲忠遜王裔

王府莊錢氏

始遷　錢本立字道生明代人始居王府莊（今屬賀湖鄉）

先世　錢忠懿王俶之四世孫有名積者仕宋爲無爲軍通判南渡後居天台孟岸積生介之介之生植淳熙初由天台徙嵊縣長樂鄉六傳至本立由長樂徙王府莊

家譜　鈔譜二册

附記　此族現有三百餘戶一千一百餘人分徙道墟者四五十戶上虞章家埠者約二十戶

尙巷村駱氏

始遷　駱啓寧明正德間人由諸暨之楓橋遷於尙巷（今屬永寶鄉）

先世　按嘉泰會稽志駱氏之望實出會稽與虞夏茲資四姓並稱又引姓苑云吴有東陽駱統唐駱賓王望出河南會稽茲據譜載其先世居陝西漢時有仕尙書郎名雍臨者因避

梁冀之禍徙居吳之烏傷（卽今義烏）至唐時其裔有名衞淇者卽賓王之父就所居植梅後遂有梅林駱氏之稱宋時有名文朋字有信者因避金人之亂由義烏遷諸暨之楓橋啓寧文朋之裔也

家譜　民國十五年修

駱村駱氏

始遷　駱瑄明初人與弟璉自楓橋遷駱村（今屬東仁鄉）

先世　與尙巷之駱同出於楓橋瑄爲文朋之十世孫

家譜　作於淸嘉慶間現譜爲民國十七年所修凡四卷

附記　文朋此譜作十朋行百十九瑄之後爲上宅璉之後爲下宅

駱家葑駱氏　此族亦遷自楓橋現有二百餘家南池謝墅江家漊均有分支有宗祠在駱家葑（今屬朱華東鄉）無家譜此據采訪稿

孟葑謝氏

始遷　謝善現字子名行尙三元末人世居紹城水溝營贅於孟葑孟氏遂徙孟葑（今屬袁孝鄉）

先世　譜載系出陳郡晉國子祭酒謝衡因避永嘉之亂始遷始寧（今上虞）即所稱東山世系之第一世也二世裒晉太常卿三世安晉太傅謚文靖弟萬晉淮南太守安子琰琰子峻峻死於孫恩之亂無子以萬之曾孫密爲其嗣其第六世也傳至第三十二世名波者南宋時人始居會稽浸池波之長子崑居山陰水溝營又四傳至尙三實衡後之第三十七世也

前志人物　謝啓廷　謝士敬　謝祖悌

家譜　清光緒十年孟葑派之遷於蘇州者所輯凡六卷

附記　按此所據者爲明景泰間孟葑支謝鈍（字思難）據宋元本所纂録之東山世系圖所謂思難本是也崇禎間謝弘儀（字寤雲萬曆庚戌武科殿試第一）所修者則稱弘儀本其書今未見僅於商氏家譜中見商周祚所譔序文末言祚曾大父太僕公（即商廷試會稽志選舉表作謝廷試）從襁褓中出繼舅氏謝一峯公（名友）爲嗣至嘉靖戊子科與謝刑部公（即謝紘）同登鄉薦後先成進士後雖迫於公議復姓歸宗而曾太母陳太淑人終懷舊德立誓不從遂與謝刑部公相期而卜居於石童里之八字橋焉云云録之以誌謝氏八字橋之始

漫池謝氏

始遷　謝波字行瀾行萬十七南宋時人始居漫池〔今屬皋埠鎮〕

先世　據孟葑謝氏譜所載漫池本世系與菖蒲溇譜同亦以漢尚書郎煚爲第一世至第三十二世而至波說見菖蒲溇謝氏附記下

家譜　漫池譜未見此係據孟葑派蘇州刻本凡一册

東竇疆謝氏　先世與漫池之謝同有譜行萬二者由嵊縣烏坑徙於上虞新街口其裔名行簡自上虞徙竇疆此族之第一世也行簡子惟震惟震子恩恩子澤字時用號雪舟明永樂戊戌進士正統十四年授通政使提督居庸白洋等處三十六關遇敵戰歿賜謚忠節今其宗祠稱謝忠節公祠忠節之後如謝儼謝元順舊志中皆有傳現其裔住竇疆者約千餘人嵊縣皋平陶家埭等處皆有分支其家譜未見此據采訪稿

菖蒲溇謝氏

始遷　謝中行號草庵宋末人由會稽荷花溇遷於後石瀃亦名玉笥里石泗村其居環水遍植菖蒲故後人名其地曰菖蒲溇〔今屬感鳳鄉〕

先世　譜載其遠祖爲漢會稽郡掾鉅鹿太守謝夷吾其子名煚字孔光建安中爲尚書郎

爲其統譜之第一世二世承三世勗四世纘五世衡六世裒七世安八世琰九世峻十世密十一世莊十二世淪淪有四子覽玄大旻舉居菖蒲溇者覽之後居孟葑者舉之後也故淪以後之世次與孟葑謝氏譜頗有異同傳至第三十一世名階字進齋宋時由進士爲上饒尉堦子中行

家譜　輯於宋末明代重修數次現存抄本凡二册

附記　譜載煚爲孫權妻父世居會稽按三國志吴主權謝夫人傳煚會稽山陰人漢尚書郎而謝安謝萬見於晉書南史諸傳者均稱陳郡陽夏人東山志載安祖衡晉太康間來寓於越之始寧是則煚爲會稽派安萬爲陳郡派判然兩支也故明初孟葑譜所載東山西系圖斷自衡爲第一世與會稽派不相牽涉

安昌謝氏　此爲菖蒲溇謝氏之分支有名安緒者始遷紹城南街至第六世名遐齡字雀年者因清咸豐辛酉之亂徙居安昌而其弟增齡則仍居紹城其譜以安緒爲第一世居安昌起已五世矣譜係民國元年修鈔本兩册

松鱗薛氏

始遷　薛智字承原明初官諫議大夫從建文帝遁跡江湖居山陰之松鱗村（按嵩臨朱

氏譜松鱗應作嵩臨今屬會龍鄉〕

先世　其先世不可考相傳世居山西龍門縣之東鄉智父曰提領公亦不詳其名字元末鼎革流離無家智娶松鱗季氏隱姓名號雪頭陀

家譜　清康熙十八年始作譜最後修於同治十二年

前志人物　薛綱　薛篴　薛應聘子國韜　薛允勛子勷　薛人鳳

附記　薛智子字耕隱生二子松隱竹隱皆隱居松隱居村東竹隱居村西遂分東西兩房

一說雪頭陀爲建文從難之臣按史仲彬作致身錄詳載建文從難諸臣姓名有中書舍人郭節號雪菴時稱雪和尚此譜所云雪頭陀不知是一是二

舜帝廟下鍾氏

始遷　鍾僎字世榮宋時爲承事郎仁宗慶曆中由會稽學前闞雞塲遷於舜帝廟下師山〔今屬湯浦鎮〕

先世　其先世爲池州之銅陵人有名文珍者唐末避亂徙於會稽僎其裔也其譜以僎爲第一世

前志人物　鍾夢熊　鍾之模

家譜　作於宋淳熙間現譜爲清光緒二十七年所修凡十四卷

附記　譜言舜帝廟即其始遷時所修建舊有慶曆四年之額師山者其地有清泰僧舍則爲僎之六世孫上珍請朱晦菴講學處舍後有山如屏障名之曰師以示仰止之意同時學者亦稱上珍爲師山先生云　此族在本邑如坳原下穴托潭倉塘陳家墺豐樂橋下蔣村蔣家山長壽寺東吳融後鍾上閘舒家陡塘頭宅樣南堡涇港等處皆有其裔

則水牌戴氏　其先有名勤厚者清初由則水牌〔今屬會龍鄉〕遷居單港後又由單港遷居東郭門內選舉表中之戴堯臣其裔也〔采訪〕

羊山韓氏

始遷　韓皓於元仁宗延祐五年由柘林遷居羊山〔今屬齊賢鄉〕據其舊譜所載韓膺冑之裔於明嘉靖間亦有遷居羊山者是爲後韓系

先世　據譜載其族爲宋忠獻王琦之後忠獻四世孫肖冑光宗朝知紹興府偕弟肯冑膚冑膺冑始居於越城肖冑之四世孫商由城遷居柘林〔譜載膺冑之九世孫悅心亦徙柘林故柘林有二韓之名〕商八傳至儲問儲問生皓〔按譜載商生於淳熙四年皓生於景炎二年其間相去百年何以有八九世之多其世次殊未確〕

家譜　民國十八年修凡四集

附記　韓氏自漢而後分爲四系曰南陽卽三原韓氏也曰昌黎卽相臺韓氏也曰潁川卽桐木韓氏也曰陽夏卽匡城韓氏也宋嘉祐間忠獻王琦奉其八世祖朏爲遷相州始祖創訂相韓世譜幷自敍其譜云琦家本深州博野人也故相州之韓實出於昌黎亦卽相韓之名所由來又全謝山戴山相韓舊塾記云宋之二韓並盛其一爲南陽桐木之韓則持國父子兄弟是也其一爲相韓則忠獻父子是也相以地稱桐木以樹稱各從其望言之也今吾邑韓氏皆出自相韓元穆（卽肖胄）兄弟故居在臥龍山之麓宗祠在東光坊以忠獻爲一世祖世稱越城韓氏如宋末之韓翼甫元之韓性韓唯仁明之韓宜可韓邦問皆其裔也此譜言越城老譜已不可得故附之於此　又據此譜所載謂尚有陶里八字橋之韓因其世系不同則書作韓字以別之謂之攩乂韓又有居同村五編之韓以其係朱姓入繼則書作韓以別之謂之牛頭韓云

八字橋村韓氏　其先有名遺安者由紹城西小路遷居八字橋村選舉表中之韓嗣文其裔也（采訪）

板橋村魏氏

始遷　魏玉麟譜行明三仕元爲鹽運使同知始居板橋村〔今屬柯橋鎮〕

先世　其先有名矼者隨宋室南渡〔按宋史魏矼傳矼字邦達和州歷陽人唐丞相知古後〕官殿中侍御史致仕後隱居紹興爲此族來越之始玉麟矼之裔也

家譜　清嘉慶十三年輯鈔本六卷

附記　其宗祠係奉魏仁浦爲一世祖按宋史仁浦字道濟衛州汲人石晉末隸樞密院爲小史周世宗時仕至檢校太傅宋初進位右僕射卒謚宣懿弟仁滌子咸美咸熙咸信咸熙子昭慶昭文昭素咸信子昭易昭亮昭侃昭亮子餘慶故嘉慶間纂譜時其宗祠世次已有三十餘世與譜列世次不同

傖塘羅氏

始遷　元至正間羅氏有譜行惠二者由羅村遷於傖塘〔今屬長松鄉〕

先世　據譜載其先世爲江西吉水人宋初有名仲者〔譜稱仲廿二公〕始居會稽之羅村爲此族之第一世其第三子譜行九三惠二者九三之裔也

前志人物　羅萬化　羅元賓　羅庭儀　羅震㟶

家譜　輯於清康熙三十七年凡二十卷抄本

附記　徐山舊譜敍有仲爲三國時人之説此譜所據者則因延安寺碑記有云宋建隆元年羅仲捨山而建寺一語故定爲宋初人　此譜又云羅氏晉以後遷居越者有數支其一爲晉中散大夫含之孫襄陽太守祐如唐襄陽縣男珦散騎常侍讓宋臨江侯開滿皆其裔也其一爲唐給事中隱因守墓居會稽其一隱之後宋宗政少尹仲舒致仕居紹興鴻禧觀其一宋豫章先生從彥子譜行廿三南渡後居會稽其一宋將樂令彥温攜子姪居山陰其一卽此族也

徐山羅氏

始遷　羅賢明宏治間人由雲門廣跡橋遷居徐山（今屬雙山北鄉）

先世　此族亦爲羅仲第三子九三之後惠二之兄惠一子順六居杜浦順六之裔名敖居雲門廣跡橋賢敖之孫也其譜亦以仲爲第一世

家譜　輯於清乾隆四十三年現譜爲光緒十四年所修係抄本

附記　據此譜有羅珦羅開滿舊序皆以仲爲始祖並云仲於三國時由豫章遷會稽又其世系圖略云祠内始祖仲廿二公之後直接九三公者因其世遠年湮其中恐未詳考姑闕疑也然則仲爲宋初人與三國時人尙二説並存未能確定

費墅嚴氏

始遷　嚴杰字福山明宣德間自會稽之綀塘贅於費墅〔今屬陶堰鄉〕張氏遂家焉爲此族之第一世

先世　譜載系出漢嚴子陵本莊氏避漢明帝諱改今姓居餘姚蘭風鄉其後遷徙不一有住上虞嚴王頭者其族頗盛綀塘其分支也

家譜　鈔本一册

附記　嚴大成號旦生清乾隆間人杰之八世孫也幼失怙依外家三江韓氏爲分支三江之始

珠巖嚴氏　其先有名宗嶽者由湖塘遷於珠巖村〔今屬禹會鄉〕其裔名起鰲字子占由珠巖遷於紹城選舉表中之嚴嘉榮〔事蹟載平湖縣志〕嚴壽鶴其裔也〔采訪〕

張溇譚氏　先世居河南徙越年代不詳選舉表中之譚廷襄譚寶琦皆其裔也〔采訪〕

寺東顧氏

始遷　譜載其先有行乾十五者爲寺東顧氏本支之祖〔寺東今屬六社鄉〕

先世　譜載宋哲宗時有譜行遷六者自嵊之顧港授徒至上虞之西華里遂居焉明成化

間有顧鑄者居常熟合脩吳越顧氏宗譜以在浙者爲越南派在吳者爲吳北派

家譜　作於明洪武間現譜爲清宣統三年所修

附記　顧氏之先有名奇勳號虎臣者當明魯王江上建國時曾結寨四明山與浙中義師相應晚年歸寺東購地建宗祠有格思堂額係其手書

安昌顧氏　亦出於上虞之西華里明宏治間有名巘字民陟者由西華遷居山陰之安昌其後又有居城之長安橋河沿者選舉表中之顧廷綸顧純慶顧慶章顧家相顧迪光皆其裔也〔采訪〕

蔡家塿顧氏　此族之先與寺東顧氏同譜行官一者西化之始也譜行官二者〔此與寺東譜不同〕寺東之始也譜行官三者蔡家塿〔今屬上竈鄉〕之始也至今已二十世有祠無譜〔采訪〕

酈家埭酈氏

始遷　酈紹文宋南渡時官翰林學士由維揚徙越葬會稽之義安鄉卽今酈家埭〔今屬姚江東鄉〕爲此族遷越之始

先世　譜載唐揚州刺史酈昶爲此族之第一世傳十七世至紹文

家譜　清光緒二十九年修凡二册

附記　紹文之後分會稽諸暨蘭谿台州四派其在會稽者本居於酈家埭至三十五世國樑清初徙居於城之縣西橋爲其城中支之始祖據其譜敘言自元迄明中經兵燹年湮代遠遷徙不一譜系失考頗多故是譜自三十五世國樑後所載者僅城中一支及新河衖分支而已其原住酈家埭者雖人口多於住城者數倍而詢其所自大都茫然故不能詳也

鄒家葑鐵氏

始遷　鐵仁初清乾隆時人居鄒家葑〔今屬朱華東鄉〕

附記　此族相傳爲明山東布政使鐵鉉後來自何處不詳仁初子元炳元炳子謝元南門外之王家葑昌安門外之謝家岸頭皆有其族人

大路司馬氏

始遷　司馬伋宋時官吏部侍郎建炎南渡寓會稽子孫散居各處因今大路有司馬文正公光祠故稱大路〔今屬城北鎮〕司馬氏

先世　宋司馬政第三子炫炫子池池子光仍爲光曾孫自晉司馬孚子大槐小槐始居安邑後魏太和中析安邑置夏縣遂世爲夏縣人宋熙寧中光始居洛明嘉靖間光十六世孫

章命其孫晰攜眷歸夏守墓故一支今在夏縣

前志人物　司馬相　司馬恂子垚　司馬亜

家譜　始修於司馬政最後爲清雍正間司馬灝文重修至光緒十八年灝文七世孫滄重修

附記　譜載大路司馬文正公祠明代敕建景泰時又奏請重修至清乾隆間以地售於藥業會館祠基僅存十之一又灝文重修譜云距光十世其子孫已不過二百餘人迨滄修譜則子姓益稀　又云山左魚臺縣有馬姓千餘人亦稱光後或云因宋時避黨人之禍故去司存馬

羅漢橋聞人氏　先世居餘姚之襲桂坊明季遷紹城之開元衖至清康熙間始分住禹蹟寺前羅漢橋〔今屬城南鎭〕山陰志列傳中之聞人詮聞人棠及選舉表中之聞人集聞人景聞人熙皆其裔也〔采訪〕

氏族上 補遺 補氏族上第十二頁後幅十二行後

桑瀆平氏

先世居河南宋南渡時徙浙之山陰石泗村至明萬歷初有名適直者由石泗遷居桑瀆其族之譜未見此係據清乾隆間張坦熊所作譜序〔采訪〕

校誤

氏族上

第一頁後幅第十行　字開宗　字誤宇

第一頁後幅第十一行　孔昭冕　昭誤照

第四頁前幅第二行　王氏　氏誤氐第六頁前幅第十四行同

第六頁前幅第九行　糧料　料誤科

第六頁後幅第一行　王會澧　澧誤灃

第九頁前幅第十二行　又傳　又誤六

第十六頁後幅第六行　十世孫　世誤四

第十六頁後幅第十二行　楊吳　楊誤揚
第十六頁後幅第十三行　松巖里　漏松字
第十八頁前幅第十一行　己酉拔貢　己酉二字衍
第十九頁前幅第三行　汝彊　彊誤疆
第二十頁前幅第八行　至第八世　至誤志
第二十頁前幅第十二行　東浦前村　浦誤關第十四行同
第二十一頁前幅第五行　韓城　城誤成
第二十一頁前幅第十二行　德祐　祐誤佑第四十五頁前幅十三行淳祐亦誤佑
第二十二頁後幅第一行　雙山南鄉　漏南字
第二十二頁後幅第五行　何嘉祜　祜誤祐
第二十三頁前幅第四行　遷山頭　遷誤選
第二十四頁後幅第九行　郭婆漊　婆誤娑
第二十五頁後幅第三行　知孝　孝誤李
第二十六頁後幅第五行　宋神宗　漏宋字

第二十六頁後幅第十行　沈繼祿　祿誤錄

第二十七頁前幅第六行　沈繼先　先誤光

又第十四行　賞祊村　祊誤枋　以下均應改枋爲祊

第二十七頁後幅第六行　家譜二字　應低一格

第三十頁後幅第三行　先世　世誤始

第三十一頁前幅第三行　青城山　城誤峨

第三十四頁前幅第二行　胡大海　胡誤明

第三十五頁前幅第十二行　張溇支　漏張字

第三十七頁後幅第四行　中葉　葉誤棄

第三十七頁後幅第十行　始徙　始誤遷

第三十九頁後幅第一行　友竹　友誤及

第四十一頁後幅第三行　第二居名翰　衍一名字

第四十二頁前幅第十二行　金治良　漏金字

第四十二頁後幅第十一行　金懷三　懷誤惊十三行同

第四十四頁前幅第十二行　其裔也下　漏〔采訪〕二字

第四十四頁前幅第十三行　謚忠獻　誤字恭獻

第四十四頁前幅第十四行　遷東仰坊　遷誤選

第四十四頁後幅第九行　鄱陽　鄱誤番　又同行大學士之大字衍

第四十五頁前幅第八行下　有脱簡五行補錄於左

家譜　作於清康熙三十二年現譜爲嘉慶十八年所修凡五册

附記　其譜附載豫章原譜以漢渭城令胡建爲始祖以後支派甚衆胡忠簡爲南支之廬陵派故此族亦本於廬陵又其譜序言忠簡之裔紘由餘姚居於會稽之樊江紘之裔貴一徙諸暨貴二徙曹娥貴三徙張漊貴四貴五居樊江貴六貴八徙中梅貴七徙後梅貴九徙袁川其後又有居羅家莊羅門坂瓦窰頭廣稜者皆其同派也

第四十五頁後幅第六行　文籍　籍誤藉

第四十六頁前幅第九行　第十二世下　漏昌字

第五十頁前幅第六行　郡城下　漏支字

第五十頁後幅第十四行　士鉞居大雲橋雲誤善

第五十一頁前幅第五行　四斐　斐誤裴　里許　許誤計

第五十二頁後幅第三行　毋氏　毋誤母

第五十三頁前幅第四行　徙紹城　徙誤徒

第五十四頁前幅第十四行　吏部　吏誤史

第五十五頁前幅第六行　鴻漸　鴻誤鳳

第五十五頁前幅第九行　家譜下　應空一格

第五十六頁前幅第三行　柯橋鎮　漏柯字

氏族下

第一頁後幅第六行　秀徐淒　漏秀字

第四頁前幅第十四行　蓋嵊譜　漏嵊字

第十頁前幅第六行　章懷德　懷誤懐

第十頁後幅第十行　偁山　偁誤稱

第十一頁前幅第十行　又六傳　又誤之

第十八頁後幅第十二行　陳籥　籥誤蕭

第二十一頁後幅第十四行　前志人物　應低一格
第二十三頁前幅第八行　陳其閎　閎誤閑
第二十四頁後幅第七行　善之後　善上漏明字
第三十頁後幅第五行　始遷下應空一格
第三十二頁前幅第十二行　華能五　能誤振
第三十六頁後幅第十二行　馮氏　馮誤馬
又　又　第十三行　鄭盛　鄭字衍
第三十七頁前幅第四行　公鱗　鱗誤鳞下同
第三十八頁前幅第十一行　類譜　誤譜類
第三十九頁後幅第一行　趙騏　騏誤麒
第四十一頁後幅第二行　再傳　再誤最
第四十三頁後幅第九行　洪武上漏明字
第四十七頁前幅第九行　士朋　士誤十
第四十九頁後幅第九行　韓晧　晧誤皓

第五十頁前幅第十行　攩乂　乂誤乂

第五十一頁前幅第三行　祜　誤祐

第五十一頁後幅第七行　曰生　曰誤旦

第五十二頁後幅第十三行　伋誤仍

紹興縣志資料

第一輯　選舉

李生翁題

中華民國二十七年七月

紹興縣修志委員會刊

選舉表上

清	薦辟	進士	舉人	貢生	武進士	武舉
順治二年乙酉			章雲鷺山陰人見進士 徐化龍山陰人見進士 胡兆龍山陰人見進士 王之鼎山陰人見進士 葉獻章山陰人工部主事 王士驥會稽人見進士 金昌允會稽人海甯州學正原名昌胤府志作昌尹	陸用之會稽人 朱兆相山陰人恩貢 陶淶會稽人州判 陶允敾會稽人平陽縣訓導		胡定遠山陰人見武進士北籍 王紹菁會稽人昌平州協鎮 薛國初山陰人北籍象山縣大賴山參將

陸華疆 會稽人見進士

陸嵩 會稽人見進士

陳鋶華 山陰人太平府教授

潘默 山陰人績溪縣知縣

姚工亮 山陰人

以上十二人皆順天中式

三年丙戌

徐化龍 山陰人鹽運使

胡兆龍 山陰人寄籍大興國史院學士

陸嵩 會稽人寄籍宛平庶吉士

王士驥 會稽人寄籍大興御史

張期振 山陰人遂昌縣教諭

龔勳 山陰人見進士

趙陞 會稽人通志作趙陛

范進 會稽人科名錄作仁和籍見進士

王文明 山陰人訓導府志作教諭在元年者誤

胡定遠 山陰人德州守備

沈懋兆 山陰人楓嶺參將

石中玉 會稽人

石磊儒 會稽人

陸華疆 會稽人寄籍昌平知縣

以上傳以漸榜

范礽 會稽人廣信府同知

唐允思 會稽人慶符縣知縣

俞有章 會稽人禮部員外郎寄籍錢塘

祝兆烶 會稽人常山縣教諭

茹鄂侯 山陰人順天中式旌德縣知縣

方希賢 山陰人見進士順天中式

王學樓 山陰人順天中式

徐兆行 山陰人順天中式

徐兆舉 山陰人見進士順天中式

胡昇猷 山陰人順天中式見進士
葉茂桂 山陰人順天中式
王名世 會稽人順天中式
謝　泰 山陰人見進士
丁同益 會稽人見進士

四年丁亥

徐兆舉 山陰人寄籍大興知府
胡昇猷 山陰人寄籍大興刑部尚書
王之鼎 山陰人寄籍宛平祁縣知縣
章雲鷺 山陰人寄籍宛平督捕侍郎

余　恆 山陰人監貢知縣府志作俞恆○按是年詔歲貢首名次名並准貢
徐化成 會稽人恩貢湖廣巡撫
周懋龍 會稽人恩貢
史在德 會稽人恩貢

茹　羆 山陰人見武進士
戴天模 山陰人見武進士
陳紹斌 會稽人
陶子元 會稽人見武進士
陸元文 會稽人

堵庭棻 山陰人歷城縣知縣

丁同益 會稽人寄籍昌平同知

姚章楷 會稽人寄籍杏山鄆城縣知縣

以上呂宮榜

劉宗明 會稽人拔貢德化縣知縣

葉廷樞 會稽人府學恩貢莘縣知縣

范　祝 會稽人拔貢

五年戊子

王慶章 山陰人見進士

周沛生 山陰人見進士

繆徵尹 山陰人寄籍錢塘

馮肇栴 會稽人見進士

王　褒 會稽人知縣

茹　鉉 山陰人見進士

吳王朱 山陰人監貢

李　宗 山陰人

傅　臚 山陰人拔貢敍州府通判

王朝宗 山陰人臨洮府同知

徐名世 會稽人拔貢

姜廷櫆 會稽人副貢上元縣知縣

吳孟琦 山陰人

周　晟 山陰人

陳錫華 山陰人見武進士

盛其德 山陰人見武進士

唐賡堯 會稽人見進士

徐兆慶 山陰人順天中式

周禮 山陰人同州知州順天中式

張舜舉 山陰人見進士順天中式

黃中璜 山陰人順天中式咸陽縣知縣

阮標 會稽人順天中式

陶澄齡 會稽人順天中式

陳南耿 山陰人山東中式

鍾聲之 會稽人見進士

傳列張 會稽人

劉宬世 會稽人

駱復旦 山陰人拔貢崇仁縣知縣

六年己丑

王慶章　山陰人布政使參議

童欽承　會稽人兵部員外郎

姜圖南　山陰人寄籍大興河南睢陳道

謝　泰　會稽人寄籍宛平同知

張舜舉　山陰人寄籍宛平知縣

范　進　會稽人寄籍仁和漳浦縣知縣

胡三順　山陰人湖廣中式見進士

程應道　山陰人據三江所志補

張際龍　山陰人寄籍蕭山恩貢知府

孟稱舜　會稽人

馬世禎　會稽人府學裕州知州

陳錫華　山陰人

茹　羆　山陰人武探花參將

盛其德　山陰人參將

戴天模　山陰人游擊

陶子元　會稽人山西都司

陸元文　會稽人參將

鍾　鉉　山陰人燕山衛守備

金抱一　山陰人武狀元江南總督中軍副將

	七年庚寅	八年辛卯
胡三順山陰人寄籍蘄水萊陽縣知縣 以上劉子壯榜		
		沈燦會稽人 丁克揚山陰人寄籍蕭山縣 章貞會稽人見進士 陳可畏山陰人見進士順天中式 俞元植山陰人順天中式
	吳元遴山陰人府學歲貢湯溪縣教諭 魯夢泰會稽人府學歲貢	秦長春山陰人恩貢輝縣知縣 傅弘謨會稽人改名宏謨 傅列軫會稽人府學訓導 陳朝侃會稽人恩貢知縣 薛昌榮山陰人副貢 羅廣生會稽人副貢
		王三元會稽人 宣德仁會稽人北籍都司 董暹會稽人見武進士 石之貞會稽人北籍 徐綱會稽人見武進士 陳定國山陰人見武進士

九年壬辰

唐賡堯 會稽人山東提學按察副使

陳必成 山陰人見進士順天中式

胡公著 山陰人鄜州知州順天中式

陳繼美 山陰人鹽城縣知縣順天中式

沈舉 改名尚仁山陰人見進士順天中式

胡心尹 山陰人芮城縣知縣順天中式

王仲 會稽人安順府知府順天中式

阮如蘭 會稽人順天中式

史亮采 會稽人順天副貢

錢其恂 山陰人府學監貢知縣

周鳳鳴 山陰人

童維遠 山陰人杭州都司

	方希賢山陰人寄籍宛平推官 錢受祺山陰人寄籍錢塘成都府知府 金　鋐山陰人寄籍宛平布政使 陳可畏山陰人寄籍大興京畿道御史 以上鄒忠倚榜			陳定國山陰人武榜眼浦口城守營參將 俞　懋山陰人福建總兵左都督 王玉璽會稽人武狀元福建都督 徐　綱會稽人北籍 鍾　科山陰人
十年癸巳			金宏祐山陰人訓導 龔元綬會稽人	
十一年甲午		姜廷欅會稽人肥城縣知縣 金　葭山陰人嘉興府教授	周襄緒山陰人恩貢副貢禮部郎中 鍾國斗山陰人府學恩平縣知縣	吳三才山陰人見武進士 高允焯山陰人見武進士

顧豹文 會稽人寄籍錢塘見進士

黃道月 山陰人

姚　夔 山陰人曹州知州

陶作楫 會稽人見進士

邵懷棠 會稽人見進士

單之騤 會稽人

沈從龍 山陰人烏程縣教諭

李　平 山陰人見進士

田麒生 山陰人

董良櫝 會稽人寄籍石門見進士

柴應辰 山陰人寄籍永淸順天中式

陶士章 會稽人拔貢九江府同知

王兆修 會稽人府學

何嘉祐 山陰人拔貢兩淮鹽運使分司

朱之棟 山陰人拔貢萬州知州

陳堯典 會稽人恩貢衢州府教授

陳則都 山陰人見武進士

劉　璲 山陰人見武進士

周　勝 山陰人

沈登熢 山陰人見武進士

王由捷 會稽人武解元

時晉賢 會稽人北籍見武進士

丁埜 山陰人順天中式

周世澤 山陰人見進士順天中式

沈[illegible] 改名仁敷山陰人順天中式

胡兆麟 山陰人順天中式

孫才發 山陰人順天中式

陳之藴 會稽人順天中式

孫礽 山陰人兩淮鹽運使順天中式

孫萬程 山陰人順天中式

章明泰 會稽人順天中式

童煒 山陰人順天中式見進士

十二年乙未

龔　勳會稽人知縣
姚啓盛會稽人給事中江西布政使
周沛生山陰人知縣
章　貞會稽人襄陽縣知縣
陳必成山陰人寄籍宛平刑部郎中
顧豹文山陰人寄籍錢塘御史
袁州佐會稽人寄籍濟甯口北道
以上史大成榜

何會栗山陰人湖廣中式

朱禹錫山陰人府學恩貢吏部郎中
兪光被山陰人訓導

高允焯山陰人
陳則都山陰人
劉　燧山陰人
吳三才山陰人
孫　彪山陰人欽州守備
李　彬山陰人都司
時晉賢會稽人

十三年丙申				陳錫琮山陰人歲貢孝豐縣訓導		
十四年丁酉			姜文鼎會稽人本姓王 金煜會稽人見進士 滕達山陰人見進士 陳景仁山陰人見進士 王㲄振會稽人見進士 余駿聲會稽人 李元坤山陰人雷州府同知 吳璜山陰人順天中式 宋希賢會稽人 劉昌言山陰人順天中式	宋希賢山陰人府學恩貢見舉人 姜天權會稽人歲貢 周祖儀會稽人 陳曰哲會稽人順天副貢		葉逢時山陰人湖廣武解元見進士 胡士瞻山陰人 劉炎山陰人見武進士 胡靖遠山陰人石城衛守備 李彬山陰人見武進士 周圻山陰人 周鼎山陰人 郎天祚山陰人見武進士 吳錫綬會稽人見武進士 董兆麟會稽人北籍

孟安邦 會稽人順天中式

胡兆鳳 山陰人順天中式

黃允哲 山陰人寄籍昌平順天中式

繆邦甯 山陰人順天中式

姜順龍 會稽人

趙遠 山陰人順天中式見進士

趙溥 山陰人順天中式

施士俊 會稽人順天中式

趙汝祿 山陰人見進士順天中式

傅應驥 山陰人衢州府教授順天中式

蔣鈖 會稽人海澄鎮守備

年						
十五年戊戌		鍾國義山陰人員外郎 董良櫝會稽人松溪縣知縣 金煜會稽人郯城縣知縣 陳應夔會稽人 馮肇楠會稽人永豐縣知縣 以上孫承恩榜			劉炎山陰人武狀元總兵 吳三捷山陰人江南池州城守遊擊 沈登煃山陰人太原府中路利民營參將 葉逢時山陰人 吳錫綬會稽人	
十六年己亥		李平山陰人編修 陳景仁山陰人臨洮府知府 陶作楫會稽人四川松茂道 陳之藴會稽人寄籍大興吉水縣知縣		王光翰山陰人府學 賞弘道後改宏道會稽人	茹熊山陰人	

十七年庚子

以上徐元文榜

吳復一 山陰人見進士
宋嗣京 山陰人寄籍仁和
傅爾申 山陰人
王百朋 會稽人
陳昌言 山陰人寄籍錢塘順天中式
胡鑛 山陰人見進士順天中式
胡懋宣 山陰人見進士順天中式
袁汝顯 會稽人
傅宗 山陰人寄籍蕭山稷

朱冕 山陰人副貢郴州知州
趙以昌 山陰人府學
陶士章 會稽人順天副貢
魯超 會稽人寄籍大興順天副貢廣東布政使

周華 山陰人
周凱 山陰人
丁際昌 山陰人
吳良駿 山陰人見武進士
周選 山陰人見武進士
周一文 山陰人銅鼓衛守備
董德政 山陰人見武進士
張國勳 山陰人見武進士
張培 山陰人見武進士
王國楨 會稽人

山縣知縣

施元贊 會稽人順天中式

王猷 會稽人見武進士

徐城 會稽人見武進士

李元豐 會稽人

十八年辛丑

滕達 山陰人歷城縣知縣

周世澤 山陰人寄籍大興

趙遠 山陰人

趙汝祿 山陰人

陳宏 會稽人寄籍大興戶部山西司主事

以上馬世俊榜

繆世梁 山陰人府學

曹九霄 山陰人府學

顧恆 會稽人拔貢

范鍔 會稽人恩貢

董國政 會稽人恩貢北籍

董邦政 會稽人恩貢北籍

任道 會稽人拔貢知縣

姚楷 會稽人恩貢知縣北

郎天祚 山陰人武狀元副將

丁際治 山陰人守備

張國勳 山陰人

董德政 山陰人

張培 山陰人

周選 山陰人上林城守備

吳良駿 山陰人宣府副總兵

徐城 會稽人北籍

王猷 會稽人北籍

籍

以下年分無考

錢以禎　山陰人府學拔貢知縣

吳執中　山陰人御史

王三謙　山陰人恩貢

潘　潤　山陰人拔貢知府府志作知縣

朱用礪　山陰人

孫　鑣　山陰人訓導

王貽謨　山陰人監貢州判

王業法　山陰人恩貢

劉明宗　山陰人兵部員外郎

康熙元年壬寅

姚恭詳 會稽人歲貢黟縣知縣

陳元祥 會稽人歲貢

馬備 會稽人改名致達寄籍大興拔貢龍溪縣知縣

王重光 山陰人歲貢北直巡撫

胡公威 山陰人歲貢寄籍順天慈利縣知縣

王士昌 會稽人歲貢

金夢齡 會稽人拔貢中書舍人

周大受 山陰人府學

徐斗方 山陰人

二年癸卯	三年甲辰
	吳復一山陰人推官
祝宏坊山陰人見進士 金　燾山陰人 姜　燦會稽人復姓王見進士 袁仙芝山陰人 姚啓聖會稽人順天中式福建總督 丁際治山陰人順天中式 陳光祖會稽人順天中式 王蓀華會稽人	
張文成山陰人歲貢教諭 阮洪貞會稽人歲貢舊志作阮洪誤據家譜更正	劉世祝山陰人歲貢 按是年以後停貢
高尚志山陰人盤江營守備 徐　紀山陰人 徐天統山陰人 謝幼裔山陰人明威將軍 章　斌山陰人	周　緒山陰人原名紹緒兗州守備
徐　紀山陰人見武進士 徐天統山陰人見武進士 周　緒山陰人見武進士 高尚志山陰人見武進士 謝幼裔山陰人見武進士 顧鴻文會稽人 王宗文會稽人 王承爵會稽人 李　斌會稽人 朱　昌會稽人	

茹　鉉山陰人瓊山縣知縣

鍾聲之山陰人寄籍通州洪雅縣知縣

姜　燦會稽人復姓王延安府靖邊同知

胡　鑛山陰人寄籍易州谷縣知縣

以上嚴我斯榜

李　標山陰人

董　暹會稽人

王成爵會稽人北籍

四年乙巳

五年丙午

李　阜山陰人復姓朱見進士

王穀章會稽人見進士

趙嘉暹會稽人平湖縣教諭

胡上達山陰人

周文英山陰人寄籍永嘉見進士

董良橚良櫃弟會稽人見武

孫宣化山陰人見進士

秦通濬山陰人順天鄉試第一

沈允笵山陰人見進士順天中式

柴應宿山陰人順天中式

孟姚恂會稽人順天中式

朱　錦會稽人

陸　嶠會稽人順天中式

何　鼎山陰人寄籍靖州湖廣中式嘉興府知府

進士

鈕　元會稽人見武進士

張玉炫本姓趙會稽人

王元杰會稽人

趙學易山陰人見武進士

六年丁未

沈允笵山陰人刑部主事

孫宣化山陰人陽曲縣知縣

周洪昇山陰人

周允焯山陰人廣東遊擊

鈕　元會稽人

王穀振 會稽人同知

邵懷棠 會稽人都事

宋嗣京 山陰人寄籍仁和饒州府知府

胡懋宣 山陰人寄籍大興中書舍人

何天寵 山陰人寄籍宛平吏部文選司員外郎

以上繆彤榜

七年戊申

八年己酉

呂廷雲 山陰人見進士

魯燗先 山陰人桐鄉縣知縣

孫宏啓 山陰人拔貢汝源縣知縣按是年復貢

姚倬 會稽人歲貢

劉爲憲 榜姓宋山陰人

沈道儼 山陰人

李允甯 山陰人

茹昌詰 山陰人見武進士

王永芳山陰人本姓葉
馬　青會稽人費縣知縣
徐　琦山陰人
袁顯襄會稽人
李揆敍會稽人寄籍上虞
周盛雅山陰人台州府教授
王觀政山陰人順天中式
余應森山陰人順天中式
陳沛祚山陰人貴州中式

王　棟山陰人副貢

姜　壇山陰人見武進士
謝　匡山陰人
何天爵山陰人見武進士
王國珍會稽人見武進士
周　奇會稽人
羅　淇會稽人見武進士
羅　淮會稽人
陳國柱會稽人寄籍貴州福建游擊
韓又琦山陰人

九年庚戌

祝宏坊山陰人知縣
朱　阜山陰人榜姓李侍講

錢彔新山陰人府學
徐聯登山陰人府學

茹昌誥山陰人儲山副總兵
周文英山陰人寄籍永嘉松

學士

王穀章會稽人淮安府知府

沈尚仁山陰人寄籍大興

童　煒山陰人寄籍祁州桐廬縣知縣

以上蔡啓僔榜

董　正會稽人

潘鎮總兵

姜　壇山陰人

婁　廣山陰人

葉維新山陰人

王國珍會稽人

趙學易山陰人侍衛

十年辛亥

諸公亮山陰人府學

十一年壬子

姜之琦會稽人見進士

陶式玉會稽人見進士

秦宗游山陰人見進士

吳濬哲山陰人寄籍仁和中

漏士奇山陰人府學

何良棟山陰人

余　瀝山陰人拔貢見舉人

宋　俊山陰人順天副貢江

胡公翰山陰人北籍

沈宏範山陰人

王吉士山陰人

周元功山陰人

周雄基山陰人

書

邵天岳會稽人

陳灝會稽人武安縣知縣

朱尚隆山陰人見進士順天中式

余瀛山陰人將樂縣知縣順天中式

周金然山陰人見進士順天中式

陸晉會稽人順天中式

王士錦山陰人奉天中式

徐晉山陰人寄籍會稽順天中式

趙昌梧山陰人順天中式

山縣教諭

劉天章會稽人訓導

沈子穀會稽人府學儒學

章斐會稽人拔貢本姓劉

姜埈會稽人拔貢湯溪縣教諭

韓馥會稽人

余嗣惠會稽人

王國勳會稽人北籍

章烘會稽人順天中式安南營遊擊

范琮山陰人見武進士

陳金豸山陰人

周士達山陰人見武進士

			吳仕俊山陰人寄籍密雲順天中式江陰縣知縣		葉霖會稽人順天籍侍衛	
十二年癸丑		呂廷雲山陰人知縣 余應霖山陰人寄籍大興池州府同知 朱尙隆山陰人寄籍大興碑錄作姓李僉事 以上韓菼榜				
十三年甲寅				張文成會稽人 沈麟趾山陰人府學		
十四年乙卯			商用說會稽人本姓王 徐沐山陰人 章祖烈會稽人順天中式武	沈士龍山陰人寄籍宛平拔貢黃縣知縣		金箴山陰人見武進士 陳其本山陰人 何秉庸山陰人見武進士

強縣知縣
丁一新 會稽人順天中式
杜淇英 會稽人見進士
車鼎元 會稽人順天中式
胡忠正 山陰人寄籍宛平順天中式見進士

諸謙 山陰人
何天培 山陰人見武進士
姚廷棟 山陰人

十五年丙辰

陶式玉 會稽人江南兩淮鹽漕御史
胡忠正 山陰人寄籍宛平中書
以上彭定求榜

姜垚 會稽人歲貢國子監學正
王邦濟 山陰人府學
金振甲 山陰人府學恩貢
王芬先 山陰人恩貢
童文斗 山陰人歲貢
章顯仁 會稽人恩貢會稽縣

金箴 山陰人
何天爵 山陰人廣東大埔營遊擊
何天培 山陰人正藍旗漢軍副都統
何秉庸 山陰人
包予儀 會稽人遊擊
包賢 會稽人

十六年丁巳

詹宏仁山陰人寄籍仁和
余泰來山陰人見進士
陶峨會稽人
沈五鳳山陰人
董玉山陰人
金鉽會稽人寄籍石門
史紹魯山陰人
鈕聲琦山陰人仁和縣教諭
姜希輅山陰人中書舍人

教諭
章治會稽人
鍾覺先會稽人

董良槣會稽人左都督

姜公銓會稽人
朱之楷山陰人
姚夢龍山陰人
王之翰山陰人寄籍石門
顧之璿會稽人寄籍錢塘戶部山西司郎中
周斐成山陰人

十七年戊午

姜承爔山陰人見進士
戴　超山陰人見進士
王德祚會稽人順天中式見進士

金聲夏山陰人恩貢
王洪建會稽人
劉　蕭山陰人恩貢副貢莘縣知縣

李　暹山陰人守備
俞章言山陰人見武進士
周士達山陰人廣東神電衛守備
韓紹琦山陰人
王　遇會稽人
王成績會稽人

十八年己未	王穀章會稽人召試博學鴻儒科丁憂未試 祝宏坊山陰人未試致仕 章　貞會稽人與試未用 羅　坤會稽人與試未用 朱士曾山陰人與試未用 宋　昰山陰人辭不赴試	秦宗游山陰人國子司業 歸允肅榜		姚士茂山陰人歲貢 杜淮英山陰人歲貢 陳元圖會稽人拔貢	俞章言山陰人壽春營左都督 范　琮山陰人 周士達山陰人 羅　淇會稽人北籍武狀元湖州副將 錢　震會稽人	
十九年庚申			石方川會稽人雲南中式	張慧才山陰人歲貢 陳炳文會稽人 王方鋶會稽人寄籍鐵嶺拔貢永平府山海衛訓導		

二十年辛酉

姚宏仁山陰人見進士

魯德升會稽人見進士

沈士鏐山陰人

陶士銚會稽人見進士

謝錫會稽人見進士

鈕景琦山陰人寄籍秀水

沈五桼山陰人見進士

龔汝寬會稽人見進士

姜承烈山陰人順天中式

胡昇輔山陰人順天中式義烏縣教諭

姜兆驊會稽人歲貢見舉人

徐吉士山陰人衛守備

吳溥 山陰人福建中式

徐端 山陰人雲南中式

林甯采 會稽人廣西中式

胡維熊 山陰人順天中式

二十一年壬戌

余泰來 山陰人奉天府府尹

周金然 山陰人編修

姜之琦 會稽人祿豐縣知縣

魯德升 會稽人檢討

以上蔡升元榜

呂鉅烈 山陰人府學

吳琳 山陰人歲貢

董琦 會稽人

呂樽烈 山陰人

姚廷棟 山陰人徐州蕭營守備

鄭繼寬 會稽人武探花福州副都統

阮應泰 會稽人湖廣靖伍副將

年份	一	二	三	四	五	六
二十二年癸亥				王之佐山陰人府學		
二十三年甲子			平士楨山陰人汾陽縣知縣 陶覲會稽人寄籍上虞 章應璧會稽人見進士 魯存憲會稽人內閣中書 諸來晟山陰人見進士 趙歷光山陰人順天中式	駱虞卿山陰人副貢 諸藻山陰人歲貢		莫蘭山陰人 劉大勳山陰人 王霖會稽人本姓程見武進士 茹昌詔會稽人 傅宏禮會稽人
二十四年乙丑		諸來晟山陰人三甲一名襄陵縣知縣 沈五桌山陰人延安縣知縣 謝錫會稽人禮部主事		章連會稽人優貢江西司訓		

		王德祚會稽人淮安同知 以上陸肯堂榜				
二十五年丙寅				王國賓會稽人歲貢容城縣訓導		
二十六年丁卯			王融祚會稽人 錢爲鼒會稽人 李瀛山陰人見進士 茅伯良山陰人 張燧山陰人順天中式見進士 何其馨山陰人順天中式 陳允恭山陰人廣西中式見進士	袁虞尊會稽人河南南汝道		杜雄文山陰人 錢士穀山陰人見武進士 董良梧會稽人

二十七年戊辰

陶士銑會稽人蒲城縣知縣

戴　超山陰人知縣

杜淇英會稽人內閣中書

以上沈廷文榜

二十八年己巳

二十九年庚午

田間來山陰人龍游縣教諭

唐曾述會稽人見進士

商　和山陰人內閣中書

謝逢辰會稽人順天中式

田軒來山陰人見進士

沈中達會稽人

聞鍾鎮會稽人

黃良臣會稽人

			王遐祚會稽人見進士 黃錫孝山陰人永從縣知縣順天中式			
三十年辛未		姚宏仁山陰人知縣 田軒來山陰人河南道監察御史 姜承爗山陰人檢討 以上戴有祺榜		范鴻會稽人歲貢		
三十一年壬申						
三十二年癸酉			張孝友山陰人石門縣教諭 張鉞會稽人見進士	薛遠山陰人拔貢 章洪宏山陰人歲貢		周董植會稽人 俞晉會稽人

姜兆熊 會稽人臨安縣教諭　婁光漢 會稽人拔貢

馮應銓 會稽人見進士

趙美玉 山陰人順天中式

胡忠本 山陰人順天中式見進士

錢廷楨 會稽人廣西中式紹興府教授

三十三年甲戌

陳允恭 山陰人寄籍平樂左僉都御史　朱甸 山陰人歲貢　錢士轂 山陰人汾州守備

李瀛 山陰人三原縣知縣

唐會述 會稽人廣平縣知縣

以上胡任輿榜

三十四年乙亥

三十五年丙子

周天任 山陰人見進士

李發枝 山陰人見進士

傅王雯 山陰人見進士

姜兆驊 會稽人平江縣知縣

高暉 山陰人順天中式見進士

邵琮 山陰人順天中式大竹縣知縣

孫紹曾 山陰人廣西中式四川道監察御史

薛一鵬 山陰人順天中式

孫之屏 山陰人歲貢

孫其濬 會稽人歲貢餘杭縣教諭

何經亮 山陰人順天副貢

朱暘 山陰人改名世衍副貢見進士

施枚 會稽人

沈瑞鶴山陰人寄籍順天見進士
周行素山陰人
羅　玘會稽人廣西中式
商洵美會稽人寄籍嵊縣嘉善縣教諭
鍾文英會稽人中書
祁　蘇山陰人隆昌縣知縣
王　豫會稽人

三十六年丁丑

李發枝山陰人臨海縣教諭
龔汝寬會稽人餘慶縣知縣
以上李蟠榜

朱廷賢山陰人歲貢寄籍永福平樂縣訓導
王　霖會稽人本姓程

年						
三十七年戊寅				壽大任山陰人拔貢 胡文南山陰人拔貢寄籍邛州		陳起鳳山陰人 范維岳會稽人
三十八年己卯			單國球山陰人 王文燦山陰人 施歛會稽人廣昌縣知縣 王芝山陰人本姓張 錢溥山陰人寄籍錢塘 陳宏訓山陰人見進士 陳來楫山陰人見進士 朱世衍原名暘山陰人見進士			

胡文燦 山陰人順天中式見進士

陳澄謙 會稽人寄籍大興順天中式

沈　鏞 會稽人湖廣中式

陳廷綸 會稽人廣西中式見進士

茅子贄 山陰人四川中式寧夏同知

三十九年庚辰

章應璧 會稽人紫陽縣知縣

張　燧 山陰人吏部主事

陳廷綸 山陰人寄籍平樂廬州府知府

孫　蘅 山陰人歲貢綿州知州

許必鳴 會稽人歲貢

年		鄉試	貢	武
		朱世衍山陰人知縣 陳來楫山陰人吏部稽勳司主事 劉永侯山陰人河南道監察御史 以上汪繹榜		
四十年辛巳			金烺山陰人歲貢湖州府訓導	
四十一年壬午		劉奇齡會稽人本姓駱鄉試第一金鄉縣知縣 屠宸升會稽人海寧州教諭 陳沆山陰人見進士 金宗瀛山陰人鄖縣知縣	姜廷策山陰人歲貢	祁嘉鉦山陰人 孫傳琦山陰人 范維新會稽人 徐熊會稽人濟寧衛守備 趙振午山陰人見武進士

壽仁侯山陰人本姓王麗水縣教諭

趙予信山陰人見進士順天中式

周之士山陰人順天中式中書

王啓源山陰人順天中式續溪縣知縣

章焞會稽人順天中式戶部郎中

章伸會稽人順天中式

商元柏會稽人寄籍嵊縣達州州同

孟祚山陰人歷城縣知縣

四十二年癸未		王遐祚會稽人上元縣知縣 胡忠本山陰人寄籍宛平常德府知府 以上王式丹榜			趙振午山陰人山東德州守備	
四十三年甲申				鍾之翰會稽人歲貢		
四十四年乙酉			王霖山陰人南宮縣知縣 金虞廷會稽人寄籍錢塘見進士 李思鄴會稽人獻縣知縣 胡國楷山陰人見進士 姜承讌會稽人見進士	王之英山陰人副貢		傅文生山陰人 韓開斌山陰人 金吉人山陰人 黃揆臣山陰人 何吳奇山陰人北籍鎮海營守備 葉廷謨會稽人

（續上年）	四十五年丙戌
陳紱山陰人見進士 賀鐸山陰人 劉文燧山陰人見進士 吳振鎬山陰人見進士 厲煌會稽人順天中式見進士 董俊會稽人順天中式見進士 陳元林會稽人廣西鄉試第一	傅王雯山陰人聞喜縣知縣 姜承讌會稽人 孫讜會稽人寄籍滄州武
	張捷山陰人拔貢 吳昌翰會稽人恩貢
潘之振會稽人 王慎會稽人 沈士賢會稽人	

進縣知縣

劉文燧 山陰人黃梅縣知縣

陳紘 會稽人高明縣知縣

張鉞 會稽人商水縣知縣

趙予信 山陰人寄籍大興甯海縣知縣

羅亦明 會稽人青州府同知

沈瑞鶴 山陰人寄籍順天平陽縣知縣

以上王雲錦榜

四十六年丁亥

四十七年戊子

陶必達會稽人見進士
吳孝登山陰人副貢見進士

王虞廷會稽人麗水縣教諭
陳景琦會稽人歲貢台州府學訓導

龔祖翼山陰人
陳廷憲山陰人寄籍永安歲貢

沈廷鶴山陰人知縣
張世賢山陰人副貢南城兵車司正指揮

陳學良山陰人邳州知州
胡賡昌山陰人順天副貢再中甲午副貢莊浪縣知縣

孫金堅會稽人見進士

李登瀛山陰人寄籍滄州順天中式見進士

胡志穎山陰人順天中式
胡貞固山陰人恩貢

張世文山陰人順天中式
姜承爔會稽人恩貢遂安縣教諭

朱齊名山陰人順天中式見進士
阮　銓會稽人歲貢

祁國澄山陰人

彭　煇會稽人

金介檜會稽人見武進士

毛繩祖山陰人順天中式

邵之旭山陰人順天中式見進士

洪繼賢山陰人

馬　淳山陰人順天中式見進士

徐俊民山陰人順天中式

朱大節山陰人順天中式

祁　錦山陰人順天中式

高嗣美本姓李會稽人順天中式

陳齊賓山陰人寄籍平樂廣西中式見進士

四十八年己丑		金虞廷山陰人魚臺縣知縣 馮應銓會稽人衢州府教授 孫金堅會稽人臨淄縣知縣 邵之旭山陰人寄籍大興金壇縣知縣 周天任山陰人 胡文燦山陰人寄籍大興奉天府教授 以上趙熊詔榜		樊嘉修山陰人歲貢 余沆會稽人歲貢	金介檜會稽人	
四十九年庚寅						
五十年辛卯			章思世會稽人江山縣教諭 王杜山陰人見進士	金承焯山陰人		姜呂旦山陰人見武進士 施嘉檝山陰人見武進士

金以成 山陰人見進士

金根 會稽人善化縣知縣

秦立 山陰人寄籍蕭山

呂大抱 山陰人

劉浩基 山陰人見進士

邵洙學 榜姓王山陰人蘭溪縣教諭

田嘉登 山陰人內閣中書

周鑲 山陰人隰州知州

吳大桓 山陰人

謝麒 山陰人順天中式舊志誤麒作麟據譜更正

趙輝祖 山陰人順天中式見武進士

張琅 山陰人寄籍蕭山

胡志淵 山陰人靖邊衛掌印屯田守備

吳淌 會稽人見武進士

陸遮宣山陰人順天中式

金兆瓏山陰人順天中式濟陽縣知縣

駱正坤山陰人

徐宏一山陰人順天中式

戴一鴻山陰人順天中式石門縣教諭

單潘翰山陰人順天中式見進士

周毓麟山陰人順天中式內閣中書

葉　蓁會稽人順天中式見進士

陶士偰會稽人見進士

年	一	二	三	四	五	六
			李祖望會稽人廣西中式見進士			
五十一年壬辰		吳振鎬山陰人渭源縣知縣 陶必達會稽人永寧縣知縣 李登瀛山陰人寄籍滄州安仁縣知縣 李祖望會稽人寄籍恭城 張世文山陰人內閣中書 高正輝山陰人廣衛司主事 以上王世琛榜			趙輝祖山陰人侍衛 施嘉檝山陰人	
五十二年癸巳		高暉山陰人中書 王貽荃山陰人寄籍大興禮	史汪⿰犭分會稽人臨海縣教諭 李求齡山陰人		黃澍祚山陰人	徐喻山陰人 黃澍祚山陰人見武進士

部主事

厲　煌會稽人編修

吳孝登山陰人侍讀

茹昌鼎山陰人

陳　沆山陰人廣宗縣知縣

葉　蓁會稽人寄籍保定

陳　遠會稽人唐山縣知縣

以上王敬銘榜

錢師夔會稽人本姓許見進士

傅　讓山陰人

孟維孝會稽人

劉景義山陰人

黃　琥會稽人

何經永山陰人文登縣知縣

沈　渭山陰人順天中式

朱兆琦山陰人原名維藩順天中式

司馬灝文榜姓杜山陰人順天中式見進士

王貽荃山陰人順天中式見進士

金以忠會稽人見武進士

董靡涯會稽人

			潘運復山陰人順天中式 徐聚倫山陰人順天中式見進士 茹昌鼎山陰人順天中式見進士 陳遠會稽人順天中式	
五十三年甲午			劉掞山陰人秀水縣教諭 平其政會稽人鎮陽縣知縣 史維藩山陰人知縣 周之秬山陰人太平府同知 傅王霅山陰人見進士 劉廷楝山陰人岑溪縣知縣 陳宏誥山陰人歲貢 王業澄山陰人府學 阮汝昕山陰人副貢吏部主事	沈永思山陰人 李繼綱山陰人

董開宗山陰人義烏縣教諭

厲志仁會稽人

錢士虢山陰人

姚　賓會稽人

徐覺民山陰人順天中式

胡忠匡山陰人順天中式中書

任元祉山陰人順天中式

司馬清山陰人順天中式

李眉壽山陰人順天中式

傅王露會稽人順天中式見進士

胡　鈞會稽人順天中式廣宗縣教諭

年						
五十四年乙未		傅王露會稽人一甲三名編修 沈竹會稽人寄籍奉天 陳宏訓山陰人平羅縣知縣 以上徐陶璋榜				
五十五年丙申						
五十六年丁酉		何起貴山陰人曲周縣知縣 杜文光會稽人寄籍嘉興南部縣知縣 俞名言山陰人 吳廸琮會稽人	陶及申會稽人歲貢			唐曾歷山陰人 朱光均本姓徐會稽人見武進士 范國斌會稽人 鍾之模山陰人見武進士

祁安期會稽人，山丹縣知縣

胡書源山陰人，順天中式，蓬溪縣知縣

胡永齡山陰人，順天中式，靈石縣知縣

姜見龍一作順龍，山陰人，寄籍大名，順天中式，四川按察使

陳陛山陰人，順天中式

陳煥山陰人，順天中式，爐溪縣知縣

王德麟山陰人，順天中式

許紹熙會稽人

馮淳山陰人，順天中式，見

進士

張兆新山陰人順天中式靈寶縣知縣

王嵩年山陰人順天中式

趙舜卿山陰人順天中式

陳齊登山陰人廣西中式見進士

五十七年戊戌

金以成山陰人二甲一名兗州府知府

潘翰山陰人本姓單庶吉士

傅王霅山陰人工部主事

董俊會稽人寄籍涿州隰州知州

陶自遠會稽人歲貢

姜呂旦山陰人守備

金以忠會稽人

王明會稽人
徐聚倫山陰人河南布政使
王杜山陰人仁和縣教諭
以上汪應銓榜

五十八年己亥

五十九年庚子
陶思淵會稽人
胡浚會稽人淯川縣知縣
魯曾煜會稽人見進士
周徐彩會稽人
徐廷槐會稽人見進士榜姓茹
錢二象山陰人歲貢青田縣訓導
姚羅山山陰人副貢
鍾曙會稽人副貢泰州州判
魯士偉會稽人歲貢
胡憲章山陰人
范岳山會稽人
陶仕春會稽人全椒營守備

魯廷梓改名廷炎會稽人慶陽府知府

陶峒會稽人

周長發會稽人見進士

沈元球山陰人階州知州

胡廷贊會稽人

何韜山陰人

鍾晼府志作畹誤山陰人寄籍宛平順天中式

丁儔嵩山陰人順天中式

劉之津山陰人順天中式

范卜年會稽人順天中式見進士

陶德燾會稽人順天中式見進士

邵大生山陰人順天中式見進士

六十年辛丑

魯曾煜會稽人庶吉士

胡國楷山陰人禮部儀制司郎中

司馬灝文山陰人寄籍鄞縣沁州知州

范卜年會稽人寄籍大興上高縣知縣

陶德燾會稽人寄籍保定廣東鹽運司同知

以上鄧鍾岳榜

鍾之模山陰人欽天監博士

徐光均會稽人上騎都尉

張國勳會稽人樂清都司

六十一年壬寅

柳維寧山陰人

以下年分無考

章曾印會稽人歲貢武清縣知縣

莊　宏山陰人

姚若楠山陰人歲貢仁和縣訓導

朱思哲山陰人

劉啓教山陰人寄籍威甯府學拔貢

陳　遠山陰人

趙嘉星會稽人歲貢枝江縣知縣

陳志源會稽人歲貢

陳齊遵山陰人寄籍平樂歲

貢

祁魯德原名璉會稽人歲貢

章大來會稽人歲貢訓導

沈冰壺山陰人歲貢

胡彪山陰人

祁國英山陰人

魯臺山陰人恩貢

何嘉珝山陰人恩貢

孫良相山陰人恩貢

金燦山陰人

洪仁芳山陰人

王法祖山陰人

胡肯堂山陰人

王燦山陰人

王元愷山陰人

趙承忭山陰人

劉廷梓山陰人

董茂瀾一作蘭山陰人

平遇山陰人

錢起會山陰人

陳憲山陰人

章立德會稽人歲貢雲和縣訓導

王永齡會稽人拔貢

趙昌樑山陰人順天府學歲貢

王廷坤山陰人拔貢

陳士炯山陰人拔貢定遠縣知縣

胡賡颺山陰人歲貢桐廬縣教諭

鄭　岳山陰人

孫公旦山陰人

顧　浩山陰人

陳公奕山陰人

吳仕俊山陰人寄籍密雲拔貢江陰縣知縣

吳昭禎山陰人

周五聚山陰人歲貢

周鈕曾山陰人歲貢

周中鏞山陰人恩貢

張遲山陰人恩貢

章名世會稽人

錢聖錫會稽人

施敬會稽人歲貢樂清縣教諭

俞百穀會稽人

章端會稽人

余岱會稽人

董章木會稽人

沈應銑會稽人

全世銘山陰人歲貢桃源縣知縣

茹鳳起山陰人恩貢

茹鳳儀山陰人恩貢岐山縣知縣

唐颺堯 會稽人拔貢

唐沓伯 會稽人歲貢江寧府知府

唐沓元 會稽人拔貢仙居縣教諭

唐沓垂 會稽人歲貢

劉章燮 會稽人拔貢

王㦸 會稽人恩貢

厲煌 會稽人拔貢見進士

任德仁 會稽人

秦景昌 會稽人

丁揆 會稽人

章紹熿 會稽人

馬鴻俊會稽人

駱正坤會稽人見舉人

王道雍山陰人歲貢

馬延華會稽人歲貢

孟學思會稽人

婁一均會稽人歲貢鄞縣知縣

杜如錩會稽人景寧縣教諭

董肇勳會稽人東陽縣訓導

唐玠會稽人

孟士模會稽人

孟士楷會稽人

章鎮藩山陰人歲貢
魯曰都會稽人府學歲貢
姚宏倫山陰人歲貢
史容世山陰人歲貢
周士相山陰人優貢
史義選山陰人歲貢
劉　開山陰人
周　鉞山陰人歲貢
錢　霍山陰人歲貢
章鎮采山陰人優貢
徐允定會稽人

吳士英會稽人
徐商聘會稽人
王道坦山陰人歲貢
王爾建山陰人拔貢麗水縣教諭
朱嘉耀山陰人寄籍金華歲貢渭南縣知縣
朱悅仁改名堅山陰人歲貢
朱象程改名廷華山陰人寄籍永福歲貢
鍾震會稽人
魯國書會稽人歲貢戶部司務
魯士原名國士會稽人歲

貢陽城縣知縣

魯國華　會稽人歲貢太僕寺少卿

魯國柱　改名傳德會稽人歲貢

姜公鎮　會稽人歲貢

姜公鎬　會稽人歲貢桐鄉縣訓導

姜公錫　會稽人歲貢

姜大德　會稽人歲貢

姜　桂　會稽人歲貢

余隆徵　山陰人拔貢

吳文源　山陰人歲貢日照縣知縣

雍正元年癸卯

陳齊賓 山陰人寄籍平樂刑部清吏司主事
劉浩基 山陰人刑部主事
魯遐齡 會稽人香山縣知縣
沈梁 山陰人寄籍大興知縣
羅廷儀 山陰人青州府知府
陶士僙 會稽人寄籍寧鄉
茹林 山陰人
邵大生 山陰人大名府教授寄籍大興
以上于振榜

羅國柄 山陰人本姓余蓬溪縣鹽大使
錢永淳 山陰人
周仙芝 山陰人見進士杜氏譜作袁姓
宋炳 會稽人
周之棫 山陰人
楊元理 會稽人知縣
陳士熙 山陰人
趙立身 山陰人順天中式見進士
金昌世 榜作丁名世山陰人順天中式見進士
羅廷儀 山陰人順天中式見進士

章鐘 山陰人拔貢
魯存政 會稽人恩貢府學
金鐏 會稽人副貢
魯論 會稽人副貢
朱英 山陰人拔貢寄籍永福

凌浩 會稽人
周宏綸 會稽人

魯遐齡　會稽人順天中式見進士

阮懋業　會稽人順天中式鶴山縣知縣

單化龍　會稽人順天中式

孫　譓　山陰人順天中式

周　然　山陰人見進士

章懋存　會稽人

沈　梁　會稽人寄籍大興順天中式見進士

陶士偰　會稽人見進士

陶士僙　會稽人

陳齊芳　山陰人廣西中式監利縣知縣

陳齊庶山陰人廣西中式刑部直隸司員外郎
陳齊賢山陰人廣西中式鄖州知州

二年甲辰

陳齊登山陰人寄籍永安安陸府知府
金昌世原名名世山陰人鹽山縣知縣
周長發山陰人寄籍會稽
阮汝暻山陰人寄籍大興館陶縣知縣
趙立身山陰人寄籍大興南康府知府
陶士倧會稽人禹城縣知縣

王汝霖山陰人
孟濤山陰人縉雲縣教諭
董思度山陰人
夏兆豐會稽人
凌燮山陰人
陶燮會稽人湖口縣知縣
金龍鮫山陰人
王溥山陰人知縣
朱閑聖山陰人順天中式知縣

王維琰山陰人副貢
吳久成山陰人副貢懷安縣教諭
孟騤會稽人府學歲貢
鄭元本姓劉會稽人副貢
商元極會稽人恩貢寄籍嵊縣
莫祖緒山陰人歲貢

馮乃斌山陰人
黄輅山陰人

馮乃斌山陰人見武進士
孟燕男會稽人

以上陳憲華榜

趙獻猷山陰人順天中式甯晉縣教諭
陳思儼山陰人順天中式
朱培慶山陰人順天中式
朱大業會稽人順天中式

三年乙巳

四年丙午

胡振組山陰人舉賢良方正科河北兵備道
胡義本山陰人寄籍大興羅源縣知縣
陳齊襄山陰人寄籍平樂廣

張麟錫山陰人見進士
童國松會稽人見進士
沈英世會稽人見進士
徐磊原名履仁會稽人

陳謍山陰人副貢
陳景方山陰人拔貢寄籍平樂
張雁山陰人歲貢教諭
杜文梧會稽人副貢

鍾夢熊山陰人
孫儀公會稽人
孫世宣山陰人
孫師康山陰人
孫題品山陰人武試第一直

饒九南道

吳一默山陰人辭不赴試

沈燡燔山陰人見進士

余　芝山陰人本姓邵順天中式

聞人集山陰人順天中式

徐安民山陰人順天中式

胡世繹山陰人順天中式宿松縣知縣

胡夢杜山陰人順天中式易州訓導

阮汝昭山陰人順天中式見進士

范知騫會稽人順天中式

馬綸華府志作姓張會稽人

章天垣會稽人順天副貢見進士

陶樹德會稽人歲貢

隸督標左營都司

			順天中式見進士 商有煌 會稽人臨潁縣知縣順天中式 曹雲昇 會稽人順天中式 時應化 會稽人欽賜舉人 陳齊東 山陰人廣西中式上元縣知縣	
五年丁未		鍾晼 山陰人寄籍宛平禮部員外郎 彭啓豐榜		
六年戊申	章倫 會稽人舉孝友端方科普洱府同知 楊璧 山陰人本姓董古田縣知縣			孫明倫 山陰人歲貢 魯志道 會稽人府學歲貢

王裕瓄 山陰人寄籍大同龍溪縣知縣

陳齊東 山陰人寄籍平樂上元縣知縣

陳齊賢 山陰人寄籍平樂鄜州知州

王恆 山陰人寄籍大興南豐縣知縣

何經方 山陰人寄籍靖州鎮雄州州同

祁安期 山陰人山丹縣知縣

王士銓 山陰人汝陽縣知縣

俞鋐 山陰人鄒平縣知縣

俞則 山陰人紫陽縣知縣

沈天成會稽人巴縣知縣

陳英會稽人寄籍清苑長安縣知縣

王緯會稽人彌勒州知州

范岳山會稽人安樂縣知縣

朱登會稽人臨汾縣縣丞

徐錦會稽人輝縣知縣

姜泰嗣會稽人深州知州

王鎬會稽人太倉州知州

范鶴鳴會稽人

王裕疆山陰人嘉定府知府

七年己酉

周應宿山陰人見進士
楊廷彪山陰人
王文郁會稽人
諸徐孫會稽人見進士
王　淳山陰人
任宏業山陰人見進士
魯嗣珙會稽人
魯本禮山陰人龍門縣知縣
王秉和會稽人見進士
王　猷會稽人見進士
趙毅業山陰人
陳邦勳山陰人思南府知府

王建中山陰人拔貢
胡天游山陰人榜姓方府學
副貢又中乾隆戊午順天副貢三禮館纂修
方思行山陰人副貢
王　灝山陰人順天副貢
俞圖河會稽人府學拔貢
孟鳳苞會稽人拔貢教諭
魯繩錫會稽人副貢見舉人

夏　禮會稽人

金　鴻山陰人順天中式見進士

顧爾棠山陰人順天中式見進士

宋長城本姓包山陰人順天中式見進士

陳興祚山陰人順天中式

陳懋先山陰人順天中式

茹　芝山陰人寄籍錢塘見進士

金　相會稽人寄籍天津順天鄉試第一

商　盤會稽人寄籍嵊縣順天中式見進士

朱廷綸 會稽人順天中式見進士

葉品 會稽人順天中式見進士

余景玠 山陰人廣西中式見進士

八年庚戌

王猷 會稽人

商盤 會稽人寄籍嵊縣元江府知府

任宏業 山陰人河南汝光道

馬綸華 會稽人

聞人集 山陰人棗陽縣知縣

任應烈 山陰人南陽府知府

袁儒忠 山陰人寄籍苑平

俞瀛 會稽人歲貢

凌燦 山陰人歲貢

金　鴻山陰人寄籍保定
余景玠山陰人寄籍恭城
高宏緝山陰人寄籍大興
顧爾棠山陰人本姓沈寄籍通州晉江縣知縣
馮　淳山陰人
阮汝昭山陰人寄籍大興曲沃縣知縣
宋長城山陰人寄籍大興
朱廷綸會稽人
葉　品會稽人
鍾　衡山陰人太僕寺少卿

茹　芝山陰人崇仁縣知縣

徐廷槐山陰人

以上周澍榜

九年辛亥

十年壬子

陶愈隆會稽人見進士

厲清來山陰人見進士

呂世奎會稽人

聞人棠山陰人見進士

魯繩錫會稽人

姚述祖會稽人見進士

胡述堯山陰人知縣

潘　鐵山陰人副貢

周世紀會稽人副貢見進士

章　灯會稽人安南營游擊

邵道寧山陰人

十一年癸丑

陶愈隆會稽人昌化縣知縣
諸徐孫會稽人

朱琬會稽人南河通判
陳應觀山陰人石門縣教諭
平奇新會稽人遂昌縣教諭
沈淳會稽人見進士
董唐錦山陰人順天中式
陳良士山陰人順天中式
吳道凝山陰人寄籍仁和順天中式
包大鵬會稽人
顧濤會稽人

蔣法麒山陰人府學歲貢

		錢師夔本姓許會稽人兵部職方司主事 沈英世會稽人 周　然山陰人寄籍大興內江縣知縣 厲清來山陰人靈石縣知縣 沈　淳會稽人 周仙芝山陰人 以上陳傚榜				
十二年甲寅				金　鯨山陰人歲貢 王　集會稽人歲貢		
十三年乙			劉名勳山陰人	陶思沂會稽人廣東歲貢		馮　彪山陰人 高元隼山陰人

卯

胡世繼山陰人富陽縣教諭

史積琦會稽人見進士

王炳山陰人

王法禮會稽人

成周助山陰人

孫際震山陰人順天中式永濟縣知縣

勞忠發山陰人寄籍錢塘

張鶩本姓茅山陰人順天中式見進士

羅世芳會稽人順天中式見進士

潘乙震寄籍東蘭州山陰人廣西中式見進士

田元全山陰人拔貢教諭

張天如山陰人府學拔貢山東濟東泰武道

吳修道會稽人拔貢

沈澐山陰人副貢訓導

以下年分無考

陳思周山陰人府學歲貢青田縣教諭

姚宗周山陰人恩貢

童昌山陰人歲貢

鄭哲貽山陰人歲貢

吳廷樞山陰人拔貢寄籍香

張泰來山陰人

徐健會稽人

胡宗發 山陰人廣東中式光山縣知縣

周　發 山陰人寄籍錢塘

河見舉人

孫瓚璋 山陰人歲貢

姜之珩 山陰人歲貢

姜　淇 山陰人歲貢

姜　垍 會稽人歲貢龍泉縣教諭

陳齊蕃 山陰人歲貢寄籍平樂永康縣知縣

陳　籥 山陰人歲貢

李文淳 山陰人副貢湖北督糧道

王天錫 會稽人順天副貢

王至善 山陰人拔貢

乾隆元年丙辰

周長發山陰人會稽籍舉博學鴻詞科授檢討官至侍講
傅王露會稽人未試
胡　浚山陰人未試
王　霖山陰人與試未用
胡天游山陰人與試未用
徐廷槐會稽人與試未用
周大樞山陰人與試未用
沈冰壺山陰人與試未用
陳榮杰會稽人寄籍祁陽原名世賢與試未用

張麟錫山陰人編修
姚述祖會稽人膠州知州
童國松會稽人高淳縣知縣
王秉和會稽人登州同知
史積琦會稽人河南道監察御史
潘乙震山陰人寄籍東蘭州編修
羅世芳會稽人寄籍大興知縣
周應宿山陰人句容縣知縣
以上金德瑛榜

陳　灝山陰人
余　蛟山陰人通判
洪　濤山陰人
周　煌會稽人
陳聲和山陰人
魯　楷會稽人清遠縣知縣
沈廷奎山陰人順天中式知縣
童翼麟會稽人
胡述城山陰人寄籍宛平順天中式襄城縣知縣
商思敬會稽人寄籍大興順天中式濟東泰武道
章　鑣會稽人順天中式見

周　重原名仲孫後改永新山陰人恩貢
盧　桓山陰人副貢
丁文熊山陰人歲貢
章　培會稽人府學副貢
姚在瀛會稽人恩貢
陳錫畿會稽人副貢
倪飛熊會稽人恩貢長興縣教諭
徐必瑾會稽人歲貢

金國瑛山陰人
賀士彬會稽人
章　紳會稽人北籍見武進士
趙　泰會稽人

進士

羅鳳儀 會稽人寄籍通州順天中式

堵國櫺 山陰人順天中式

朱鉅 山陰人

吳甯裕 山陰人山東中式

胡樞 會稽人南宮縣教諭

王文斐 山陰人

二年丁巳

鄒嶧 山陰人寄籍餘姚碑錄作嶙

施毓暉 會稽人寄籍餘姚

羅鳳儀 會稽人寄籍通州耒陽縣知縣

曹雲昇會稽人寄籍通州保靖縣知縣

以上于敏中榜

三年戊午

王培宗會稽人見進士

陶光煦榜姓平山陰人

姜向晟會稽人見進士

邱章山陰人

周世紀會稽人見進士

魯士睿山陰人

劉鳳飛會稽人見進士

陶杏秀會稽人見進士

李麟顯山陰人順天副貢教諭

魯嶸會稽人歲貢

章天垣會稽人再中順天副貢

趙增會稽人

章維會稽人北籍見武進士

徐達山陰人

茅張巽 山陰人順天中式

徐　垣 山陰人見進士

高　元 會稽人

陳齊紳 山陰人廣西中式見進士

陶思深 會稽人見進士

徐　浩 山陰人順天中式見進士

章嶽華 會稽人永嘉縣教諭

余　祚 山陰人見進士

王任湖 山陰人助教

姚敬灝 山陰人

謝錫佐 會稽人順天中式辰沅永靖兵備道

四年己未

聞人棠 山陰人，淩雲縣知縣

徐垣 山陰人，寄籍大興，湖北布政使

張鷙 本姓茅，山陰人，寄籍宛平

周世紀 會稽人

沈燡燔 原名懷屺，山陰人，德興縣知縣

王培宗 會稽人，施南府知府

祁成一 山陰人，餘慶縣知縣

沈儔嵩 一作姓丁，山陰人，寄籍蕭山，戶部主事

以上莊有恭榜

章紳 會稽人，廣東陸路提督

五年庚申				唐元泓山陰人歲貢定海縣訓導 陳兆楷會稽人歲貢 魯化熊會稽人順天副貢許州州判	
六年辛酉			徐說巖山陰人 楊際昌山陰人 陳廷柱山陰人見進士 余本本姓俞山陰人 劉三善山陰人知縣 周書會稽人龍游縣教諭 謝植會稽人	陳道煥山陰人府學拔貢 劉三善山陰人拔貢見舉人 胡位鑄山陰人副貢全州知州 姜鵬會稽人副貢 唐啓升會稽人拔貢 陳繼善山陰人寄籍閩縣拔貢見舉人	何長庚山陰人 高元麟山陰人 沈文顯山陰人 陳卓士會稽人

平　灯山陰人

王思滉會稽人見進士

王文耀山陰人國子監典簿

姚兆熊山陰人

梁國治會稽人寄籍通州鄞縣順天中式見進士

袁繼熊會稽人

王　莊會稽人

陶章曾改名奕曾會稽人開州知州

周世紫會稽人寄籍祥符河南中式見進士

倪緯祚會稽人寄籍西安廣東中式

	七年壬戌	八年癸亥
	徐浩 山陰人寄籍大興湖北布政使 章鑣 會稽人寄籍大興應城縣知縣 周世紫 會稽人寄籍祥符 以上金甡榜	
金紳 山陰人順天中式碣石鎮同知 楊德麟 山陰人寄籍大興見進士 吳廷樞 山陰人寄籍大興順天中式 陳繼善 山陰人寄籍閩縣		
	屠文光 會稽人歲貢	
	章維 會稽人兗州營游擊 裘鰲 會稽人	

九年甲子

王業銓會稽人
王道熙山陰人處州府訓導
胡大衍會稽人新安縣知縣
周道湖山陰人
金　鑑會稽人
孫大夏山陰人龍游縣訓導
孫開元會稽人
陶以忠會稽人見進士
吳　坤山陰人寄籍大興馬平縣知縣順天中式
李麟洲山陰人順天中式知州
周　垌會稽人寄籍溧縣順

周大榜山陰人優貢
王應辛山陰人副貢
范士毅會稽人歲貢
吳孝曾山陰人副貢昭文縣知縣
蔣法豪原名和玉山陰人歲貢

朱維嶽山陰人
劉王勇山陰人
韓　雲山陰人
壽禹幹山陰人見武進士

天中式

劉麟韶 山陰人順天中式

章天垣 會稽人順天中式見進士

鍾光豫 山陰人順天中式江蘇按察司副使

陶履常 會稽人

陳聖枚 山陰人寄籍平樂廣西中式

十年乙丑

陶以忠 會稽人寄籍大興山陽縣知縣

胡瀾一 會稽人蘄州知州

陶思深 會稽人禮部主事

陳養浩 會稽人歲貢

壽禹幹 山陰人陝西舊縣關游擊

		十一年丙寅	十二年丁卯
	勞忠發山陰人寄籍錢塘 姜向晟會稽人 以上錢維城榜		
			唐廷樾會稽人見進士 酈祖綬山陰人秀水縣教諭 陳文燦會稽人 汪倫秩會稽人 俞錫璉會稽人
		王繼槐山陰人歲貢 王序昭會稽人歲貢訓導 楊德浩山陰人	范周祚山陰人副貢 婁起畏山陰人副貢趙州州判 王利賓會稽人副貢 唐啓升會稽人副貢
			朱成章山陰人 陸英傑山陰人 邵雄飛山陰人

史積璟會稽人仙居縣教諭
茹永纛山陰人
李建烈山陰人
陳範會稽人
黄尚謨山陰人見進士
金傳世山陰人見進士
潘時選科名録作姓謝會稽人見進士
沈希賢山陰人知府
金塘山陰縣志作金鏞會稽人
俞載歌山陰人
柴揆山陰人教諭

婁元豹山陰人優貢

胡元吉 山陰人順天中式吉州知州

鍾元治 山陰人順天中式瑞安縣教諭

毛運昌 山陰人順天中式見進士

陳啓宗 山陰人寄籍通州順天中式見進士

陶思濤 會稽人

陳聖時 山陰人廣西中式見進士

陳聖準 山陰人廣西中式見進士

陳齊發 山陰人廣西中式直隸知縣

		鍾光序山陰人順天中式見進士		
十三年戊辰		梁國治會稽人寄籍通州漷縣一甲一名東閣大學士 金傳世山陰人衢州府教授 潘時選碑錄作姓謝會稽人鞏昌府知府 陳聖準山陰人寄籍平樂兵部職方司主事 陶杏秀會稽人登州府知府 以上梁國治榜	劉三連山陰人歲貢 平觀化改名潤載山陰人歲貢永康縣訓導 馮夢蘭會稽人歲貢 丁燭山陰人寄籍通州歲貢	
十四年己巳			姜之瓏山陰人府學歲貢	

十五年庚午

余介祚 山陰人見進士
單　璉 會稽人武城縣知縣
徐大正 山陰人
錢遵堯 山陰人
陶士麟 會稽人武義縣教諭
周元涪 山陰人孝豐縣教諭
章世元 會稽人見進士
俞元麟 山陰人寄籍會稽施秉縣知縣
魯觀瀾 本姓繆會稽人
李浚原 山陰人順天中式臺灣道

許兆美 山陰人恩貢
沈大寬 山陰人副貢
邱士銓 會稽人恩貢
姚　梅 會稽人副貢見舉人
鈕　宏 會稽人副貢
張全珩 會稽人歲貢
婁永淦 山陰人原名起霞副貢

陳廷奎 山陰人
求文彪 山陰人
沈　鎬 山陰人
孫鳳飛 山陰人見武進士
莫名揚 會稽人
傅元龍 會稽人
吳萬安 會稽人

徐枝芳會稽人

劉　敘會稽人

陸象樞山陰人順天中式知縣

平聖臺山陰人順天中式見進士

周朱城山陰人順天中式聞喜縣知縣

沈徐垣山陰人順天中式

胡元琢山陰人順天中式光山縣知縣

金世熊山陰人順天中式

陳聖傳山陰人廣西中式臺灣縣丞

陶世鳳 會稽人鬱林州知州
章聖傳 會稽人見進士
沈坦 山陰人寄籍祥符河南中式
謝逢辰 會稽人順天中式
王越康 會稽人
余丙 山陰人寄籍歷城山東中式

十六年辛未

王思滉 會稽人
唐廷槐 會稽人
陳廷柱 一作廷桂山陰人澧州知州
劉鳳飛 會稽人定安縣知縣
以上吳鴻榜

陶玉成 會稽人恩貢
朱頊齡 會稽人府學歲貢

十七年壬申

陳啓宗 山陰人寄籍通州澄城縣知縣
章天垣 會稽人寄籍大興吏部郎中
陳齊紳 山陰人寄籍平樂編修
以上秦大士榜

魯森蘭 山陰人
陳懷泮 會稽人
姚　墟 山陰人肅州州同
陶章堯 會稽人
徐士龍 山陰人寄籍德清
盛文淵 會稽人
章芳濱 會稽人安吉縣教諭
劉成堯 會稽人
孫嘉謨 會稽人
陳懷震 山陰人懷柔縣知縣
周大樞 山陰人順天中式平湖縣教諭
祝其玉 山陰人順天中式知

張嗣益 山陰人恩貢
楊　綸 山陰人副貢
余顯祖 山陰人副貢
陳河清 山陰人副貢
林應岐 山陰人府學歲貢
薛　桂 山陰人順天副貢
金元麟 會稽人恩貢
虞有嗣 會稽人歲貢
汪掄英 會稽人副貢

孫鳳飛 山陰人鉛山營都司

沈細營 山陰人
施大邦 山陰人武試第一
李雲彪 山陰人游擊
孫加木 會稽人
錢　斌 本姓李會稽人

縣

胡元復山陰人順天中式安吉縣教諭

平世增山陰人順天中式吉州州知

陳致新山陰人順天中式

魯大治會稽人順天中式

馮兆觀山陰人順天中式安邑縣知縣

周世緒會稽人

陳士謨會稽人寄籍杞縣河南中式長興縣教諭

柴　瀚山陰人寄籍番禺廣東中式桂東縣知縣

胡國林 山陰人廣東中式

劉邦憲 山陰人廣東中式

十八年癸酉

婁延崧 會稽人東陽縣訓導

沈常業 山陰人上蔡縣知縣

范家相 會稽人見進士

劉積基 山陰人

施大成 會稽人

倪必英 山陰人岳池縣知縣

莫奇 原名以成會稽人

兪元茂 會稽人

龔遜志 會稽人渭南縣知縣

高大爵 山陰人府學拔貢

鍾省 山陰人拔貢

金琢章 山陰人副貢安塞縣知縣

包化鵬 山陰人副貢

柴愼 山陰人副貢

兪永思 會稽人副貢永康縣教諭

章廷杞 會稽人拔貢豐潤縣知縣

朱擎宇 山陰人

朱柱邦 山陰人寄籍仁和

金國瑞 山陰人

章鞏 會稽人

車大震 會稽人

范成錦會稽人順天中式

鄭寅谷山陰人鳳陽府知府

王季勳山陰人順天中式

莫廷魁山陰人順天中式泰興縣知縣

陶澤淵會稽人順天中式

謝　洙會稽人順天中式膠萊運判

周世絪山陰人寄籍祥符河南中式

茹敦和榜姓李會稽人廣東中式見進士

張崇禮山陰人

十九年甲戌

平聖臺山陰人二甲一名廣州府同知

范家相會稽人柳州府知府

茹敦和榜姓李會稽人德安府同知

黃尙謨山陰人湯溪縣教諭

章世元會稽人平魯縣知縣

兪介祚碑錄作姓余山陰人知縣

陳聖時山陰人寄籍平樂刑科給事中

章聖傳會稽人

孫開元會稽人

以上莊培因榜

孟　煜山陰人歲貢

傅調梅會稽人歲貢

屠　驤會稽人歲貢

二十年乙亥

二十一年丙子

姚梅會稽人甌寧縣知縣
章汝楠會稽人文縣知縣
駱介眉會稽人
李國柄會稽人
胡紹祖山陰人寧海縣教諭
周世官山陰人
劉毓德山陰人撫寧縣知縣
陶振山陰人遂安縣教諭
倪佳駿山陰人戶部主事
詹國瑞山陰人邱縣知縣

胡裕仁山陰人府學歲貢
高梯會稽人歲貢

周起鳳會稽人

朱宗源會稽人

王利賓山陰人

周　堅後改名情山陰人順天中式元氏縣知縣

胡　禾山陰人順天中式

謝肇濂會稽人

王鳳起會稽人

平聖敬榜名陳敬山陰人順天中式見進士

朱成志山陰人知縣順天中式

夏　謨榜姓史山陰人順天中式

童翼熊山陰人保定縣知縣

			王作霖山陰人知縣廣東中式 章榮宗會稽人 王慶煒會稽人 胡嘉栗山陰人台州府同知順天中式			
二十二年丁丑	童鳳三山陰人應南巡召試欽賜舉人授內閣中書	鍾光序山陰人浦城縣知縣 蔡以臺榜			施大邦山陰人安徽右營守備	
二十三年戊寅				馬　璋會稽人歲貢		
二十四年己卯			吳鳳翥山陰人 杜　照會稽人 沈鳳來山陰人	余　基山陰人歲貢 章　鑑會稽人副貢		金　增山陰人北籍 金　坦山陰人北籍見武進士

施　諜山陰人寄籍仁和

俞廷峨山陰人科名錄作姓余見進士

丁宏嶙山陰人科名錄宏作安

黄合謨山陰人

吳壽昌山陰人見進士

田家賓山陰人順天中式見進士

王文湧會稽人

吳　璜山陰人順天中式見進士

周世英會稽人

朱文勳會稽人

王維楷會稽人副貢

魯揚廷會稽人拔貢

章承釪會稽人順天副貢

沈士傑會稽人歲貢

徐一飛會稽人

潘兆元會稽人

張遵路 會稽人順天中式
吳鼎科 山陰人江南中式見教諭
商衡 會稽人見進士
金思誠 山陰人順天中式井陘縣訓導
薛與之 山陰人
王瀚 山陰人河南中式
王再宜 會稽人順天中式

二十五年庚辰

童鳳三 山陰人吏部左侍郎
余廷峨 山陰人
吳璜 山陰人四川直隸州
楊德麟 山陰人寄籍大興鬱

王鴻業 改名增會稽人見進士
董楷 會稽人
杜維城 會稽人常甯縣知縣

高華銘 山陰人歲貢
胡焜 山陰人副貢再中辛卯副貢靈川縣知縣
錢廷錦 會稽人副貢

朱虎 山陰人寄籍仁和
徐永寧 會稽人
徐軼羣 會稽人
王鯤 會稽人

林州知州

以上畢沅榜

姚亢宗 山陰人錢塘縣教諭

汪瀾楫 會稽人

金尚清 山陰人見進士

傅金蘭 會稽人

沈詩杜 山陰人見進士

吳　獻 山陰人寄籍錢塘

吳　剛 會稽人科名錄作吳綱

李廷佑 山陰人長寧縣知縣

姚繼祖 會稽人銅仁府知府

陳　澧 山陰人川北兵備道

沈承業 會稽人天津兵備道

王雲中 會稽人府學歲貢

馬祖發 原名令純會稽人歲貢

陳　澧 山陰人府學歲貢見舉人

高兆懷 山陰人歲貢

丁　燾 山陰人寄籍順天通州歲貢

			周鉁山陰人寄籍錢塘鄖城縣知縣 王越奎會稽人見進士 丁浚山陰人順天中式 陳聖修山陰人寄籍平樂廣西中式雲南府通判			
二十六年辛巳		王越奎會稽人廣西道監察御史 王杰榜		陶奏成會稽人歲貢		
二十七年壬午			金玉章山陰人 田毓璐會稽人 韓義會稽人潮州府知府 周紹洙山陰人寄籍錢塘會	壽長庚山陰人恩貢 章廷槐會稽人府學歲貢 何權會稽人府學恩貢	陳宗武山陰人湖南長沙營都司	陳宗武山陰人武試第一見武進士 王千能山陰人 章棨會稽人 徐來同會稽人

稽縣教諭
諸　淳山陰人寄籍錢塘
龐兆懋山陰人寄籍仁和
祁　英山陰人順天中式
陳　惠山陰人順天中式
胡大棻山陰人順天中式內邱縣訓導
劉吳先山陰人廣東中式
吳徵士山陰人山東中式見進士

呂紹萊會稽人恩貢
王士楷會稽人歲貢

張肇義會稽人
金文煒本姓余會稽人
王　睿會稽人

二十八年癸未

商　衡會稽人鹽山縣知縣
田家賓山陰人廣西按察使

金　坦山陰人

	二十九年甲申	三十年乙酉
		吳壽昌山陰人應南巡召試授內閣中書
平聖敬山陰人知縣 以上秦大成榜		
		葉宣英會稽人 鍾學禮山陰人改名奎炎南康縣知縣 楊交泰改名寶樑會稽人 徐聯奎山陰人見進士
	沈文蔚山陰人府學歲貢 沈欽承山陰人府學歲貢 陳佳麟山陰人歲貢新城縣訓導 王承枚會稽人歲貢	錢廷輔山陰人府學拔貢 王世騰山陰人拔貢 陳寅賓山陰人副貢 茅連泰山陰人副貢
		鈕萬安山陰人

金　法會稽人

俞廷璇山陰人副貢

王世騰山陰人見進士

陶廷珍會稽人府學歲貢見舉人

潘廷筠山陰人寄籍錢塘見進士

潘汝炯會稽人拔貢上思州知州

施兆華山陰人

胡　鳳山陰人廣州拔貢永豐縣知縣

傅廷芳山陰人

吳尊盤山陰人見進士

俞大業山陰人教諭

章玉輅山陰人博山縣知縣

孫　錟山陰人改名鑑知府

章　嵒會稽人

陳士鎬山陰人嘉興縣教諭

沈詩李山陰人見進士

金紳山陰人

朱元麟改名覲山陰人順天中式內閣中書

謝樹本姓駱山陰人順天中式

章鑑會稽人順天中式

鄭大經山陰人廣東中式

周世績會稽人寄籍祥符河南鄉試第一見進士

胡龍光榜姓周會稽人見進士河南中式

陶中朗改名煒會稽人見進士山東中式

	三十一年丙戌
	金尚清山陰人五河縣知縣 王世騰山陰人知縣 徐聯奎山陰人南昌府同知 陶士麟會稽人張掖縣知縣 韓朝衡山陰人寄籍仁和廣東兵備道 以上張書勳榜
謝肇洞會稽人順天中式 謝錫位會稽人寄籍漷縣順天中式定遠縣知縣 鍾光哲會稽人 許定國會稽人	
	苗恩詔山陰人府學歲貢 王望松山陰人歲貢 錢　均會稽人歲貢

三十二年丁亥

劉以垂 會稽人

朱其淵 山陰人歲貢

章　柱 山陰人

三十三年戊子

王夢桂 會稽人見進士

李　筠 會稽人洞梁縣知縣

孫家賢 會稽人見進士

馬廷鉒 會稽人陝西留壩廳同知

王千驥 山陰人知縣

王兆嘉 山陰人教諭

謝嘉玉 山陰人夏邑縣知縣

周　洪 山陰人

胡紀謨 山陰人鞏昌府知府

王兆顯 會稽人府學歲貢

陳　鑌 會稽人府學歲貢

何文棫 會稽人歲貢

章學誠 會稽人順天副貢見進士

駱元鋐 山陰人歲貢

蔡必昌 山陰人知府順天中式

史積中 山陰人順天中式

田賦均 山陰人順天中式太平府訓導

包百行 山陰人順天中式

謝鑒洙 會稽人順天中式見進士

杜兆基 會稽人山西道監察御史

倪書 山陰人廣東中式

陳錩 山陰人廣西中式

周世治 會稽人寄籍祥符河南中式

朱近曾 山陰人順天中式見進士

三十四年己丑

吳壽昌山陰人侍講學士

沈詩杜山陰人平樂同知

沈詩李山陰人徽州府通判

吳徵士山陰人寄籍濟寧知府

朱近曾山陰人息縣知縣

毛運昌山陰人知縣

孫家賢會稽人刑部工科掌印給事中

何峻德山陰人寄籍貴州編修

以上陳初哲榜

三十五年庚寅

甯　錡 會稽人定番州知州

莫大邦 會稽人於潛縣訓導

李堯棟 山陰人見進士

李允炎 會稽人翼城縣知縣

沈大寬 山陰人訓導

金　巘 山陰人見進士

劉顯祖 山陰人

李建煦 會稽人內閣中書

余玉書 山陰人訓導

邵　颿 山陰人金匱縣知縣

順天中式

許　琬 山陰人歲貢

張方理 山陰人寄籍清苑順天副貢見舉人

胡良弼 會稽人府學歲貢

高兆恂 山陰人恩貢

朱鎮邦 會稽人武試第一見武進士

壽無疆 山陰人

俞元贊 山陰人

平　恕　山陰人順天中式見進士

孫　瀚　山陰人順天中式見進士

俞大猷　山陰人寄籍大興順天中式見進士

薛又謙　山陰人順天中式見進士

毛登瀛　本姓茅山陰人順天中式

陶奎聯　山陰人寄籍大興順天中式遂昌縣教諭

祝純瑞　山陰人寄籍滄州順天中式

章　錦　會稽人刑部員外郎順天中式

陳大文會稽人寄籍杞縣河南中式見進士
胡海山陰人慈谿縣教諭廣東中式
周世棨會稽人寄籍祥符河南中式見進士
周鳴珂山陰人
馬照藜會稽人

三十六年辛卯

王增會稽人一甲二名懷慶府通判
金鯎山陰人知縣
薛又謙山陰人知縣
史積容山陰人寄籍宛平廣

陶廷珍會稽人肅州同知
嚴文蔚會稽人
何惠山陰人教諭
余鐙山陰人

陳瑢會稽人歲貢新蔡縣教諭
向宏運山陰人府學歲貢
錢錫圭山陰人拔貢見舉人

陳起鵬山陰人
朱昌甯會稽人
徐永清會稽人
施兆登會稽人

西布政使

謝肇洙會稽人川南永寧道

以上黃軒榜

吳壽朋山陰人桐梓縣知縣

張方理山陰人寄籍清苑順天中式岳常澧道

楊廷說山陰人

王光照山陰人靑州府同知

唐　燦山陰人見進士

孫鵬翮會稽人仙居縣教諭

錢　均會稽人

陸文濤山陰人

董達著山陰人

吳　志山陰人

徐　愷山陰人

謝肇澍山陰人寄籍鄞縣松

陽縣教諭順天中式

胡　亮　山陰人富陽縣教諭順天中式

祁　堂　山陰人教諭順天中式

孫廷錦　山陰人順天中式

柴　模　山陰人順天中式

朱　震　山陰人順天中式

羅步雲　山陰人修武縣知縣順天中式

李文焯　山陰人順天中式

李　珪　山陰人順天中式

商　垣　山陰人寄籍大興順

天中式

劉　坤　山陰人順天中式

吳永清　會稽人新喻縣知縣順天中式

陸　湘　會稽人見進士

凌　相　會稽人

童　檝　會稽人寄籍清苑順天中式尤溪縣知縣

凌　浩　會稽人河南中式見進士

沈　謩　山陰人廣東中式

吳坦安　山陰人知縣廣東中式

三十七年壬辰

俞大猷山陰人寄籍大興一甲三名荊州府知府

平恕山陰人二甲一名戶部左侍郎

李堯棟山陰人湖南巡撫

陸湘山陰人寄籍保定中書

陳大文會稽人寄籍杞縣兵部尚書

淩浩會稽人寄籍中牟大定府知府

沈文炳山陰人寄籍蕭山

以上金榜榜

金尚濂山陰人府學恩貢

徐顒山陰人恩貢

高兆虬山陰人府學歲貢

王濬山陰人歲貢

胡百齡會稽人恩貢

鈕旲會稽人歲貢

駱元銳山陰人歲貢

朱鎮邦山陰人寄籍會稽游擊

三十八年癸巳

杜兆基會稽人南巡召試授內閣中書

謝之樞會稽人副貢

三十九年甲午

宗聖垣會稽人雷州府同知
杜　嵋會稽人見進士
章慶齡會稽人見進士
裘如熊會稽人
謝國樞會稽人見進士
商　庚山陰人廬陵縣知縣
平　遠山陰人見進士
章宗瀛會稽人見進士
屠學智會稽人
楊保椋山陰人教諭
徐　煌山陰人順天中式知縣

周　洪山陰人恩貢
沈大有山陰人副貢
錢邦基會稽人歲貢
章廷樺山陰人順天副貢肥城縣知縣

邵隨龍山陰人

馮振鷺 山陰人寄籍鄞縣順天中式荆門州知州

謝肇澐 會稽人順天中式

章錫堯 會稽人順天中式

謝肇源 會稽人順天中式

鍾錫圭 山陰人順天中式

胡文銓 山陰人順天中式見進士

王繼善 榜姓陳山陰人順天中式教諭

沈琰 改名炎會稽人順天中式臨安縣教諭

胡敬熙 山陰人順天中式

高明惠會稽人
徐本仁山陰人癸酉中式
張汝渭會稽人順天中式

四十年乙未
章宗瀛會稽人寄籍大興編修
胡文銓山陰人寄籍大興常德府知府
胡龍光榜姓周會稽人寄籍祥符楚雄府知府
周世棨會稽人寄籍祥符
孫瀚山陰人寄籍大興同知
王夢桂會稽人
唐燦山陰人知縣

		以上吳錫齡榜				
四十一年丙申				陳保和山陰人歲貢 陳宗琦山陰人歲貢 王佳木會稽人府學歲貢 王培元會稽人歲貢		
四十二年丁酉			李鼎山陰人 金寶會稽人 李策堂會稽人 朱華林會稽人 徐景芳會稽人見進士 陶鑑會稽人見進士	史步雲改名致光山陰人拔貢見進士 王兆顒山陰人歲貢 商元棠會稽人寄籍嵊縣拔貢 王夏山陰人府學拔貢分水縣教諭		單廷鎧山陰人 何世彥山陰人貴陽營撫標千總

孔傳家山陰人

茹　棻會稽人見進士

郭鳳鳴山陰人順天中式

陳　煜會稽人連江縣知縣

王　壇會稽人

章學誠會稽人順天中式見進士

陶廷鉞會稽人

沈　振本姓蕭會稽人

沈紹基榜姓王會稽人順天中式仙居縣教諭

何綸錦山陰人知縣河南中式

陳秋水會稽人拔貢見進士

沈錫周山陰人拔貢府學訓導

唐夢鵬山陰人副貢

聞人景山陰人順天副貢

四十三年戊戌		章慶齡會稽人弋陽縣知縣 潘廷筠山陰人寄籍錢塘御史 杜崿會稽人岐山縣知縣 章學誠會稽人國子監典籍 吳尊盤山陰人知縣 以上戴衢亨榜		劉一瀧山陰人歲貢 吳廷楝會稽人府學歲貢 金卓會稽人歲貢		
四十四年己亥			倪鶴臯山陰人見進士 柳超山陰人教諭 陳光第會稽人 徐僑會稽人鄞縣教諭	許元山陰人府學副貢 任傑會稽人副貢 陳俞鼎會稽人副貢見舉人 陳蘭芳會稽人副貢		朱釩山陰人 李長春山陰人

沈燮山陰人
李培會稽人
樊廷簡山陰人分水縣教諭
陶廷琡會稽人見進士
沈爔改名熙山陰人知縣
何裕卿山陰人順天中式
丁垌山陰人順天中式
丁堂山陰人順天中式
陳基高山陰人鄭州知州順天中式
胡元震會稽人
張汝霖會稽人寄籍大興順天中式

方策會稽人副貢
孫鏜會稽人副貢
陶曉會稽人歲貢寄籍廣東

史鴻義 會稽人寄籍宛平順天中式

章程 會稽人寄籍清苑順天中式

章廷楓 會稽人見進士順天中式

周理 山陰人寄籍祥符河南中式見進士

四十五年庚子

平遠 山陰人青州府同知

柴模 山陰人內閣中書

以上汪如洋榜

樊文煥 會稽人

平定 山陰人

周炳彥 山陰人寄籍蕭山

龐縠 會稽人

莫其量 山陰人

葛應曾 山陰人昌黎縣知縣

徐德成 山陰人恩貢

婁佩蓮 山陰人歲貢

魯學孟 山陰人府學恩貢

應元選 會稽人副貢

金磐 會稽人恩貢

王國泰 山陰人

吳大定 會稽人武試第一見進士

陳聖枚 山陰人廣西中式

陳曰壽 山陰人寄籍仁和
諸涵清 山陰人
平聖垣 山陰人鹽大使
江　桐 會稽人
沈廷梅 山陰人
王　霆 會稽人
李世琛 山陰人
張大鼎 山陰人武定州知州
王增福 山陰人順天中式
胡文錦 山陰人潁州府通判順天中式
兪廷樞 山陰人順天中式
張宗炎 會稽人

倪紹梁 會稽人歲貢
陶　甄 會稽人副貢見舉人

莫斯芳會稽人，見進士

周熾山陰人，聞喜縣知縣

孫辰山陰人，順天中式

孫廷鑑山陰人，順天中式

四十六年辛丑

陶廷琡會稽人，黔西州知州

謝國樞會稽人

周世績會稽人，寄籍祥符

陶鑑會稽人，鶴山縣知縣

周理山陰人，寄籍祥符，嘉應府知府

李珪山陰人，寄籍恭城

以上錢棻榜

孫大濩山陰人，府學歲貢

吳大定會稽人，正定營守備

四十七年壬寅				孫鴻飛會稽人府學歲貢石門縣訓導 趙　坦山陰人歲貢 龔　黍會稽人歲貢		
四十八年癸卯			周文楷會稽人常山縣教諭 史應元會稽人 茅　豫山陰人見進士 王宗槐山陰人 余淸標山陰人知縣順天中式 吳一騂山陰人寄籍錢塘順天中式 朱　晼山陰人順天中式	何　翀山陰人副貢 沈　炳原名蕙業山陰人副貢州同 孫鵬程山陰人副貢 徐　翀山陰人府學歲貢		龔天爵山陰人外委

史積英 山陰人寄籍宛平順天中式見進士

丁堦 山陰人見進士順天中式

沈堂 山陰人順天中式見進士

朱逵 會稽人

趙宜本 山陰人寄籍臨桂廣東中式見進士

周鎬 會稽人寄籍祥符河南中式

陳閑 會稽人寄籍仁和

胡廷錫 山陰人順天中式洪洞縣知縣

鍾家麟 會稽人

四十九年甲辰

何　金山陰人南巡召試授内閣中書官至貴州按察使

茹　棻會稽人一甲一名兵部尚書

章廷楓會稽人潁州府知府

倪鶴臯山陰人

史積英會稽人寄籍宛平

丁　堦山陰人寄籍順天通州山東鹽運使

以上茹棻榜

阮鳴珂山陰人府學歲貢

莫紀堂山陰人歲貢

張元灝會稽人歲貢

朱　澄山陰人府學歲貢

朱汝珠會稽人府學歲貢

五十年乙巳

孫廷燮會稽人府學恩貢

王廷璧會稽人恩貢

唐廷甲會稽人歲貢

俞亮天山陰人恩貢

五十一年丙午

徐　法會稽人改名福年行唐縣知縣

陳萬春山陰人

王　奎山陰人兩淮臨興場鹽大使

陳文興會稽人代州知州

陸　煥山陰人處州府教授

史致光山陰人原名步雲順天中式見進士

章宗源會稽人順天中式

李景和山陰人順天中式

陳大本山陰人順天中式

趙正源山陰人順天中式

沈元搢山陰人府學歲貢

陳其時山陰人歲貢

李師曾山陰人副貢屏山縣知縣

茹　棻會稽人副貢雲陽縣教諭

丁世熊會稽人歲貢

章鋶嘉會稽人寄籍清苑順天副貢

華國平山陰人

謝曾駟山陰人

徐品三 山陰人沁水縣知縣順天中式

吳　煦 山陰人寄籍清苑順天中式見進士

胡又蘭 山陰人順天中式

王　詩 會稽人順天中式見進士

陳大勳 會稽人

顧德慶 山陰人寄籍陽曲山西中式見進士

張鳴高 會稽人寄籍烏程

梁承雲 會稽人銅鼓營同知

陳　澍 會稽人寶雞縣知縣

謝澤會稽人順天中式

王鳳鳴會稽人順天中式伏羌縣知縣

朱青選山陰人岢嵐州知州

劉方振山陰人欽賜舉人

胡懋仁山陰人欽賜舉人

童賡揚會稽人欽賜舉人

五十二年丁未

史致光山陰人一甲一名都察院左都御史

吳煦山陰人寄籍清苑

茅豫山陰人知府

楊夢符山陰人刑部郎中

徐景芳會稽人

以上史致光榜

五十三年戊申

史上善會稽人鄉試第一

楊暉宇會稽人

葉騰蛟山陰人洵陽縣知縣

朱滌山陰人見進士

胡以謙會稽人米脂縣知縣

葛楙青山陰人寄籍蕭山

余大輝山陰人本姓俞

王克寧山陰人歲貢

潘人炳會稽人副貢見進士

李瀚會稽人歲貢

李鳳翔會稽人歲貢

周源原名清會稽人副貢見舉人

陳業灝山陰人歲貢

俞大璋會稽人

周灝會稽人奉化縣教諭

徐夢熊山陰人婁縣知縣

壽龍梅山陰人奉化縣教諭

周勳山陰人順天中式

陶甄會稽人

余祚山陰人見進士

王震安會稽人見進士

沈臨之山陰人順天中式教諭

胡卿山陰人河南中式濮州知州

史積中 山陰人寄籍宛平順天中式見進士

姚杰 會稽人見進士

潘墉 會稽人

金和 山陰人順天中式教諭

劉繼楝 山陰人順天中式

金檩發 山陰人順天中式

史積瑾 山陰人順天中式

徐鴻 山陰人順天中式見進士

王模 山陰人順天中式

陳士倬 山陰人順天中式

李澐 山陰人順天中式貴州按察使
童光熚 山陰人
劉元 會稽人
高明理 會稽人順天中式
馮翺
何綸錫 山陰人河南中式知縣

五十四年己酉

姚杰 會稽人溫縣知縣
顧德慶 山陰人寄籍陽曲侍郎
余祚 山陰人慶陽府知府
王詩 山陰人碑錄作王史

王衍桂 山陰人
韓煇 會稽人
陳秋水 會稽人見進士
秋學禮 山陰人秀水縣教諭
謝雲卿 會稽人東陽縣教諭

唐成瑚 山陰人府學拔貢
陳琅 山陰人拔貢副指揮
邵由義 山陰人副貢
李應釗 會稽人拔貢

葛承陛 山陰人長淮衛千總
龔安邦 山陰人
許定國 山陰人千總
章永淸 會稽人

青浦人
王震安會稽人欽賜檢討
以上胡長齡榜

楊如松會稽人
沈慧業會稽人欽賜副貢
陳兪鼎會稽人陝西知縣
胡應釗山陰人拔貢同安縣知縣
李師載會稽人
董觀化山陰人
周繼炘山陰人順天中式
茹　式會稽人順天中式
兪大謨山陰人平樂縣知縣
朱爲凱會稽人寄籍大興順天中式
胡啓嘉會稽人
謝聯桂會稽人
韓　理山陰人順天中式

茹　濤會稽人順天中式

金　甌山陰人順天中式見進士

汪桂林山陰人順天中式見進士

李　泉山陰人順天中式見進士

朱　繡

宋文彬山陰人順天中式祁縣知縣

陶堯佐會稽人

賞　澧會稽人

胡友芝會稽人

魯學孟山陰人欽賜舉人見進士

五十五年庚戌		史積中會稽人寄籍宛平 魯學孟山陰人欽賜檢討 以上石韞玉榜		高大祿山陰人府學恩貢 馮躍龍山陰人恩貢 朱　炳山陰人歲貢 邱哲文會稽人歲貢 劉傳錦會稽人恩貢	
五十六年辛亥					
五十七年壬子			傅德臨山陰人鄉試第一見進士 楊學琴山陰人 何蘭馥山陰人見進士 李騰蛟山陰人	胡宗瑷會稽人順天副貢再中嘉慶庚申副貢松陽縣教諭 莫　晉會稽人優貢見進士 金　洙會稽人拔貢寄籍歷城見進士	

張　超山陰人教諭

張維瑗會稽人

潘　蕙山陰人

王光勳會稽人

劉祖德山陰人

丁文鈺山陰人順天中式

商　起會稽人寄籍大興順天中式見進士

商　載會稽人寄籍大興順天中式見進士

史玉章

馬際泰會稽人汝州知州

汪應奎改名應培山陰人順天中式

施登瀛 會稽人順天中式

金紹驥 山陰人順天中式文安縣教諭

王　檢 山陰人四川中式寄籍瀘州見進士

陳懷震 山陰人陝西中式懷柔縣知縣

沈念祖 山陰人欽賜舉人

五十八年癸丑

陳秋水 會稽人二甲一名內閣中書

商　起 會稽人寄籍大興德平縣知縣

沈念祖 山陰人欽賜檢討

史廷夔 山陰人府學歲貢

何士民 山陰人貴州下江營游擊

五十九年甲寅

以上潘世恩榜

樊廷緒會稽人富陽縣訓導
沈清棟山陰人仁和縣教諭
陸文籀山陰人
姚樟山陰人麗水縣教諭
陳蕣延會稽人科名錄作咸
高鳳詔山陰人
史致焜山陰人
莫晉會稽人順天中式見進士
史積咸山陰人一作積賢
史積誠山陰人

黃志亮山陰人恩貢
周思鎬山陰人副貢再中嘉慶戊午副貢
范貽芬會稽人副貢

倪起蛟會稽人海壇鎮總兵

徐樂山

龐紹福山陰人順天中式海寧縣訓導

趙　嵘原名廷

丁玉燾山陰人寄籍清苑順天中式見進士

李醇和

車雲鵬會稽人嘉興縣訓導

陸時棟

沈繼善一作繼曾

梁承福會稽人建昌府知府

沈世求山陰人寄籍大興順天中式見進士

	六十年乙卯
	莫晉會稽人一甲二名內閣學士 沈樂善山陰人寄籍天津貴東道 李泉山陰人寄籍宛平平遙縣知縣
朱壽洣會稽人順天中式安南縣知縣 周岱齡山陰人寄籍祥符河南中式保定府知府 周崑會稽人見孝廉方正 陳鑭會稽人順天中式 張建中山陰人順天中式	余文燾會稽人瑞安縣教諭 章鏵山陰人 余懷瑾山陰人科名錄作姓俞 倪一桂會稽人大理寺丞
	梁承綸會稽人副貢政和縣知縣 李源山陰人順天副貢湖北督糧道 童震會稽人副貢見舉人 徐世枚山陰人副貢

趙宜本山陰人寄籍臨桂

章華會稽人寄籍清苑

以上王以銜榜

陸莪山陰人寄籍仁和青州府知府

沈睿杲會稽人

周源原名清會稽人寄籍宛平順天中式

章華會稽人寄籍清苑順天中式見進士

周渭會稽人順天中式

胡秉銓山陰人順天中式

陳元實

張紹光

平志山陰人

姜澍山陰人寄籍汜水見進士

沈達川會稽人

章尚怡會稽人副貢

以下年分無考

劉正誼山陰人會稽籍拔貢

劉大觀山陰人歲貢

劉文蔚山陰人優貢

陳廷儁會稽人歲貢

金冕會稽人歲貢

沈翼天會稽人歲貢

陳邦對會稽人歲貢

周鈖山陰人歲貢

劉天越山陰人

劉邦均山陰人寄籍番禺

金菁莪 寄籍番禺見進士

俞　鴻 改名緒象山陰人欽賜舉人

周　錦 山陰人歲貢

陸　崑 山陰人歲貢

陳行簡 山陰人歲貢

陳燕祚 會稽人歲貢

施夔理 山陰人恩貢

周應鳳 會稽人歲貢

周思淵 山陰人歲貢

壽致瀛 山陰人歲貢

唐奉善 會稽人歲貢秀水縣教諭

唐士銓 會稽人歲貢嚴州府教諭

徐民望 會稽人恩貢

紹興縣志資料第一輯選舉上刊誤表

第一頁前幅第四行陸之用誤用之

又　後幅第三欄内以上十二人皆順天中式應用小字誤用大字

第三頁後幅第五行補吴邦直山陰人副貢

第四頁前幅第四行陳錫華下加荆州屯田守備

又　後幅第八行王三元下加處州府守備

第七頁前幅第三行姚啓盛下删給事中

又　後幅第五行葉逢時下武進士落武字

第八頁後幅第七行吴錫綬下加羅定都司

第十一頁後幅第十二行周文英下武進士落武字

又　又　第十四行董良櫹下删良櫝弟

第十二頁前幅第十三行高允焯高誤周

第十六頁後幅第五行羅坤下丁憂未試誤與試未用

第二十三頁後幅第六行鍾志翰志誤之

第二十五頁前幅第十行張世文下加見進士

第二十九頁後幅第三行沈竹下加右中允

第二十九頁後幅第三欄舉人何起貴杜文光俞名言吳迪琮四人連註誤入第二欄內第四欄頁生陶及申連註誤入第三欄內應改正

第四十頁前幅第四行曹雲昇下加見進士

第四十六頁後幅第二行羅鳳儀下加見進士

第五十五頁前幅第五行平世增下吉州知州誤州知

第五十八頁前幅第十四行沈鳳來下山陰人改會稽人西安縣教諭

第五十九頁前幅第二行吳鼎科江南中式下見字衍

第六十二頁前幅第三行朱元麟下改名綆綆誤鯁

又　後幅第一行謝肇洞洞誤洞

第六十三頁前幅第四行童杜童誤章

又　又　第六行銅梁縣銅誤洞

第七十二頁後幅第十二行錢梥榜梥誤棊

紹興縣志資料第一輯

選舉表下

清	薦辟	進士	舉人	貢生	武進士	武舉
嘉慶元年丙辰	孫連玉山陰人舉孝廉方正科辭不赴試	金甌山陰人寄籍天津 丁玉壽山陰人寄籍清苑中書 俞鴻山陰人改名緒象欽賜檢討 以上趙文楷榜		俞大綱山陰人歲貢		賀太平會稽人
二年丁巳						
三年戊午			蔣恆煜山陰人寧海縣教諭 楊祖薌山陰人科名錄薌作香	李壎山陰人歲貢 汪咸山陰人順天副貢州判		

馬志燮 會稽人見進士

章煒 會稽人秀水縣教諭

董成 山陰人

姚錫麟 山陰人

杜錫疇 會稽人盩厔縣知縣順天中式

姚存垣 山陰人原名章垣寄籍陽山廣東中式

李曾

王達

茅錫晉

陸樟 山陰人寄籍天津順天中式見進士

孫仲清 會稽人

顧廷綸 會稽人優貢武康縣訓導

李夢熊 會稽人

陶堯臣 會稽人順天中式上饒縣知縣

高廷魁 寄籍大興順天中式見進士

陳思濟 山陰人欽賜舉人見進士

四年己未

史致儼 山陰人會試第一

沈士煜 寄籍天津碑錄作沈士熚

朱滐 山陰人臨江府知府

張學紹 寄籍平涼

何蘭馥 山陰人刑部貴州司員外郎

陳增高 山陰人府學恩貢

王　檢山陰人寄籍瀘州山東鹽運使

沈世求山陰人寄籍大興主事

林天培會稽人寄籍大興惠潮嘉兵備道

賞　鍇山陰人寄籍宛平寶豐縣知縣

汪桂林山陰人濟河縣知縣

陶　煒會稽人欽賜檢討

陳思濟山陰人欽賜檢討

以上姚文田榜

五年庚申

潘人炳會稽人見進士
杜鎬改名金鑑會稽人瀏陽縣知縣
潘尙楫會稽人曹州府知府
孫雲錦會稽人桐鄉縣教諭
何蘭汀山陰人見進士
金廷理會稽人鎭海縣教諭
余錦文會稽人
陳攀桂會稽人原名以政又名葵平陽縣訓導
張葆改名世藻寄籍大興順天鄉試第一見進士
陶鎔會稽人寄籍宛平順

潘江山陰人恩貢
張南星山陰人副貢
陳紹龍山陰人府學歲貢
馮廷棟山陰人歲貢
屠杏樑會稽人副貢桐廬縣教諭

姚寶燕山陰人
陳斌會稽人

天中式見進士

陸佳棟

王文奎

錢　標山陰人山陰志作澐順天中式見進士

沈調元

陶慶祺會稽人衢州府教授

張汝垣

金菁蘭寄籍番禺

沈用維寄籍清苑順天中式見進士

周宗泰

傅士奎會稽人順天中式濟南府同知

沈長清會稽人順天中式

六年辛酉

商載 會稽人寄籍大興編修
錢樗 山陰人寄籍宛平
虞鴻 山陰人寄籍大興碑錄作姓徐
姜澍 山陰人寄籍汜水
許紹光 會稽人
以上顧皋榜

言九經 會稽人
陸茂 山陰人寄籍仁和阜甯縣知縣
張文煥 會稽人
馬光瀾 會稽人見進士
范炳士 會稽人見進士
何因鑰 山陰人
聞人熙 會稽人見進士
沈禮因 會稽人見進士
史致霖 會稽人青田縣教諭
童璜 山陰人見進士
陳澄清 會稽人見進士
丁晋階 山陰人
王舜敷 山陰人

童璜 山陰人拔貢見進士
何一坤 山陰人優貢
潘道泰 山陰人府學歲貢
吳傑 會稽人拔貢見進士
胡潮 山陰人副貢見舉人
平宗海 山陰人寄籍順天拔貢
陳觀保 會稽人寄籍南陽拔貢
陳謨 會稽人寄籍大興副貢

沈永維

胡開益寄籍宛平順天鄉試第一見進士

蕭翀

錢相寄籍大興順天中式見進士

范文楷

程希濂會稽人順天中式桐鄉縣教諭

孟百川

屠倬會稽人

陳道泰

陶福元會稽人

徐鴻山陰人

徐鳳巘山陰人欽賜舉人

七年壬戌

莫斯芳 會稽人寄籍咸甯

何蘭汀 山陰人雲南府知府

潘人炳 會稽人

陸　樟 山陰人寄籍天津平陸縣知縣

胡開益 寄籍宛平

葉懋勳 山陰人知縣

高廷魁 寄籍大興

金菁莪 寄籍番禺兵部主事

高明理 山陰人寄籍大興

謝學崇 山陰人開歸陳許兵備道

以上吳廷琛榜

俞　暘 山陰人府學歲貢

王焴倫 山陰人歲貢

八年 癸亥

九年 甲子

沈毓瑛本名庚會稽人鄉試第一永康縣教諭

胡潮山陰人知縣

金揀會稽人教諭

馬步蟾會稽人見進士

王樹寔山陰人

屠鱻原名誠豫會稽人

沈調元會稽人

邵騄會稽人

沈承祚山陰人

沈星然會稽人

沈煒山陰人歲貢

胡定國山陰人象山營副將

姚寶勳山陰人武便門千總

章　棨　會稽人見進士

謝　照　山陰人陵川縣知縣

章國華　會稽人

章復旦　會稽人永春州知州

孫雲楣　會稽人

陳國梓　會稽人

王樹寶　山陰人龍游縣訓導

宗　霈　會稽人見進士

宋　京　會稽人松陽縣教諭

范廷懋　順天中式蘭溪縣教諭

胡　杰　山陰人順天中式安東縣知縣

章長齡 會稽人刑部員外郎

胡 栻 山陰人寄籍大興順天中式

周 澧 會稽人寄籍大興順天中式

周之瑀 山陰人寄籍祥符河南中式見進士

周之琦 山陰人寄籍祥符見進士

范 澍 會稽人寄籍龍州見進士

劉九華 山陰人順天中式

俞宗淮 原名暘山陰人國子監學正

茹國華

年					
十年乙丑		童璜山陰人禮部主事 沈禮因會稽人 范澍會稽人寄籍龍州高邑縣知縣 以上彭浚榜	周城山陰人府學歲貢 周圻山陰人寄籍保定歲貢	裘安邦會稽人徐州鎮總兵	
十一年丙寅			唐元汾山陰人歲貢 周辰會稽人歲貢		
十二年丁卯		王衍梅會稽人見進士 胡思聰山陰人開化縣教諭 羅耆勳山陰人見進士 張震山陰人科名錄作張震林	王洽鑫會稽人副貢德州知州 胡豹文山陰人廣東副貢見進士		金殿魁山陰人原名汝賢

杜　煦山陰人內閣中書

高鳳臺山陰人內閣中書

高德馨山陰人鄖縣知縣

馮思澄山陰人見進士

高詠仙山陰人鄖縣知縣

沈　增會稽人

李青選山陰人見進士

杜春生山陰人內閣中書

韓金城山陰人德清縣教諭

胡　澐會稽人見進士

張　晟會稽人

馮春潮山陰人慶元縣教諭

徐望之山陰人

高時鴻

潘　楾會稽人順天鄉試第一見進士

汪桂葆山陰人寄籍大興見進士

章太和會稽人蒲台縣知縣順天中式

陳繼義

朱壽清

胡揖泰山陰人順天中式杜瀆場鹽大使

華長震

金　洙會稽人寄籍歷城山東中式見進士

章　燮

范　湘

孫規瀛山陰人烏程縣教諭

金殿魁山陰人

沈　禮山陰人寄籍大興順天中式見進士

吳　樞會稽人改名案順天中式

賀長齡會稽人寄籍善化湖南鄉試第一見進士

賀熙齡會稽人寄籍善化見進士

十三年戊辰

周之琦 山陰人寄籍祥符廣西巡撫
張　葆 寄籍大興
沈　禮 山陰人寄籍大興
傅德臨 山陰人甯河縣知縣
汪桂葆 山陰人寄籍大興河縣知縣
陳澄清 會稽人
賀長齡 會稽人寄籍善化河南布政使
以上吳信中榜

周辰謨 山陰人安吉縣教諭
張德尊 山陰人高要縣知縣
何金銘 山陰人南宮縣知縣
李師泌 會稽人青田縣教諭
陳鴻逵 山陰人廣東大洲場鹽大使
翁文源
倪春溶 山陰人
楊體全
賞　濟 會稽人
陳　詩 寄籍宛平見進士
鈕士元
丁元福

胡　滕 山陰人副貢
嚴大昌 山陰人副貢
劉毓仁 原名家駒山陰人
孫　琇 山陰人寄籍華陽歲貢
方觀旭 山陰人副貢
潘一桂 會稽人副貢見進士
陳　淼 會稽人歲貢

丁文鎣 山陰人寄籍通州順天中式

謝 炡 改名國恩會稽人順天中式

莫 焜 會稽人順天中式見進士

高以本

汪能肅 山陰人廣西鄉試第一嘉善縣教諭

姜 梅 山陰人寄籍汜水河南中式見進士

王景銘 寄籍宛平順天中式見進士

葛德會 山陰人原名鳳芝同知

周　凱山陰人寄籍富陽見進士

胡少起山陰人順天中式

金西成會稽人廣西中式

胡豹文山陰人廣東中式

鄭起昌寄籍陽曲山西鄉試第一

張　杓山陰人寄籍番禺廣東中式

十四年己巳

聞人熙會稽人二甲一名思南府知府

潘　榞會稽人甘肅甯夏道

馬志燮會稽人雲南迤西兵備道

宗霈 會稽人零陵縣知縣

陳詩 寄籍宛平

金洙 會稽人寄籍歷城浙江督糧道

潘光煒 寄籍承德

范炳士 會稽人

張兆祥 寄籍清苑

以上洪瑩榜

十五年庚午

孫繼仁 會稽人秀水縣教諭

葛鳳喈 山陰人安吉縣教諭 科名録作鳳堦

陳含輝 山陰人孝豐縣教諭

丁墀 會稽人

駱廷桂 山陰人恩貢

何爾厚 山陰人優貢

徐師濂 會稽人副貢教諭

尹廷棟 山陰人山東濟甯衛千總

鍾宏音 山陰人

姚汝晋 會稽人見進士

謝沛然 會稽人

陳掄英 山陰人秀水縣訓導

徐方同 原名元經會稽人南安州知州

潘一桂 會稽人見進士

孫蘭畹 會稽人

馮富春 山陰人

吳傑 會稽人見進士

余燮 一作姓俞山陰人順天中式臨海縣教諭

章箴 會稽人河南中式寄籍虞城見進士

十六年辛

馬步蟾會稽人徽州府知府

章書城山陰人

謝烺會稽人順天中式新城縣教諭

沈兆澐

郭應奎順天中式於潛縣教諭

胡炯

俞文德會稽人寄籍大興

錢寅杰

倪紹瓚山陰人

鍾恂山陰人原名新改名一鶴順天中式

未

莫焜會稽人寄籍大興禮部員外郎
陶鎔會稽人寄籍宛平恩縣知縣
王衍梅會稽人武宣縣知縣
余寅元山陰人
章箴會稽人寄籍虞城沙縣知縣
周凱山陰人寄籍富陽臺澎兵備道
沈用維寄籍清苑
以上蔣立鏞榜

十七年壬申

高璡改名金成會稽人歲貢

十八年癸酉

葛起元 山陰人見進士
陳孚 山陰人
周祿 山陰人
朱澐 山陰人
李釗 會稽人
馮賡 山陰人國子監學正
秋金 改名家丞 山陰人邳州知州
趙文 原名原本 山陰人
陶際堯 改名際清 會稽人見進士
馬洲 會稽人見進士
陳保元 會稽人碭山縣知縣

孫大松 會稽人副貢見舉人
張世慶 山陰人拔貢
陳淵淳 山陰人副貢見舉人
楊槩 山陰人優貢泰順縣訓導
羅觀海 山陰人拔貢南雄州知州
沈厚 會稽人寄籍宛平拔貢松陽縣教諭
陳寶 改名彥泳 山陰人拔貢見進士
沈鵬 山陰人寄籍祥符拔貢見進士
黃崇祿 山陰人拔貢昭平縣知縣

十九年甲

吴　傑會稽人工部右侍郎

唐建庚會稽人寄籍大興順天中式見進士
周曰炳山陰人順天中式見進士
潘　璿見進士
史積薪山陰人見進士
朱其蘭
范如垣會稽人
傅錫光寄籍保定
沈宗信
周善感山陰人寄籍清苑順天中式南平縣知縣

陶　軒會稽人歲貢
陳保元會稽人拔貢見舉人
倪崧堂改名崧會稽人拔貢見進士

戊	二十年乙亥	二十一年丙子
馮思澄山陰人高郵州知州 姜　梅山陰人寄籍汜水山西冀寧道 姚汝晉會稽人工部主事 賀熙齡會稽人寄籍善化河南道御史 以上龍汝言榜		
		王鳳書山陰人 朱慶祺山陰人見進士 黃崇燾山陰人科名錄作黃
		姚汝安山陰人副貢見舉人 章　誥會稽人見舉人 朱學言山陰人副貢

宗燾

范正春山陰人

章錫金會稽人教習知縣

陳東寅山陰人

馮紹京山陰人龍游縣訓導

余景福會稽人

茅松齡山陰人

倪　崧會稽人見進士

何鎮揚會稽人

韓紹寅山陰人順天中式

童德鋏會稽人寄籍清苑順天中式武宣縣知縣

孟廣沅會稽人寄籍大興順天中式見進士

陳學俊山陰人歲貢

金鑑榜山陰人順天副貢

王　霖會稽人副貢州判

徐殿鰲會稽人

張啇霖

黃士培

俞佐慶山陰人洪洞縣知縣

陳淵濱山陰人改名淵純雲南中式

胡裕昆山陰人順天中式

徐　穀山陰人

金　淇山陰人順天中式

俞　焜山陰人見進士

二十二年丁丑

章　棨會稽人沙河縣知縣

馬光瀾會稽人山東鹽運使

陶際清會稽人常德府同知

以上吳其濬榜

二十三年戊寅

章大奎 會稽人見進士

王藩 會稽人見進士

馮組 山陰人

趙毓琇 改名光煦山陰人

唐楊獻 會稽人

沈文潮 山陰人

史承沛 山陰人

杜鳳梧 山陰人見進士

張景燾 會稽人臨海縣教諭

王斌 會稽人見進士

韓清瑞 山陰人烏程縣教諭

曾文炯 會稽人太谷縣知縣

周師濂 山陰人歲貢訓導

胡塍 山陰人副貢見舉人

杜錫馨 會稽人順天副貢

駱之驥 山陰人歲貢

史致克 山陰人恩貢

周廷鈁會稽人階州知州

金淮山陰人

馮楙昭山陰人

陳光相會稽人

孟世樏

陳承茂山陰人秦州知州

沈桂山陰人順天中式

丁文釗寄籍通州順天中式見進士

章和梅會稽人順天中式

何士郊山陰人順天中式

孫濟山陰人見進士

馮文燦寄籍大興順天中式見進士

鮑漮

金甲

姚鼎會稽人欒昌縣知縣順天中式

徐楙如

陳大榮

茅丙燵山陰人高陽縣教諭

陳方崙山陰人順天中式

金啓寅山陰人

二十四年

周曰炳山陰人寄籍宛平興泉永兵備道

王文瀾會稽人鄉試第一

諸星杓原名林會稽人慈溪

胡容松山陰人副貢石門縣教諭

葛雲飛山陰人見武進士

胡鎮邦山陰人

己卯

馬　洲會稽人寄籍宛平戶部主事

羅耆勳山陰人延津縣知縣

潘一桂會稽人懷遠縣知縣

史積薪山陰人

以上陳沆榜

縣教諭

勞　誠會稽人改名丙堃

駱鵬雲山陰人

張　源山陰人知縣

姚汝安山陰人開化縣教諭

章丙奎山陰人孝豐縣教諭

徐金城山陰人

秦　震山陰人

王球琳山陰人慶元縣教諭

陳　基山陰人

沈其雲山陰人見進士

陸　忠山陰人

章　復會稽人慶元縣訓導

謝之樞會稽人副貢新甯縣知縣

金　綸山陰人副貢

婁　堉山陰人龍游縣訓導

朱慶熹山陰人

汪世清山陰人

倪步洲會稽人改名炕順天東路廳同知

陳慶儒會稽人太平縣訓導

何鳳藻山陰人象州知州

余積勳

莫元遴會稽人寄籍大興順天中式見進士

何　起改名丙勳山陰人見進士順天中式

陳　謨

姚春江山陰人順天中式

杜錫衍會稽人見進士順天中式

沈潮

朱燮華

朱瀚原名瀛寄籍仁和

孟烜原名巨鑑山陰人順天中式全椒縣知縣

鍾調梅會稽人順天中式

徐青照山陰人順天中式

王埏會稽人

李瑛原名攀翰山陰人順天中式崇陽縣知縣

二十五年庚辰

俞焜山陰人永郴桂道
錢相寄籍大興
丁文釗寄籍通州
馮文燦寄籍大興
以上陳繼昌榜

陳鴻磐山陰人歲貢訓導
陶錦嶂會稽人恩貢
姚寶㷼山陰人歲貢
以下年分無考
王衍梅會稽人拔貢見進士
姜貽綏山陰人寄籍大名歲貢
陳懷琨山陰人拔貢寄籍涪州

黃應鶚山陰人北籍
以下年分無考
王賡嘉會稽人
劉光鎬會稽人玉環廳左營守備

道光元年辛巳

史致雲山陰人舉孝廉方正科
周崑會稽人嵩縣知縣
陳鴻熙山陰人辭不赴試

勞慶恩會稽人改名沅恩定州州同
李燮鼎會稽人邵武縣知縣
何寶書山陰人
童震會稽人

周崧會稽人副貢
馬琦會稽人恩貢
胡鵬飛山陰人副貢宣平縣教諭
章有慶會稽人副貢

葛雲璈山陰人

柴傳洙山陰人

方　煦山陰人内閣中書

張世光山陰人

高驤雲原名鈺山陰人房山縣知縣

史悠清山陰人改名宇清

屠湘之會稽人見進士

劉鴻庚原名夢庚會稽人漢陽縣知縣

余炳燾榜名廷珍山陰人河南按察使

宗績辰改名稷辰會稽人山東運河兵備道

陳熊占會稽人嘉善縣訓導

施𣔻

章誥會稽人長子縣知縣

屠維翰

張文煜會稽人順天中式冀州訓導

傅繹見進士

韓景棠

何士祁山陰人順天中式見進士

史致蕃山陰人順天中式見進士

李攀龍山陰人改名光涵寄籍大興順天中式見進士

陳鏕會稽人見進士

王　澐會稽人順天中式甯夏兵備道

阮維澄會稽人

徐業鈞會稽人順天中式臨淄縣知縣

黃培燦會稽人順天中式武昌府同知

童　照改名光錞會稽人順天中式

沈宗慶會稽人順天中式

孫秉元

陳翼良

陶福恆會稽人寄籍南昌江西中式見進士

陳其銘寄籍番禺廣東中式

史麟善 山陰人順天中式臨江府知府

童光鏁 會稽人順天中式

王瑞慶 山陰人寄籍大興順天中式見進士

胡兆松 會稽人榜名炳文順天中式夏縣知縣

二年壬午

沈其雲 山陰人濟河縣知縣

何士祁 山陰人松江府知府

李青選 山陰人

杜鳳梧 山陰人涇縣知縣

徐青照 山陰人寄籍大興潁州府同知

杜寶辰 山陰人見進士

陳　寶 改名彥泳山陰人見進士

許正綬 會稽人寄籍上虞見進士

俞元桂 山陰人

馮　淳 山陰人

馮　棻 山陰人

馬景韓 會稽人恩貢訓導

周　恆 山陰人恩貢寄籍富陽山陰縣訓導

章和會 會稽人寄籍宛平順天副貢見舉人

章書熢 山陰人恩貢

以上戴蘭芬榜

何元杰山陰人見進士

陳光緒原名詩會稽人見進士

汪雲會稽人遂昌縣訓導

楊景山陰人見進士

胡泰清改名寶榮會稽人蘭溪縣教諭

陳秉鎔山陰人

秦鏞山陰人

胡秉楠改名泰階會稽人瀏陽縣知縣

田襄會稽人

潘鹿苹改名燮元山陰人

沈　渠　原名杏芳會稽人

陸慶霖　原名朝鑫改名簡金山陰人工部郎中

屠　榮　會稽人

王庚華　原名鎔改名慶齡會稽人元江州知州

吳慶齡

謝嘉玉　山陰人順天中式

章和會　會稽人順天中式

劉　湄　山陰人湖北中式

陳式玉　會稽人順天中式

徐　耀　寄籍宛平見進士

李涵

胡炳

徐葆楠山陰人

姚鼎順天中式

孫大松會稽人

周燦孫會稽人寄籍大興順天中式

孫塏山陰人順天中式

王燮元原名晉山陰人臨安縣訓導

沈清改名榮

徐承恩改名承惠會稽人順天中式涇陽縣知縣

徐慶綸

桑春榮 會稽人寄籍宛平順天中式見進士

宋以治 會稽人順天中式昌化縣教諭

沈　鵬 山陰人寄籍祥符河南中式見進士

王德溶 山陰人順天中式

謝承檀 改名榮埭 山陰人寄籍大興順天中式見進士

王　梧

汪　運

王顯緒 山陰人順天中式陵川縣知縣

馬騰飛

俞秉直

三年癸未

周之璵 山陰人寄籍祥符

陶福恆 會稽人寄籍南昌開歸陳許兵備道

史致蕃 山陰人寄籍宛平

孫濟 山陰人寄籍大興厦門同知

王斌 會稽人

胡澐 會稽人棠縣知縣

唐建庚 會稽人寄籍大興溫州府教授

以上林召棠榜

陶炳奎 會稽人恩貢

樊廷筠 山陰人歲貢

葛雲飛 山陰人定海鎮總兵

四年甲申

五年乙酉

陳檝 改名逢申 山陰人
董梗 會稽人天台縣教諭
陳衍
姚汝諧 會稽人湖州府教授
陳慶倈 會稽人東莞縣知縣
周用錫 會稽人
姜曾瑞 改名葆泰 會稽人
劉驥 山陰人
何浚 會稽人泰順縣教諭
胡塍 山陰人襄城縣知縣
謝煥 山陰人
董琛 改名師雍 山陰人順

史悠溶 山陰人副貢
王夢舟 山陰人拔貢
梁金詔 會稽人副貢見舉人
商嘉言 會稽人拔貢
王汝棨 會稽人拔貢見舉人
何裕承 山陰人拔貢寄籍祥符見進士
陶恩培 會稽人副貢見進士

黃其漢 山陰人漳州鎮總兵

天中式

金瑩

金琳 山陰人順天中式

黄培杰 會稽人順天中式都匀府知府

李雲楣 山陰人寄籍天津

陳慶樞 會稽人

王發桂

胡雲鵬

馬光奎

丁廷寶

章文津 寄籍大興

陶大銓 會稽人江西中式

勞崇光 山陰人湖南中式見

進士

王錫九 會稽人寄籍汾陽山西中式見進士

丁芑詒 寄籍長安見進士

周稻生

馮祖京 山陰人寄籍祥符河南中式正陽縣教諭

嚴啓庚 會稽人知縣順天中式

六年丙戌

王　藩 會稽人吉南贛甯道

屠湘之 會稽人金華府教授

章大奎 會稽人處州府教授

葛起元 山陰人東臺縣知縣

李聯奎 會稽人歲貢訓導

莫元遴 會稽人寄籍大興高唐州知州

孟廣沅 會稽人寄籍大興鹽山縣知縣

以上朱昌頤榜

七年丁亥

八年戊子

陳慶偕 會稽人見進士

金坤一 山陰人通渭縣知縣

包巽權 寄籍錢塘

章棨 山陰人見進士

裘象坤 會稽人

姚鈐 山陰人副貢再中辛卯副貢石碼通判

陶斯曾 會稽人順天副貢

姜楠 山陰人優貢寄籍汜水

樊廷枚 山陰人歲貢

朱莊原名傑林山陰人義烏縣教諭　婁咸山陰人副貢

顧丙輝會稽人德清縣教諭

孫義山陰人寄籍仁和見進士

劉詩山陰人

倪杰會稽人見進士

金漢

徐文英

梁敞

史致康山陰人

余偉順天中式

陶澐會稽人見進士

嚴文瀚會稽人見進士

陸宗燾

朱其榮寄籍宛平見進士

沈貽芳

陶紹泉會稽人

孫瀛原名朝傑山陰人順天中式

何裕承山陰人寄籍祥符河南中式見進士

陳成柱

易棠山陰人見進士

夏時彥

米竹英

胡清綬四川知縣

九年己丑

傅繹 寄籍大興

孫義 山陰人寄籍仁和

潘濬 會稽人井研縣知縣

李攀龍 改名光涵山陰人寄籍大興甯武府知府

朱式暻 寄籍天津

楊景 山陰人通海縣知縣

陶澐 會稽人寄籍大興福建道

易棠 山陰人寄籍善化陝甘總督

倪杰 會稽人大理寺正卿

許正綬 會稽人寄籍上虞嚴

州府教授

以上李振鈞榜

十年庚寅

十一年辛卯

潘恭壽山陰人寄籍仁和鄉試第一陝西知府

沈兆霖會稽人寄籍錢塘見進士

沈元祁會稽人知縣

朱　芸會稽人

陳　謨山陰人見進士

丁　奎山陰人

馮　臺會稽人

汪步洲山陰人副貢

王燕賓山陰人副貢

劉先湛山陰人

嚴鶴齡山陰人
馬百慶榜名瑷會稽人見進士
馬永高會稽人
邱廷藻山陰人教諭
單春溯山陰人湖州府教授
楊文和會稽人順天中式
沈鴻會稽人順天中式
高魯
孫棠
胡揖湝山陰人順天中式見進士
胡光泰山陰人寄籍大興見進士

何　鎔山陰人順天中式見進士

趙善慶

童光晉原名光煒山陰人順天中式陽江縣知縣

胡光燾山陰人

孫　澐改名塏會稽人

王觀潮山陰人寄籍宛平保定府訓導

陳　烱

陳鍾祥山陰人貴州中式趙州知州

趙榮祺山陰人寄籍大興順天中式東安縣知縣

楊南琛山陰人

十二年壬辰

朱慶祺 山陰人陝西潼商道
丁芑詒 寄籍長安
桑春榮 會稽人寄籍宛平刑部尚書
勞崇光 山陰人寄籍善化雲貴總督
倪崧 會稽人戶部主事
何鎔 山陰人寄籍宛平恩縣知縣
以上吳鍾駿榜

譚廷襄 山陰人見進士
沈傳薪 會稽人分水縣教諭
潘堯臣 山陰人科名錄作會稽人秀水縣教諭
潘俊清
徐辰告 山陰人見進士
邱燮 山陰人
張琴 會稽人
金岵瞻 改名祜寄籍新昌見進士
茅汝拔 山陰人科名錄作仁和籍
馮家駒 山陰人太原府知府
陳均 會稽人

孫釗 山陰人寄籍仁和副貢
吳檣 山陰人副貢天台縣教諭
屠壬瀾 會稽人副貢
謝蘭培 會稽人歲貢
唐蓮獻 榜名淦會稽人副貢
孫福申 山陰人副貢

何善潔山陰人

徐文泉會稽人改名憲辰分水縣教諭

何湛恩會稽人仙居縣訓導

顧淳慶改名純慶會稽人順天中式潼關廳同知

潘紹訓

沈士琦

王埔山陰人順天中式

錢元善山陰人古州同知順天中式

陶恩培會稽人順天中式見進士

姚存詰山陰人榜名梅更名忠亮萬全縣知縣

陳兆驤

陶自華會稽人

張　淳山陰人見進士

余錦淮寄籍宛平見進士

沈　浚會稽人順天中式龍里縣知縣

陶斯曾會稽人順天中式

沈鍾彥會稽人分水縣教諭

宋載賡會稽人順天中式見進士

錢靑選順天中式

王履謙山陰人寄籍大興順天中式見進士

十三年癸巳

朱其榮 寄籍宛平

杜寶辰 山陰人山西知府

王景銘 寄籍宛平

譚廷襄 山陰人刑部尚書

宋載賡 會稽人寄籍順天隰州知州

徐耀 寄籍宛平

章業 山陰人安義縣知縣

陳光緒 原名詩會稽人武定通判

何元杰 山陰人編修

章耀宗 會稽人寄籍清苑順天中式甯河縣教諭

杜錫衍 會稽人寄籍宛平博山縣知縣

王錫九 會稽人寄籍汾陽蘇州府督糧同知

以上汪鳴相榜

十四年甲午

周以均 會稽人內閣中書

周一林 山陰人秀水縣教諭

章汝衡 改名嗣衡山陰人見進士

潘世英 改名恭祺山陰人遂安縣教諭

王學厚 山陰人

薛芳 山陰人

羅嘉謨 改名嘉福山陰人寄籍大興順天副貢見進士

周煒 會稽人副貢

潘宗燮 會稽人副貢

陳齊奎 山陰人歲貢

董步雲 會稽人寄籍大興順天副貢

陳起鵬 山陰人武試第一

王　錦山陰人
王樹棨會稽人湖州府訓導
林開先山陰人
唐家幹會稽人
沈元泰會稽人見進士
沈　鐻山陰人建德縣教諭
余　淳山陰人
胡寶森會稽人
田　祥山陰人見進士
顧　言改名友仁山陰人順天中式雩都縣知縣
陳慶桂會稽人寄籍大興順天中式

陳桂芳會稽人副貢
徐師綸會稽人歲貢
金鳳藻山陰人寄籍歷城副貢
張　賡山陰人副貢
包禮堃會稽人副貢

孫肇元山陰人寄籍大興順天中式見進士

胡應泰山陰人寄籍大興順天中式見進士

梁金詔會稽人順天中式雲南知州

胡安泰改名元泰山陰人寄籍大興順天中式德慶州知州

姜申璠會稽人寄籍大興見進士

周　瀾山陰人順天中式

朱守方山陰人寄籍大興順天中式見進士

秦際昌改名金鑑會稽人寄

籍宛平見進士順天中式

張同福山陰人同安縣知縣順天中式寄籍大興

金藻改名樹棻山陰人寄籍長沙湖南中式將樂縣知縣

周沐潤山陰人寄籍祥符河南鄉試第一見進士

沈林山陰人寄籍祥符河南中式

陳福齡會稽人寄籍侯官福建中式

胡揖涵山陰人肇廣州知州

胡揖滋山陰人見進士

十五年乙未

陶恩培 會稽人湖北巡撫
胡應泰 山陰人寄籍大興延建邵分巡道
何裕承 山陰人內閣學士四川學政
陳慶偕 會稽人山東巡撫
嚴文瀚 會稽人運河同知
姜申瑶 會稽人寄籍大興臨潼縣知縣
陳彥泳 山陰人陳州府知府
何丙勳 山陰人陝安兵備道
沈　鵬 山陰人寄籍祥符山東道監察御史

魯　崧 會稽人
朱　英 山陰人
胡秉憲 會稽人安定縣知縣
金萬清 會稽人見進士
朱鳳梧 會稽人見進士
嚴嘉榮 山陰人嘉興府教授
陳倬辰 會稽人
金　爕 會稽人
潘忠燾
沈國樑 山陰人順天中式
屠正彥
俞肇昌 山陰人
俞長贊 山陰人寄籍大興見

范金坡 山陰人副貢
姚　鼎 改名亨周會稽人副貢
章昇槐 山陰人順天副貢開縣知縣
王慶嵩 會稽人副貢金山縣知縣

胡揖滋 山陰人延建卲道進士

張茾 山陰人寄籍涇陽

陳鏕 會稽人臨淄縣知縣

以上劉繹榜

趙林成 山陰人寄籍祥符河南鄉試第一見進士

周源緒 山陰人寄籍祥符河南中式見進士

何奎 山陰人寄籍祥符河南中式

吴敬義 寄籍錢塘

吴壽南

潘士襄

章壽嵩 山陰人順天中式彰德府知府

張曾瑞

董用威 山陰人寄籍宛平順天中式見進士

陳壽昌 山陰人密雲縣知縣
胡錫九 山陰人順天中式
潘銘鑒 會稽人左州知州

十六年丙申

陳　模 山陰人宜君縣知縣
沈兆霖 會稽人寄籍錢塘陝甘總督
謝榮棣 山陰人寄籍大興寧波府教授
朱守方 山陰人寄籍大興
周沐潤 山陰人寄籍祥符常州府知府
周源緒 山陰人寄籍祥符安慶府知府

杜仙根 原名豫會稽人恩貢
陳秉杰 山陰人歲貢

董用威山陰人

朱　城工部主事

朱鳳梧會稽人

以上林鴻年榜

十七年丁酉

趙汝諧會稽人

王丙燮會稽人

褚元益山陰人

董炳楠山陰人武昌縣知縣

沈燮林會稽人

姚玉垣會稽人臨清州州判

史久信山陰人龍游縣教諭

謝　鑾改名申烈山陰人江

諸　鈞山陰人副貢松江府通判

朱　瀚山陰人副貢

何裕民山陰人山東副貢見舉人

陳汝霖會稽人拔貢

童光烈會稽人寄籍大興拔貢見舉人

何惟俊山陰人拔貢見舉人

蘇知縣

吳槎山陰人

馬鳴球會稽人江西知縣

沈賡揚山陰人

馮家麟山陰人

王任之山陰人天台縣教諭

童丙榮改名福承會稽人順天中式見進士

金殿傳山陰人

金天成山陰人順天中式萬州知州

沈滂會稽人順天中式浦江縣訓導

沈宗亮山陰人榜姓陳新興

杜寶霨山陰人拔貢內閣中書

莫念曾會稽人副貢

劉鴻燮山陰人副貢

莫炳垣山陰人副貢定海縣訓導

金天成山陰人副貢見舉人

陳之善會稽人寄籍南陽拔貢

州知州

葉逢春 寄籍大興順天中式見進士

沈錫熙 會稽人順天中式

沈家振 會稽人順天中式山西山陰縣知縣

俞正椿 山陰人順天中式知縣

童光烈 會稽人順天中式

沈士瀛

張祥晉 寄籍番禺廣東中式

高學沅 寄籍仁和

陶鈞 會稽人嘉興府教授順天中式

十八年戊戌

田　祥山陰人常德府知府
徐辰告山陰人蘭州分巡道
王履謙山陰人寄籍大興前左副都御史
孫　治山陰人寄籍成都直

謝樹鈞會稽人歲貢

施培椿會稽人寄籍宛平順天中式
孫　治山陰人寄籍成都見進士
傅恩灝
周汝筠山陰人寄籍祥符河南中式南康縣知縣
金其濬
吳鑑瀛山陰人

十九年己亥

以上鈕福保隸按察使

榜

孟廣涵山陰人

陶慶章會稽人副貢再中二

王光煜山陰人,象山縣訓導十三年癸卯副貢,泉州府知府

朱　源寄籍錢塘,見進士

高肇濟山陰人

金蕃慶山陰人

周　屋會稽人

沈傳芳一作傳薪,會稽人

孫　琳山陰人

金　錞會稽人

周丙塋會稽人

何鳳翔山陰人

徐慶壽會稽人

童濂會稽人

劉式金山陰人青田縣教諭

章燭會稽人

潘桂林改名光福山陰人四川大關同知

陳慶松會稽人寄籍大興見進士順天中式

潘鍾麟

余鎔山陰人順天中式

孫濉

陳方濟

何裕民山陰人山東中式

陳　雲寄籍番禺廣東中式

史　淳改名澄山陰人寄籍番禺廣東中式見進士

董　謙會稽人

張祥鑑寄籍番禺廣東中式

張祥芝寄籍仁和

章以炘山陰人寄籍仁和見進士

徐茂齡寄籍祥符河南中式

周子斌山陰人寄籍祥符河南中式

沈善慶

二十年庚子

沈元泰會稽人江西鹽法道

秦金鑑會稽人寄籍宛平與泉永兵備道

胡光泰山陰人寄籍大興編修

朱　瀚寄籍仁和

孫肇元山陰人寄籍大興

胡揖淳山陰人編修

史　淳改名澄會稽人寄籍番禺編修

以上李承霖榜

潘　江會稽人

馮　琛會稽人

李廷楷山陰人見進士

戴堯臣山陰人見進士

鍾佩賢山陰人寄籍宛平順天中式見進士

沈維翰山陰人寄籍大興順天中式鳳陽府同知

朱　詔

俞炳南

俞長賡會稽人寄籍大興順天中式

胡　蘭山陰人

周日旿山陰人

孫慶恆山陰人副貢見進士

孫燿先山陰人寄籍宛平順天中式見進士

蔡　寶山陰人寄籍三河順天中式南樂縣教諭

金壽萱會稽人寄籍歷城山東中式見進士

施　燕會稽人寄籍宛平順天中式震澤縣知縣

陶　棠會稽人寄籍大興順天中式賀縣知縣

羅嘉猷山陰人寄籍大興順天中式

羅嘉葆山陰人寄籍大興順天中式

李燕桂山陰人順天中式鎮

番縣知縣

周治潤 山陰人寄籍祥符順天中式見進士

姚國成 寄籍番禺

二十一年辛丑

俞長贊 寄籍大興

孫耀先 山陰人寄籍宛平

王瑞慶 山陰人寄籍大興

趙林成 山陰人寄籍祥符汧陽縣知縣

陳慶松 會稽人寄籍大興

葉逢春 寄籍大興

余錦淮 寄籍宛平

王錫振 改名拯山陰人寄籍

	二十二年壬寅	二十三年癸卯
馬平通政使 張淳山陰人 童以炘山陰人寄籍仁和編修 以上龍啓瑞榜		
		王惠寶會稽人清江縣知縣 馮霦山陰人見進士 姚騋山陰人 王坤會稽人雲和縣教諭 馬福載會稽人寄籍大興順
		何彬山陰人副貢 杜鳳治山陰人副貢見舉人 童璋會稽人副貢 倪植山陰人副貢樂清縣教諭
		葛以敦山陰人欽賜武舉人

天中式

周星譽　山陰人寄籍祥符河南中式無爲州知州

何惟俊　山陰人順天中式戶部主事

陶良翰　會稽人興化府知府

阮開第　會稽人

戴　[illegible]　會稽人

王壽彭

李士瑩　山陰人順天中式商州州同

張文翰　寄籍清苑順天中式

周灝孫　山陰人寄籍祥符順天中式

金在鎔　山陰人副貢見舉人

陶汝爲　會稽人副貢

二十四年甲辰

章嗣衡 山陰人廣西道監察御史

馬百慶 原名褒會稽人龍巖

陳汝臬 順天中式

王必達 山陰人寄籍臨桂廣西中式安肅兵備道

李周南 山西中式

姚世鴻 山陰人廣東中式

徐嘉源 山陰人白水縣知縣

賀桂齡 會稽人寄籍善化見進士

葛以簡 山陰人欽賜舉人平涼府同知

何肇楨 會稽人順天中式

孫光烈 順天中式

州知州

金萬清 會稽人延平府知府

金　祜 寄籍新昌

朱　源 寄籍錢塘

張逢辛 山陰人寄籍清苑

周治潤 山陰人寄籍祥符興縣知縣

馮　霦 山陰人東鹿縣知縣

以上孫毓湝榜

羅嘉福 原名嘉謨山陰人寄籍大興順天中式見進士

史葆悠 山陰人順天中式

杜人鳳 改名鳳治山陰人佛岡直隸同知

陸　熢 山陰人順天中式

趙光燮 山陰人順天中式

章保順 會稽人寄籍大興順天中式鄜縣知縣

周普潤 山陰人順天中式見進士

鈕思庸 山陰人

杜　聯 會稽人見進士

蔣淦會稽人永嘉縣縣教諭
茅增壽山陰人台州府教授
戴清會稽人
田祚山陰人鎮江府知府
金在鎔山陰人知縣
朱錞山陰人
俞璜山陰人改名讃昌
孫啓緒山陰人
徐啓文山陰人寄籍大興順天中式見進士
丁淩山陰人寄籍宛平順天中式新興縣知縣
何瑞元

俞錫勇會稽人

王鍾霖山陰人寄籍歷城長蘆運判山東中式

陸寶樞山陰人寄籍仁和奉化縣教諭

陳兆熊順天中式

汪元杰廣西中式

孫慶咸山陰人順天中式見進士

陶壽玉會稽人江西中式湖南督糧道

沈　晉原名鳳翔山陰人永春州知州

張逢辛山陰人順天中式

年					
二十五年乙巳		童福承會稽人寄籍大興編修 李廷楷山陰人宜黃縣知縣 羅嘉福原名嘉謨山陰人寄籍大興汾州府知府 朱鳳標會稽人瀘州府知府 以上蕭錦忠榜			
二十六年丙午			高燊會稽人錢塘縣教諭 謝福謙會稽人 沈文煒會稽人知縣 章暹會稽人 沈寶泉山陰人	朱烇山陰人歲貢永康縣訓導 馬寶琛原名明琛會稽人優貢	

何　燦山陰人

葛應棠山陰人

李燕春山陰人順天中式廣東鹽大使

王宗海會稽人順天鄉試第一

朱　潮會稽人見進士

童大盱山陰人見進士

何其瑞原名銘山陰人順天中式

謝　澤改名紹璜山陰人順天中式

陶慶仍會稽人大庚縣知縣順天中式

周力垣

史致瑕 順天中式

趙維楨 順天中式

史致熹 山陰人順天中式陝西知州

何鍾秀

高松年

王必蕃 山陰人廣西中式

葉光麟

陶執中

徐勝

二十七年丁未

金壽萱 會稽人寄籍歷城

賀桂齡 會稽人寄籍善化潮州府同知

以上張之萬榜

二十八年戊申

二十九年己酉

馬傳煦 會稽人見進士

謝聯桂 改名覃霖山陰人臨海縣教諭

陳錦 山陰人濟東泰武臨道

孫念祖 會稽人見進士

陳源 改名壽祺山陰人見進士

高選 山陰人

毛霖 會稽人

胡夢庚 山陰人知縣

胡延夔 山陰人拔貢寄籍繁時見進士

章濂 會稽人寄籍祥符拔貢郴州知州

魯栻 會稽人寄籍大興拔貢見舉人

陶守廉 會稽人府學拔貢見舉人

施作霖 會稽人拔貢城固縣知縣

陶棣 會稽人順天副貢

杜衡 山陰人拔貢

章葆謙會稽人

孫廷璋會稽人知府

丁洪疇會稽人

陳章錫會稽人太湖同知

章傳墀改名昌駿會稽人知縣

金其濟會稽人知縣

周希文山陰人

丁祖和會稽人

莫堃山陰人改名增奎褒城縣知縣

周慶榮會稽人

賈榕改名樹誠會稽人見進士

孫廷璋會稽人拔貢見舉人

朱慶畬山陰人副貢湖州府訓導

胡昌泰山陰人拔貢海州知州

俞紹唐山陰人

章維城會稽人戶部主事

何謹順山陰人見進士廣東中式

陶嘉綬會稽人

胡玉坦

宋　遠原名鍒會稽人定海縣教諭

王恩寶改名官亮會稽人順天中式浙川廳同知

潘　楷

陶良駿會稽人順天中式澤州府知府

傅以綏

胡燕淸山陰人修武縣知縣

何芳 山陰人山東中式見進士

姜之烜 會稽人河南中式

王錫誥 山陰人寄籍馬平廣西中式

石虎臣 會稽人雲南鄉試第一見進士

胡霈田 山陰人嵩縣知縣

范炳春 會稽人順天中式

章鏡謙 會稽人通州州同

三十年庚戌

杜聯 會稽人禮部右侍郎

周譽芬 原名普潤後改星譽

單銘 山陰人歲貢

謝沐霖 會稽人恩貢

山陰人寄籍祥符廣東鹽運使
鍾佩賢 山陰人寄籍宛平太僕寺少卿
沈善昌 寄籍貴州
濮慶孫 山陰人寄籍錢塘
姚師彥 寄籍廣西
沈史雲 寄籍廣東
徐　行 寄籍江西
以上陸增祥榜

以下年分無考
王慶恩 會稽人武康縣教諭
金宗說 會稽人歲貢
劉建勳 山陰人歲貢
紀勤麗 原名珩會稽人歲貢
朱　楨 會稽人優貢欽賜檢討
何起瀛 會稽人歲貢
劉　暤 山陰人副貢
周敬熙 山陰人恩貢
胡秉榕 會稽人恩貢
杜慶棠 會稽人寄籍天津府

學恩貢

周晉鑅 會稽人優貢常山縣訓導

魏國光 山陰人優貢

朱元淳 會稽人歲貢

咸豐元年辛亥

俞球 會稽人舉孝廉方正科

錢楨 會稽人見進士

余承普 山陰人德清縣教諭

陶謨 會稽人寧波府教授

周光祖 山陰人見進士

謝起鳳 山陰人

倪贊 會稽人陳留縣知縣

魯希曾 會稽人戶部主事

秋日覲 山陰人副貢台灣噶嗎蘭通判

周慶孫 會稽人恩貢

羅澐　會稽人

趙一林　會稽人見進士

田福疇　山陰人寄籍錢塘

孫毓芳　山陰人邵武縣知縣

陳章錄　會稽人

柴清士　山陰人

何維烈　山陰人見進士

周寶瑛　會稽人

許俊魁　會稽人見進士

阮寶霖　會稽人

俞寅森　山陰人建德縣教諭

傅鍾麟　山陰人見進士

陳寶霖山陰人

陳珪會稽人中書舍人

章鈞會稽人寄籍宛平順天中式河工知縣

何樞山陰人河南中式見進士

李鎬山陰人順天中式衡州府知府

孫慶恆山陰人順天中式見進士

沈涵霖會稽人順天中式山東知縣

孫兆枚

周天保

俞文葆

孫恩壽

謝嘉樹

劉應麟

周　鵾山陰人寄籍清苑順天中式東昌府同知

王師曾會稽人山東中式見進士

二年壬子

章　鋆山陰人寄籍鄞縣一甲一名國子監祭酒

孫慶咸山陰人會試第一戶部主事

何　燦山陰人

何惟烈山陰人刑部貴州司主事

朱　潮會稽人成都府知府

洪秋田山陰人鄉試第一蘭溪縣訓導

朱肯堂山陰人

王贊元會稽人德清縣教諭

祝　銓山陰人

胡福增山陰人

沈寶森山陰人龍泉縣訓導

謝　鉞山陰人副貢見進士

梁之望會稽人副貢

李向榮山陰人優貢

阮明厚會稽人

何　芳 山陰人寄籍歷城安平縣知縣

石虎臣 會稽人寄籍善化

童大盱 山陰人辰沅永靖兵備道

何謹順 山陰人梧州府同知

徐啓文 山陰人寄籍大興福州府知府

張文泗 會稽人寄籍番禺江西知州

以上章鋆榜

秦福謙 會稽人順天中式吏部主事

陸語新 山陰人

沈廷琳 山陰人龍泉縣知縣

陶　模 會稽人順天中式

孟　沅 山陰人仁和縣教諭

胡燕昌 山陰人見進士

胡葆濟 山陰人刑部福建司主事

朱慶梅 原名肇亨寄籍大興順天中式

胡延夔 山陰人寄籍繁時山西中式見進士

胡書田山陰人刑部主事

周邦幹山陰人

徐恩溥會稽人寄籍仁和順天中式桐廬縣教諭

陶寶森會稽人江西中式見進士

姜栻山陰人寄籍汜水河南中式項城縣教諭

三年　癸丑

四年　甲寅

朱曾會稽人恩貢內閣中書

任康會稽人歲貢

俞汝瀚山陰人恩貢嚴州府訓導

五年
乙卯

謝　鉞山陰人見進士
徐錦榮山陰人副貢
毛　震會稽人
周　巖原名淮山陰人順天副貢舒城縣知縣
章大恒山陰人
平步青山陰人見進士
高景賢山陰人順天副貢
徐爾賡會稽人寄籍仁和見進士
王元辛會稽人副貢
屠石麟山陰人
王元灝會稽人餘杭縣教諭
余恩照山陰人內閣中書
張時福山陰人
王觀光會稽人陽湖縣知縣
高　源山陰人
孫　源山陰人

朱　球山陰人

陶守廉會稽人元和縣知縣

馮思澄會稽人高郵州知州

張錫申原名冠傑山陰人內閣中書

方汝翼會稽人寄籍清苑順天鄉試第一江西布政使

魯　栻會稽人寄籍大興順天中式

周光葆改名松棟山陰人順天中式臨武縣知縣

趙祖新山陰人順天中式

倪昭琳會稽人順天中式

婁保泰 會稽人順天中式

王福琛 會稽人順天中式

姚　鈞 原名銓山陰人寄籍運城山西中式

王耀文 廣西中式 見進士

張清華 廣東中式 見進士

六年丙辰

孫慶恆 山陰人湖口縣知縣

陳壽祺 原名源山陰人刑部員外郎

孫　堪 寄籍直隸

陶寶森 會稽人寄籍江西江

張壽庚 會稽人歲貢

劉煥堯 會稽人恩貢

壽　煊 山陰人歲貢

南鹽法道

孫　樹寄籍河南

何　樞山陰人寄籍祥符山西巡撫

胡延夔山陰人寄籍繁時順慶府知府

以上翁同龢榜

七年丁巳

八年戊午

朱　淳改名麟泰山陰人蓮花廳同知

俞嘉漢山陰人寄籍仁和

單文楷山陰人龍游縣教諭

章慶昇會稽人光祿寺署正

章傳坤會稽人歲貢見舉人

李國琇山陰人寄籍大興順天優貢見進士

曹壽銘原名炳言會稽人優貢四川知縣

王炳榮山陰人

錢繼勳山陰人兩淮鹽課大使

周騏會稽人見進士

鮑存曉會稽人見進士

徐文瀚山陰人麗水縣教諭

何秉常山陰人

徐墉山陰人

沈榮會稽人仁和縣訓導

壽源清改名祝堯山陰人懷集縣知縣

謝葆元會稽人

徐鳳喈山陰人

謝葆臨會稽人

錢繩勳山陰人副貢知府

吳寶三山陰人副貢

九年己未

孫念祖山陰人一甲二名編修湖北學政

朱　庚山陰人鄉試第一見進士

王星誠山陰人順天副貢

周金吾山陰人恩貢

趙爲霖會稽人

周積仁山陰人

王德容會稽人樂清縣教諭

胡惇復改名泰復會稽人內閣中書

王濟泰會稽人

馬文華會稽人寄籍仁和見進士

王長安會稽人

李國彬山陰人順天中式

姜　溶山陰人寄籍汜水河南中式

馬傳煦會稽人會試第一編修
徐爾馨會稽人寄籍仁和檢討
王師曾會稽人寄籍聊城
馬文華會稽人寄籍仁和吏部主事
戴堯臣山陰人工部都水司主事
謝鉞山陰人廣州府知府
金慶鵬山陰人寄籍長沙庶吉士
周光祖山陰人刑部主事
趙一林會稽人庶吉士

趙之謙會稽人南城縣知縣
陳延壽山陰人
阮福昌會稽人刑部主事
陳福申會稽人
陳爾幹山陰人知縣
俞覲光山陰人知縣
王廷瀛山陰人
宋德增山陰人
滕金鑑會稽人寄籍嵊縣
顧壽楨會稽人順天中式
李國琇山陰人寄籍大興順天中式見進士

何鳳翽山陰人副貢

以上孫家鼐榜

沈源深會稽人寄籍祥符河南中式見進士

王必鏞山陰人廣西中式

十年庚申

胡燕昌山陰人壺關縣知縣

王燿文寄籍廣西

孫汝霖寄籍順天

沈源深會稽人寄籍祥符兵部右侍郎

胡懋田山陰人壺關縣知縣

以上鍾駿聲榜

任塍會稽人恩貢見進士

何鏡溶會稽人歲貢

十一年辛

沈之駿會稽人

胡禮謙會稽人拔貢蘭谿縣教諭

酉

黃繼善 會稽人貴州中式
王維翰 山陰人寄籍臨桂廣西中式見進士
胡成墉 山陰人廣西中式閩清縣知縣
李國和 山陰人順天中式開歸陳許兵備道

汪蓉照 山陰人拔貢
李國和 山陰人寄籍大興拔貢見舉人
以下年分無考
姜　槤 會稽人歲貢
徐鳳翽 山陰人恩貢
徐　元 會稽人歲貢
顧岳華 山陰人歲貢

同治元年壬戌

許俊魁 會稽人
平步青 山陰人江西督糧道
賈樹諴 原名榕會稽人刑部雲南司員外郎

陳光瑄 順天鄉試第一
吳善城 順天中式
錢稼秋 山陰人順天中式福州府平潭同知

黃　仁 原名善經山陰人恩貢教諭
金廷贊 會稽人恩貢
章慶澍 會稽人歲貢

以上徐郙榜

金鍾彦 會稽人順天中式常州府督糧通判

孫汝明 順天中式

沈延禧 山陰人廣東中式

丁家棟 順天中式

徐啓謨 山陰人順天中式

朱　晟 順天中式

陶嘉猷 會稽人

陶世昌 會稽人廣東中式

周震泰 廣西中式

周濟泰 廣西中式

王必名 山陰人廣西中式

王師德 山東中式

二年 癸亥		朱　庚山陰人 翁曾源榜				
三年 甲子			阮堯恩會稽人平武縣知縣順天中式 王耿光會稽人順天中式宣平縣訓導 魯述文會稽人寄籍易州順天中式 魯宗周會稽人順天中式 陶家驥會稽人江西中式見進士	朱定久會稽人歲貢訓導		
四年 乙丑		傅鍾麟山陰人袁州府知府 錢保衡原名楨會稽人江蘇知府 張清華寄籍廣東	譚寶琦山陰人工部主事 馮　淦山陰人 趙銘新會稽人	王崧年會稽人副貢 陶元綬會稽人副貢九年庚午副貢 馬良駬山陰人副貢		

李國琇 山陰人寄籍大興建甯府知府

鈕玉庚 會稽人寄籍大興侍講學士

薛德恩 山陰人寄籍番禺刑部主事

以上崇綺榜

陳善 山陰人富陽縣教諭

杜致泰 會稽人雲和縣教諭

徐鼎琛 會稽人見進士

洪煥章 會稽人

王繼香 會稽人見進士

徐濟川 山陰人

童振聲 山陰人東臺場鹽大使

諸奉三 山陰人

秋嘉禾 山陰人鹿港廳同知

杜元霖 山陰人繁昌縣知縣

王官英 原名恕寶改名懋寶

杜致泰 會稽人優貢見舉人

徐辰濬 會稽人恩貢

會稽人新喻縣知縣

李之芬山陰人

何惟傑山陰人江西知縣

章鏡清會稽人

陳漢章山陰人海甯州學正

史久晉山陰人

章傳坤會稽人知縣

孫惟溶山陰人烏程縣教諭

孫汝贊山陰人寄籍仁和見進士

陶嘉猷山陰人

王熙年會稽人

施耿光山陰人

金玉堂山陰人

			朱福榮山陰人 鮑　臨山陰人見進士	
五年 丙寅				呂慶元會稽人歲貢 陳廷璐會稽人恩貢見舉人 丁鳳岡山陰人歲貢
六年 丁卯			胡壽頤山陰人刑部郎中 孫德祖會稽人淳安縣教諭 沈　榮山陰人 陳榮組會稽人 潘良駿改名遹山陰人見進士 王福琦會稽人	陶祖望改名濬宣會稽人副貢見舉人 金丙堃會稽人副貢

楊燮和 會稽人義烏縣教諭

鮑　謙 山陰人平湖縣訓導

孫琥銘 山陰人戶部主事

陶方瑄 會稽人杭州府教授

陶方琦 會稽人見進士

金葆恆 改名受璗山陰人餘杭縣訓導

周福清 會稽人見進士

王英淇 會稽人

宋學沂 山陰人鎮海縣教諭

余贊臣 山陰人孝豐縣教諭

沈百墉會稽人內閣中書
沈祖芭會稽人
鮑存賢會稽人寄籍錢塘輿義縣知縣
田晉蕃山陰人內閣中書
張鳳岡山陰人
吳　講山陰人見進士
沈　樾山陰人
趙書田山陰人知縣
胡大晟山陰人
孫毓梅山陰人
俞麟振山陰人見進士
奕福堃會稽人順天中式

薛振鈺 山陰人見進士

李國彬 山陰人寄籍大興順天中式刑部廣西司主事

陶繼昌 會稽人廣東中式

俞基榮 會稽人

俞慶恩 會稽人欽賜舉人

章桂慶 會稽人古州廳同知

七年戊辰

鮑存曉 會稽人編修

周騏 會稽人博山縣知縣

徐鼎琛 會稽人戶部主事

孫汝明 寄籍順天

韓開濟 山陰人開化縣教諭

史慈濟 山陰人

李慈銘 會稽人見進士

周枚 會稽人

王際炎 會稽人歲貢

周炳春 山陰人恩貢

余慶寅 山陰人歲貢

王鵬運 會稽人

魯宗周 寄籍直隸

王懋修 原名夢修寄籍福建

王必芳 山陰人寄籍河南

薛振鈺 山陰人醴陵縣知縣

金兆基 山陰人

以上洪鈞榜

陶在銘 會稽人江西鹽巡道

馬良駿 山陰人

陶祖培 會稽人惠來縣知縣

胡壽謙 改名壽鼎山陰人兵部員外郎

馬寶瑛 山陰人太平縣訓導

婁奎垣 改名金垣山陰人順天中式刑部主事

陳　謨 會稽人

余　彬 山陰人見進士

俞壽彭 會稽人順天中式

濮子潼 山陰人寄籍仁和順天中式見進士

	八年己巳	九年庚午
陳士炳會稽人山東中式見進士 王濟中山陰人寄籍馬平廣西中式江西知縣 王鵬運會稽人寄籍臨桂廣西中式見進士 譚寶璚山陰人欽賜舉人		
		丁燮堂會稽人歲貢 姚鎮奎山陰人副貢 桑　嵩山陰人寄籍宛平優貢見舉人

十年辛未	孫汝贊山陰人寄籍仁和編修 周福清會稽人 以上梁耀樞榜			
十一年壬申			俞錫慶山陰人歲貢 謝延泰會稽人歲貢桐鄉縣教諭	
十二年癸酉		沈壽慈會稽人鄉試第一 倪、珏會稽人武康縣教諭 徐廷綬會稽人 任官燮會稽人 章以成會稽人湯溪縣教諭	余慶梧山陰人歲貢 魯國楨會稽人拔貢 陳亮采會稽人拔貢 王崇鼎山陰人拔貢 俞錫瓚山陰人拔貢	徐周木會稽人 沈步雲會稽人

陳燕昌會稽人

錢榮祖會稽人新城縣訓導

秋壽南山陰人桂陽州知州

陸壽臣山陰人見進士

秦樹銛會稽人

姚鑭賡山陰人

葉金詔山陰人錢塘縣教諭

任燕譽山陰人湯春縣知縣

俞戴清會稽人

馬錫祺會稽人順天中式

許涵敬山陰人寄籍清苑順天中式

范寅會稽人副貢

沈家祥會稽人副貢

郁汝馥山陰人副貢

王德中山陰人拔貢寄籍馬平雲南同知

十三年甲

吳講 山陰人侍讀學士

葛寶華 山陰人見進士順天中式
范廣衡 會稽人順天中式見進士
沈澤蘅 會稽人
王炳章 山陰人四川中式見進士
潘民表 會稽人
劉光煥 山陰人湖北中式
張廣榕 會稽人湖南中式
王鵬齡 山陰人寄籍臨桂廣西中式
沈雲章 會稽人廣東中式

傅延年 會稽人歲貢

戊

鮑臨 山陰人中允

俞培元 寄籍順天

許涵度 山陰人寄籍清苑陝西布政使

陳士炳 寄籍山東懷安縣知縣

王維翰 山陰人寄籍臨桂開歸陳許糧儲鹽法道

王炳章 山陰人寄籍四川工部主事

以上陸潤庠榜

以下年分無考

馬毓駿 會稽人歲貢

何鏞 山陰人歲貢

陳杰 山陰人恩貢

韓辛治 山陰人歲貢

王祖𨚗 會稽人恩貢

光緒元年乙亥

陳鳳昌 山陰人舉孝廉方正科

劉式昂 改名步青山陰人

屠壽田 會稽人教諭

馮慶芬 山陰人

胡保和 山陰人副貢

任塍 會稽人副貢見進士

倪大品 山陰人

俞國楨山陰人
姜秉初會稽人烏程縣學訓導
章德銘會稽人

馮　寬山陰人宣平縣教諭
馮乃慶山陰人
陸炳堃山陰人
徐慶安山陰人知縣
馬星聯山陰人
杜鍾祥山陰人
楊　樾會稽人樂清縣訓導
姚炳勳會稽人鎮海縣訓導
言寶書會稽人福安縣知縣
王餘慶會稽人教習知縣
陸壽民會稽人嘉興府教授
顧家相會稽人順天中式見

進士

趙　恆　會稽人順天中式

陸寶琳　山陰人改名鍾夔順天中式海鹽縣教諭

樊榮光　會稽人寄籍蘭溪

許涵鴻　山陰人順天中式寄籍清苑

朱鍾洛　原名恆純山陰人寄籍宛平順天中式

陳　冕　山陰人寄籍宛平順天中式見進士

陳士焯　會稽人山東中式

沈乙輝　山陰人

王茂中　山陰人寄籍馬平廣

酉中式戶部郎中

胡薇元 山陰人寄籍大興順天中式見進士

姚鎔 改名典揆會稽人寄籍餘姚內閣中書

陶搢綬 會稽人江西中式見進士

二年甲子

顧家相 會稽人彰德府知府

陶方琦 會稽人編修湖南學政

陶搢綬 會稽人寄籍江西德陽縣知縣

胡薇元 山陰人寄籍大興廣西知縣

王寶書 寄籍雲南

陳廷瓏 會稽人贛榆縣知縣

程儀洛 山陰人見進士

陶濬宣 會稽人

壽丹墀 會稽人

沈維善 會稽人見進士

周奎吉 改名來賓山陰人見進士

朱承烈 會稽人恩貢見進士

任克智 會稽人歲貢

駱長椿 會稽人優貢

張大昌 山陰人副貢

褚繼曾 山陰人恩貢

何學海 山陰人歲貢

錢文驥

以上曹鴻勛榜

孫詠裳原名星華會稽人

周慶蕃會稽人

薛葆元山陰人

李鈺山陰人龍泉縣訓導

陳彬華會稽人雲和縣訓導

周慶熊會稽人東平州知州

朱承烈會稽人見進士

章脩黼會稽人

壽慶慈山陰人

徐樹蘭會稽人順天中式

傅培燮山陰人順天中式

倪昭珣會稽人順天中式

三年丁丑

俞麟振山陰人

潘遹原名良駿山陰人兵部主事

程儀洛山陰人兩淮鹽運使

余彬山陰人寄籍四川公安縣知縣

濮子潼山陰人寄籍仁和江蘇按察使

陶家騊會稽人寄籍江西澤

何栻山陰人河南中式郎縣知縣

張國欽山陰人河南中式

屠麟之會稽人

陶福祥會稽人廣東中式

		州府知府 馬彥森山陰人 金紹庭會稽人寄籍歷城山東中式延津縣知縣 以上王仁堪榜			
四年戊寅				沈家騏會稽人歲貢	
五年己卯			陳華漢改名庚經會稽人見進士 陳元章會稽人 葛獻青山陰人太平縣教諭 顧慶章山陰人 任　瞠會稽人見進士	沈翼清會稽人副貢景甯縣教諭 沈祖憲會稽人優貢 湯　震改名壽潛山陰人副貢見進士	

孫祖英 改名祖華會稽人見進士

許在衡 山陰人見進士

應大坤 會稽人河內縣知縣

陳壽清 山陰人仁和縣教諭

傅汝賢 山陰人武義縣教諭

章華國 會稽人甯波府教授

秦德埏 會稽人甯化縣知縣

王福厚 會稽人華容縣知縣

何汝翰 山陰人見進士

石　庚 會稽人順天中式開

封府知府

馮彬蔚 會稽人順天中式

沈鈐 會稽人順天中式李越縵日記作楨

沈潛 會稽人寄籍歷城山東中式

周淦 山陰人寄籍河內河南中式息縣教諭

六年庚辰

李慈銘 會稽人山西道監察御史

朱承烈 會稽人處州府教授

何汝翰 山陰人廣信府知府

任塍 會稽人安平縣知縣

沈鏡煌 會稽人恩貢直隸州州判

梁宗灝 會稽人歲貢

婁克輝 山陰人恩貢

王序珍 山陰人歲貢

孫汝梅會稽人寄籍順天兵部主事

陳應禧山陰人寄籍大興給事中

范廣衡會稽人吏部主事

以上黃思永榜

七年辛巳

八年壬午

陳　庚山陰人

朱秉成山陰人見進士

胡紹曾改名經一山陰人政和縣知縣

馬錫康山陰人衢州府教授

許瑩珍會稽人恩貢

李德奎會稽人歲貢見舉人

陶聯琇 會稽人見進士

何楙 山陰人太平縣訓導

徐澍咸 山陰人

胡煒 山陰人鄒縣知縣

胡鋶麒 山陰人見進士

胡炳遠 改名壽昌會稽人江蘇同知

章廷爵 會稽人瑞安縣訓導

楊福璋 會稽人

朱仁輔 會稽人順天中式兵部郎中

桑寯 山陰人順天中式河南知縣寄籍宛平

顧壽椿 山陰人寄籍咸甯陝西中式見進士

陳莘禮 山陰人順天中式江蘇知縣

陳詩正 山陰人順天中式

九年癸未

陳冕 山陰人寄籍宛平一甲一名修撰

胡毓麒 山陰人知縣

孫祖華 原名祖英會稽人興甯縣知縣

葛寶華 山陰人禮部尚書

沈潛 會稽人寄籍歷城湖北按察使

以上陳冕榜

十年甲申

張倬雲會稽人歲貢

葛簡青山陰人歲貢

十一年乙酉

陳陔山陰人鄉試第一廣東知縣

茅立仁山陰人

孫模山陰人江蘇同知

胡霖霈會稽人

沈鏡蓉山陰人慶元縣教諭

朱戴淸會稽人

魏龍常山陰人

酈昌祁會稽人歸安縣教諭

陳沛鍠一名崇禮山陰人宿遷縣知縣

韓嗣文山陰人副貢

許福楨山陰人府學拔貢見舉人

鮑增彥山陰人拔貢

陳彬祺會稽人拔貢

倪錫庚會稽人

朱楷元山陰人副貢

吳文坦山陰人寄籍大興順天府學拔貢鄲城縣知縣

柳元俊 會稽人順天中式
陶　榮 改名仁榮會稽人順天中式見進士
朱世鏞 一作振鏞會稽人湖南中式
汪兆銓 山陰人寄籍番禺廣東中式海陽縣教諭

王安中 山陰人寄籍馬平拔貢
沈祖燕 會稽人優貢
汪兆鏞 山陰人寄籍番禺優貢見舉人
孟錦濤 會稽人拔貢
倪　度 會稽人寄籍偃師拔貢

十二年丙戌

陸壽臣 山陰人刑部主事
沈維善 會稽人瑞昌縣知縣
高熙喆 山陰人寄籍山東
以上趙以烱榜

姜葆初 會稽人歲貢
褚綸曾 山陰人歲貢

年					
十三年丁亥				王榮祖山陰人歲貢見舉人	
十四年戊子			王會灃山陰人鄉試第一輝縣知縣 湯震改名壽潛山陰人見進士 俞慶恆山陰人富陽縣訓導 王慶埏會稽人見進士 朱賡亮山陰人 俞官圻山陰人見進士 薛沅山陰人黃巖縣教諭 何洤山陰人嘉興縣教諭 田寶祺山陰人	趙六謙會稽人歲貢 徐元釗會稽人副貢靈寶縣知縣 胡元鼎山陰人副貢見舉人 全國泰山陰人副貢 譚寶瑨山陰人順天副貢見舉人	

戚　揚山陰人見進士

李德奎會稽人

單崇恩山陰人

李鳳威山陰人

沈元豫會稽人

章廷黻會稽人見進士

謝昌運改名宗誠山陰人

傅作楫會稽人

何元泰會稽人見進士

單春泩山陰人

章之傑改名之節會稽人順天中式蒲州府知府

宋壽崑山陰人順天中式平

南縣知縣

趙學濟 會稽人寄籍河間順天中式

章 楨 會稽人寄籍祥符河南中式安東縣知縣

謝乃元 會稽人寄籍貴筑貴州中式

十五年己丑

王繼香 會稽人河南府知府

許在衡 山陰人

戚 揚 山陰人

朱秉成 山陰人常熟縣知縣

周來賓 原名奎吉山陰人甯波府教授

陳庚經 原名華漢會稽人戶部主事

馮景星 山陰人

沈祖善 會稽人寄籍錢塘

胡道南 山陰人長興縣教諭

沈寶琛 山陰人寄籍嵊縣見進士

蔡元培 山陰人見進士

俞蔭森 會稽人

金 溥 會稽人恩貢

姒錫章 會稽人副貢見舉人

趙翰芬 山陰人副貢見舉人

陳福騏 山陰人順天副貢

鄭 杰 山陰人寄籍錢塘副貢見舉人

以上張建勳榜

陶家垚會稽人

車　書會稽人鎮海縣教諭

堵煥辰會稽人阜甯縣知縣

王榮祖會稽人海甯州學正

全國泰山陰人

俞　鈞會稽人

章倬漢會稽人沅陵縣知縣

許福楨山陰人青田縣教諭

陳常夏會稽人義烏縣訓導

童學琦山陰人寄籍新昌

周宗彬會稽人順天中式

朱恆康山陰人寄籍大興順天中式

譚寶瑨山陰人順天中式

俞省三山陰人見進士

汪兆鏞山陰人寄籍番禺廣東中式

王慶垣會稽人寄籍通州順天中式見進士

范迪襄會稽人湖北中式見進士

陶邵學會稽人寄籍番禺廣東中式見進士

徐維則會稽人

張　煦山陰人

			黃壽袞山陰人見進士 章觀光改名錫光會稽人見進士			
十六年庚寅		蔡元培山陰人 俞官圻山陰人贛縣知縣 沈寶琛山陰人寄籍嵊縣合肥縣知縣 范迪襄會稽人外務部主事 以上吳魯榜		魯肇祁會稽人恩貢 董葆仁會稽人歲貢 嚴　翼山陰人歲貢		
十七年辛卯			王萬懷山陰人鄉試第一見會考 陶聞遠會稽人上洋通判 平　成山陰人安徽知縣	許壽昌山陰人副貢見會考 徐繼佩山陰人副貢		

鄭　杰山陰人寄籍錢塘

秦達章會稽人見進士

謝昌期改名元洪山陰人見進士

全沛豐山陰人法部總檢察廳檢察官

潘士林會稽人

胡元鼎山陰人

姒錫章會稽人知縣

茅善培山陰人

李　湘山陰人寄籍大興下北河同知順天中式

張宇鐘山陰人順天中式

余紹業山陰人順天中式
王燿奎山陰人改名式通寄籍汾陽順天中式見進士
章　燾會稽人寄籍祥符河南中式

十八年壬辰
湯壽潛山陰人
王慶埏會稽人丹徒縣知縣
王慶垣會稽人寄籍通州原武縣知縣
以上劉福姚榜
陳彬才會稽人歲貢

十九年癸巳
王夢魁會稽人鄉試第一
杜子彬山陰人江蘇知縣

章世齊會稽人知縣
陳聘璜山陰人
陳範山陰人
俞授蓮山陰人
戎念功山陰人
何壽章山陰人見進士
宋家徵原名壽徵山陰人度支部郎中
俞鎮會稽人
袁緒鈞會稽人直隸藩庫大使
范壽銘山陰人
沈永昌改名銘昌山陰人

趙翰芬 山陰人內閣中書
陳其閑 會稽人
陳景蕃 會稽人兩淮鹽大使
孟潤奎 會稽人順天中式
沈慶平 會稽人順天中式馮祥州知州
孫培吉 山陰人寄籍成都榮昌縣教諭
孫定均 原名楙棣山陰人寄籍成都

二十年甲午

謝元洪 山陰人海州知州
陶聯琇 會稽人崇明縣知縣
陶仁榮 會稽人度支部主事

孔昭冕 山陰人
錢鏡蓉 山陰人仙居縣訓導
蔡銘恩 山陰人
余本立 山陰人

章紹齡 會稽人歲貢
葛肇南 山陰人歲貢
俞錫慶 山陰人副貢

俞省三山陰人吳城同知

陶邵學會稽人寄籍番禺內閣中書

顧壽椿山陰人寄籍咸甯涉縣知縣

以上張謇榜

蕭慶玲山陰人

周顯謨會稽人

王紹堪改名孝傳會稽人莊河廳同知

鍾壽昌會稽人

錢世清山陰人

嚴溈山陰人

金治良山陰人知縣

顧慶敘山陰人

朱鴻頔會稽人

繆綸藻山陰人

范釆晉會稽人

周龢鼐會稽人直隸知府

李鏡燧會稽人

何家璘山陰人副貢

王擴中山陰人優貢長樂縣知縣

陳培齡 會稽人順天中式

張廣榮 山陰人寄籍慈溪順天中式

王者樑 山陰人順天中式河南知縣

楊壽增 山陰人順天中式

張華燕 山陰人順天中式長葛縣知縣

俞安鳳 山陰人順天中式

章汝欽 山陰人順天中式

陶鏞 會稽人寄籍大興順天中式

鮑德名 會稽人寄籍錢塘順天中式沙縣知縣

二十一年乙未		黄壽袞山陰人，河南府知府 秦達章會稽人，霍山縣知縣 以上駱成驤榜	謝泰鈞山陰人，府學歲貢，璦琿廳同知 蔣渭臣山陰人，歲貢
二十二年丙申			曹夢庚會稽人，歲貢
二十三年丁酉		王念祖山陰人 任光琥會稽人 俞寶賢山陰人 施世杰會稽人 周嵩堯會稽人，郵傳部郎中 王積文會稽人	朱允中山陰人，拔貢，民政部知事 程鵬會稽人，拔貢，華亭縣知縣 蕭之望會稽人，府學拔貢 潘楀山陰人，優貢

董良玉山陰人

鍾裕禮山陰人寄籍宛平拔貢內閣中書

柴　肇山陰人

徐學楨山陰人

王戴中山陰人寄籍馬平拔貢河南通判

章運昌會稽人福建鹽大使

王者佐改名承佐山陰人見進士

薛青照山陰人副貢直隸州州判

姚　融會稽人

錢繩武山陰人副貢

姚師錫山陰人德清縣教諭

吳鼎昌山陰人寄籍清苑順天中式

施　烇會稽人寄籍江夏湖北中式六合縣知縣

沈　釗會稽人寄籍歷城山東中式潛山縣知縣

二十四年戊戌		章廷黻會稽人戶部主事 何元泰會稽人東臺縣知縣 王儀通改名式通山陰人寄籍汾陽 以上夏同龢榜		徐煥章會稽人歲貢
二十五年己亥				
二十六年庚子				王廷揚會稽人恩貢 李壽銘會稽人歲貢
二十七年辛丑				范之杰會稽人寄籍歷城優貢見進士

二十八年壬寅

張采薇 會稽人見會考
馬綗章 會稽人見會考
王允猷 山陰人見進士
王榮曾 山陰人湖南知縣
莊　肇 會稽人
周蘊良 會稽人見進士
許壽昌 山陰人見會考
張禮幹 山陰人融縣知縣
邵聞泰 會稽人
石光瑛 會稽人
楊道隆 會稽人見會考

朱啓瀾 會稽人歲貢見會考
陳邦翰 山陰人副貢
李玉文 山陰人副貢
周　焴 山陰人副貢
顧迪光 會稽人順天副貢法部主事
傅以濳 山陰人順天副貢
周蘊良 會稽人優貢見進士
薛介福 原名文光山陰人歲貢

王抱一會稽人內閣中書

俞鏼會稽人農工商部主事

黄香祖山陰人

周嘉琛會稽人

石光琦會稽人

余兆熊會稽人

陳黼會稽人內閣中書

王賓暘山陰人

陳藻會稽人

馮文楝會稽人知縣

陸恆修山陰人

孫壽康會稽人

沈聰訓會稽人見會考

陳錫民山陰人寄籍仁和

范之杰會稽人寄籍歷城山東中式見進士

錢紹康會稽人

王秉權山陰人順天中式

劉敦謹山陰人順天中式見進士

王慶雲山陰人寄籍馬平廣西中式

王國珍會稽人順天中式

袁克家山陰人順天中式

范寶昌會稽人順天中式

金　燊山陰人

二十九年癸卯	劉敦謹山陰人舉經濟特科 桑宣山陰人寄籍大興 施世杰會稽人 周蘊良會稽人 章錫光會稽人辭不赴試 傅以潛山陰人 陶鏞會稽人寄籍大興○ 据沈夔笙周頤天春樓賸語	周蘊良會稽人會試第一編修 王允猷山陰人常甯縣知縣 何壽章山陰人知縣 范之杰會稽人寄籍歷城 章鈺會稽人寄籍長洲外務部主事 以上王壽彭榜	吳敦義山陰人寄籍仁和鄉試第一 嚴壽鶴山陰人 俞長齡山陰人 許乙藜山陰人 陳嶹會稽人 杜芝庭山陰人見會考 沈寶昌山陰人法部主事 金籙山陰人	壽鵬飛會稽人優貢農安縣知縣 胡義訓山陰人副貢 王以銓山陰人副貢 諸宗元會稽人副貢 袁頤壽會稽人副貢 徐錫麟山陰人副貢		
三十年甲辰		章錫光會稽人桃源縣知縣 王承佐山陰人江西知縣 劉敦謹山陰人法部員外郎		朱祖熿會稽人歲貢		

		以上劉春霖榜 按光緒三十年會試後詔停科舉		
三十一年乙巳				
三十二年丙午				諸鍔 會稽人歲貢 趙多祝 會稽人歲貢
三十三年丁未		會考 馬絅章 會稽人陸軍部主事 許壽昌 山陰人度支部主事		宋蘊福 會稽人優貢
三十四年戊申				沈元咸 會稽人歲貢 吳鍾湘 會稽人歲貢

陳尙賡改名星衍山陰人歲貢州判

韓廷傑山陰人歲貢

以下年分無考

姚萱壽山陰人歲貢

陳嘉猷山陰人歲貢德清縣教諭

韓壽澧山陰人恩貢

朱文組會稽人歲貢

徐澍咸山陰人歲貢見舉人

馮萬源山陰人歲貢

張念慈山陰人歲貢

桑宣山陰人寄籍大興優貢

宣統元年己酉

王　任 山陰人舉孝廉方正科考授浙江縣丞

金國書 山陰人

朱丙仁 山陰人

金炳麟 山陰人

馬惟鉞 會稽人

王祖榮 會稽人

夏李穠 會稽人

王　佐 山陰人

邵元冲 原名驥山陰人拔貢

陸　澄 山陰人優貢

金慶棪 山陰人拔貢

甘蔭棠 原名元瀚會稽人拔貢

任乃大 會稽人拔貢

宋　沅 會稽人優貢

馮學成 會稽人拔貢

蔡　郕 山陰人優貢

壽慶年 會稽人優貢

易　璠 山陰人恩貢

二年庚戌

會考

沈聰訓 會稽人外務部主事

杜芝庭 山陰人大理院推事

張采薇 會稽人郵傳部主事

朱啓瀾 會稽人七品小京官吏部驗封司

楊道隆 會稽人福建知縣

王萬懷 山陰人江西知縣

胡澐 會稽人歲貢

章寶銓 會稽人恩貢

丁紹漢 會稽人恩貢

三年辛亥

附錄年時失考各貢

黃清 山陰人副貢

王懋基 山陰人歲貢

孫蓮玉 山陰人歲貢

徐步洲 山陰人歲貢

俞式芬 山陰人歲貢

田晉元 山陰人恩貢

胡曰相 山陰人順天副貢東光縣教諭

胡志溶 山陰人寄籍大興優貢

胡　瑨 山陰人順天歲貢

胡文錞 山陰人順天優貢

李春華 山陰人歲貢

余慶梧 山陰人歲貢

余善應 山陰人歲貢

史致勳 會稽人歲貢

謝臣燮 會稽人歲貢

王蘊章 會稽人優貢

沈寶琳 會稽人恩貢

徐　燦 會稽人恩貢

金儀亭 會稽人歲貢

俞懷棠 會稽人歲貢

章　圻 會稽人富陽縣教諭

陶世錡 會稽人恩貢

陶履羣 會稽人恩貢

陶景雲 會稽人恩貢

陶邦儀 會稽人優貢

陶文蒸 會稽人河南副貢

宋　鼎 原名耀祖山陰人歲貢

宋士隆 會稽人拔貢

余士軒 山陰人優貢

余　陛 山陰人歲貢

童嘉誠 山陰人歲貢

童鎮雅 山陰人歲貢

施聲振 山陰人恩貢

吳嗣昌 山陰人拔貢奉儀州州判

吳　櫝 山陰人歲貢

紹興縣志資料第一輯選舉下刋誤表

第一頁前幅第五行第四欄應補陳樹棠〔會稽人恩貢金華府教授〕

第二頁前幅第十二行張紹學誤學紹

第十頁後幅第六行金殿魁山陰人應删

第十七頁前幅第四行趙毓秀秀誤琇

第二十八頁後幅第七行陝西知縣縣誤府

第三十八頁後幅第九行童以炘童誤章

第四十二頁後幅第一行永嘉縣教諭衍一縣字

又　又　第八行俞璜會稽人誤山陰

第四十四頁後幅第八行葉光鏻鏻誤麟

第五十三頁後幅第十行廉州廉誤廣

第五十八頁後幅第八行七年戊辰下第三欄舉人韓開濟以後至第五十九頁後幅譚寶瑋

連註以前全誤應移在第五十九頁後幅九年庚午下第三欄中

第六十二頁前幅第七行楊越越誤樾

第六十三頁前幅第八行丙子丙誤甲
第六十四頁後幅第三行山字衍
又　又　第四行東中式三字衍
第七十五頁前幅第八行第四欄應補桑宣〔山陰人寄籍大興優貢〕
第七十七頁前幅第十四行金粲山陰人下落寄籍諸暨四字
第七十八頁後幅第十三行桑宣連註全删